本书系湖北省社科基金后期资助项目
"中小学班主任专业化发展历程研究"
（编号 2021326）研究成果

本书受中南民族大学四部委铸牢中华
民族共同体意识研究基地资助

中小学班主任制的发展变迁

THE DEVELOPMENT AND
CHANGES OF
CLASS TEACHER
SYSTEM IN
PRIMARY AND
SECONDARY SCHOOLS

汪丞　王立华　陈欣
著

社会科学文献出版社
SOCIAL SCIENCES ACADEMIC PRESS (CHINA)

序

班级是学校教育的基层组织，班主任是班级教育的主任教师。新中国成立以来，班主任一直在学校教育中发挥着重要的枢纽性作用，成为中小学教育的重要力量。据教育部发布的 2021 年教育统计数据，仅小学、初中与高中阶段，全国共有 4501852 个班级，这就意味着我国现有一支 450 多万人的庞大班主任队伍。然而，随着基础教育改革力度不断加大，班主任制面临着前所未有的专业挑战和巨大的社会压力。在建设教育强国的新征程中，系统梳理班主任制的发展历程，厘清班主任制发展所面临的主要困境和问题，理性地探寻班主任制的未来发展趋势，对进一步优化班主任岗位价值、提高班级教育品质与成效具有重要意义。

王国维曾说："古来新学问之起，大都由于新发现。"班主任制的研究发展也依赖于新文献的发掘、利用。笔者在一些平台收集了中华民国时期的报纸、杂志、校庆纪念册等史料文献，为探索中国班主任制的真正起源、设置目的、发展历程等提供了大量一手可靠史料，也有助于研究者进入历史情境，还原历史细节，拓展班主任制研究的广度与深度。笔者还试着寻找一些班主任、学生、家长个体的史料文献，以与官方文献相互印证。对于这些文献，笔者都仔细地评鉴其价值和真实性，然后再分析、引用。希望这些文献，可以帮助笔者突破传统班主任制研究的局限，重新解读和还原班主任制的历史。比如关于中国班主任制的起源，一般认为，班主任制源于苏联，我国班主任制是借鉴和移植苏联教育理论和实践的产物，但笔者通过收集史料发现，中国至少在 1929 年就有使用班主任岗位名称，建立班主任制度的史实，而苏联直到 1934 年才有班主任岗位名称。由此观之，中国使用班主任岗位名称较苏联要早。但不可否认的是，新中国建立的班主任制度，其基础理论的确是引进苏联教育理论的产物。因此，"我国班主任制完全是借鉴和移植苏联教育理论和实践的产物，完全是'舶来品'"

的论断并不准确。

一 关于班主任制的发展脉络梳理

笔者在2009年做出的一些判断的基础上,又做了新的判断,并最终使用了"1862~1948年""1949~1977年""1978~2005年""2006年至今"四阶段的结论。这种划分,既关照了国家重大政治事件对班主任制发展的影响,也聚焦了班主任制自身发展中的关键事件。笔者认为,我国班主任制是随着西方现代分科教学制和班级授课制的引入,"中苏结合"的产物,大体历经了萌芽与初步探索期、初创与全面确立期、制度化与规范化发展期、专业化与改革发展期四个阶段。

(一) 班主任制的萌芽与初步探索 (1862~1948年)

1862年,京师同文馆首次采用西方班级授课制。其内设"正提调"与"帮提调"各2名,履行对生员的管理职能。这可视为中国班主任岗位设置源头。1904年,清政府颁行《奏定学堂章程》,提出各班例置本科正教员一人。正教员角色一直沿用至民国时期。其职责近似今日班主任。国民政府时期,中小学实行级任制、导师制和班主任制。时人张海涛1932年在《中等学校班主任问题》一文中提到:"去年以前的二年,我都在广州中大附中任班主任。"他还详细列举班主任的工作职责。据此推断:张海涛在1929年就开始当班主任。班主任岗位名称于1929年就开始在中国广州使用。综合相关文献推测,在20世纪30年代,云南、广东、广西、江西、北京等地的一些学校都设立班主任岗位,并都不同程度地建立班主任制度。而俄罗斯苏维埃人民教育委员会在1934年的教育整顿中,将"教学组"改为"班级"时,才把"小组指导员"更名为"班主任"。由此观之,中国使用班主任岗位名称较苏联要早。自20世纪30年代起,在中国共产党领导的革命根据地创办的中学、小学、师范学校和抗日军政大学等,都设立班主任岗位。因此,班主任制是"中苏结合"的产物。

(二) 班主任制初创与全面确立 (1949~1977年)

新中国成立后,开始在继承解放区教育传统,学习苏联教育经验基础上,在全国范围内发展新民主主义教育。1952年,教育部颁行《小学暂行规程（草案）》《中学暂行规程（草案）》，规定从当年起中小学每班一律设立班主任。至此，班主任制在我国正式确立。早期我国班主任工作理论主要源自对苏联班主任理论的引鉴及本土化理论的初步构建。自20世纪50年代起，大批介绍苏联班主任德育工作新方法、新经验的著作被译介到中国，这些书籍大体可分为班主任工作理论指导性成果、工作经验总结性成果和文艺故事性成果三类，对我国班主任制度建设产生了巨大影响。而我国班主任工作理论"本土化"建构，至改革开放前，都比较薄弱。1956年，董渭川著的《中小学班主任工作》面世。1966年，杨治周著的《我是怎样做班主任的》小册子出版，这两本是改革开放前为数不多的探讨班主任工作理论的著作。1963年，中共中央发布"小学四十条"和"中学五十条"，对班主任任职资格提出要求，对班主任工作职责、政治地位做出规定。这些规定，奠定了班主任制的初步制度基础。"文革"时期，班主任制受到冲击，并一度被取消。

（三）班主任工作制度化与规范化发展（1978~2005年）

1978年，教育部颁布的《全日制小学暂行工作条例（试行草案）》《全日制中学暂行工作条例（试行草案）》规定了班主任工作职责和任职资格，标志着班主任制的全面恢复。1988年，国家教委相继颁布《小学班主任工作暂行规定》《中学班主任工作暂行规定》。从此，班主任制度建设初步形成体系，并逐步走上规范化发展道路。这一时期，班主任制度建设的主要成就如下。

一是界定了班主任是班集体的组织者和指导者的身份和作用。二是规定了班主任的选聘方式。《班主任工作暂行规定》提出：班主任由学校校长按条件选聘。三是明确了班主任的任职资格。两份暂行工作条例（试行草案）都从政治觉悟和教学经验两方面对班主任任职资格做出了规定。四是规范了班主任的岗位职责。其职责主要有协调本班科任教师，对本班学生进行思想政治教育，指导本班青年团、少先队和班委会活动，组织学生劳动和课外活动，组织家长工作，评定学生操行，等等。五是明确了班主任的工作方法和原则。从此，班主任工作有章可循。六是建立了班主任津贴制度。改革开放后，除了继续执行减免班主任教师课时量之外，国家逐渐建立班主任津贴制度。1979年发布了《教育部、财政部、国家劳动总局关于在全国普通中学和小学公办教师中试行班主任津贴的通知》，1980年发布了《国家劳动总局关于技工学校试行班主任津贴的通知》，1981年发布了《关于在中等专业学校、盲聋哑学校班主任中试行津贴的通知》，这三个文件明确规定了班主任的津贴标准、经费来源、发放方式及注意事项等，标志着班主任津贴制度全面建立。七是建立了班主任荣誉制度。为激发广大教师当班主任的积极性，国家逐步建立了班主任荣誉制度。1984年4月13日，在中南海怀仁堂召开了全国优秀班主任表彰大会，有2914名优秀班主任受到表彰。各地也采取了多种形式来表彰优秀班主任。2005年12月17日，由中国教育学会专业委员会与团中央《辅导员》杂志等5家单位共同发起首届"全国优秀班主任、优秀校长评选活动"，评选出"全国十佳班主任"。这是媒体首次在全国范围内评选优秀班主任。

这一时期班主任工作的制度化和规范化建设取得了长足进步，但班主任资格取得随意，班主任工作专业内涵不足、专业地位得不到认可，班主任学学科建设未受到重视，极大地限制了班主任群体专业素质的提升。

（四）班主任专业化与改革发展时期（2006年至今）

随着新时期学生教育复杂性以及由此导致了育人难度的增加，教育工作科学化和精细化要求提升，要求通过班主任专业化，提升班主任整体专业素质和班主任工作专业化、科学化水平，提升教育质量。这一时期班主任专业化建设及改革主要成效如下。

1. 确立班主任的主业地位

2006年发布的《教育部关于进一步加强中小学班主任工作的意见》首次提出，班主任工作既是一门科学也是一门艺术，是极其重要的育人工作，班主任工作是主业，是重要的专业性岗位，这在班主任专业化进程中具有里程碑式的意义，标志着班主任工作在历经多年发展后走上了专业化发展之路。此后，班主任理论研究逐步向学科建设层次迈进。班主任学逐渐从学校管理学中分化出来，形成一门新兴边缘学科。

2. 建立班主任培训教研制度

2006年，继主业地位确立后，教育部发布了《教育部办公厅关于启动实施全国中小学班主任培训计划的通知》，该通知系统地阐述了班主任的培训目标、原则和内容，要求首次担任班主任必须参加规定的培训，培训考核合格，颁发班主任任职资格证。从此，各地建立班主任任职资格制度，要求持证上岗。2007年，教育部举办了全国中小学骨干班主任培训班，并启动了万名中小学班主任远程培训计划。从此，班主任培训正式纳入中小学教师培训体系。此前，直接针对班主任的培训机会很少。2009年，教育部印发了《中小学班主任工作规定》，班主任培训从此纳入年度国培和省培教师培训项目，并单列。各省、市、县（区）纷纷启动班主任培训工作，不断完善岗前培训、在岗培训、骨干培训三层次班主任培训体系，并纳入教师培训学分管理系统。同时，一些地区还建立了班主任教科研制度，统筹指导本区班主任专业发展。

3. **提高班主任津贴标准**

20世纪80年代确定的班主任津贴标准多年未提升，与班主任实际工作量与实际教育贡献不相匹配。2008年发布的《国务院办公厅转发人力资源部 财政部 教育部关于义务教育学校实施绩效工资指导意见的通知》提出义务教育段学校原班主任津贴与绩效工资中的班主任津贴项目归并，在绩效工资中设立相关项目，并在分配时向班主任倾斜。2016年后，部分省份陆续执行班主任津贴单列发放制度，部分地区还建立了班主任津贴组合体系，如宁波市镇海区通过奖励机制，用"组合拳"方式提高了班主任待遇。

4. **加强班主任荣誉制度建设**

为激励班主任争先创优，扩大优秀班主任辐射示范作用，教育部和各级地方教育行政部门加强班主任荣誉制度建设。教育部分别于2007年、2009年、2014年授予200名、199名、193名教师"全国中小学优秀班主任"称号。在中央政府引领下，各级地方教育行政部门在每年教师节来临之际纷纷开展优秀班主任评选与表彰活动。民间非政府组织也组织优秀班主任评选。这些举措对激发班主任的荣誉感，切实加强班主任队伍建设起到重要作用。

5. **注重发挥优秀班主任辐射作用**

为了发挥优秀班主任的辐射作用，各地纷纷启动名班主任工作室建设工程。河南省、广东省、江苏省、上海市等省市建设省级名班主任工作室。同时，建立市县级的名班主任工作室以及班主任成长共同体，形成以"省-市-县-校"名班主任工作室建设系列为主要依托的班主任实训基地。班主任基本功比赛及展示交流活动也成为班主任专业发展的助推器。2010年，广东省教育厅组织班主任基本功技能大赛。从 2012 年起，长三角地区开启中小学班主任基本功比赛，截至 2023 年已举办 11 届。从 2021 年起，教育部组织开展全国中小学班主任基本功和思政课教师教学基本功展示交流活动。

6. 注重专业成长激励机制建设

建立班主任职级管理制度体系，构建班主任专业成长体系。各地开展"新秀班主任""骨干班主任""名班主任"评选，建立三级班主任晋升通道，打通了教师学科专业发展和班主任专业发展职业"双通道"；建立"国家-省-市-县-校"五级骨干班主任、特级班主任、功勋班主任荣誉系列，定期组织评审和表彰，让优秀班主任脱颖而出，增强班主任工作荣誉感。同时，将班主任队伍建设列入地区教育督查督导工作内容，考核结果作为学校综合考核评估、学校干部任免的重要参考。

经过中央政府大力推行班主任主业政策、示范性培训引领，通过构建一系列专业成长体系、激励机制、培训体系、荣誉体系，各级教育行政部门在大力推进班主任专业化建设上取得显著进步。但由于班主任工作任务过于繁重、工作压力较大、制度本身的体制性障碍等，班主任专业化还面临不少困难和挑战。

二 21 世纪中小学班主任制改革审视

班主任专业化尽管已经从理论共识向实践操作层面推进，但班主任制仍存在明显的弊端：一是"教""育"分离，科任教师只教书不育人，将育人责任全都推到班主任身上，割裂了学校教育整体功能，降低了育人成效；二是班级教育中盛行管理主义价值取向，悖离了学校育人目标。因此，班主任制改革呼声日渐高涨。

进入 21 世纪，我国班主任制改革主要从两个方面进行：一是开展班主任管理与培养制度改革探索，大力推进班主任专业化，主要的改革举措有班主任持证上岗制、班主任职级制、班主任带头人制、首席班主任制、班主任带教制、班主任工作室制等；二是积极推进班主任工作机制改革，提升班级育人成效，主要改革举措有推行全员班主任制、无班主任制、全员导师制、双班主任制、多任轮流连带班主任制、班级组制等。总体来看，近 20 年的班主任制改革主要呈现以下三种趋势：第一，健全"一人班主任制"，提升班主任的专业性；第二，变"一人班主任制"为"导师制+辅导员制"，培养学生自主自律精神；第三，实行"团队班主任制"，以集聚智慧，协作创优。

各地积极开展班主任制改革，旨在革除班主任制存在的诸多弊端，改革取得了显著成效。然而，上述班主任制改革并没有在中国大地上大面积推广与实践，其原因是错综复杂的。其中，最主要的有以下三方面。

第一，原有班主任制并没有发生根本性改变。这些改革大多停留在班主任教育角色数量的增减上，缺少对班主任的制度内核，特别是育人角色与工作范式的系统改革。

第二，改革后的班主任制度体系还不成熟，特别是各项改革制度的内涵界定、理论基础、操作流程、评价反馈等方面的理论研究存在不足，制度实施的科学性和可操作性还有待提升。

第三，班主任制改革需要其他配套改革的跟进，仅靠班主任制单项制度突破是难以取得改革预期成效的。

基于现行班主任制度存在的上述弊端，有人主张尽快取消班主任制度。然而，在基础教育领域，班主任工作越来越受重视的事实表明中国学校班主任制的存在具有相当的生命力。中小学科层制管理体系中，需要班主任这样一个"一岗多责"能对接学校各职能部门的岗位。因此，"取消班主任"不可盲动，即便要取消班主任，也要从课程设置、班级组织形式以及师资配备等方面系统规划，稳妥推进，将班主任角色任务进行合理分解，由其他角色来承担，才能真正有利于学生发展。

三　班主任制的未来发展走向

对于这个时代的班主任工作研究者来说，梳理中小学班主任制发展变迁脉络的现实意义在于寻找班主任制的未来发展去向、班主任岗位价值的优化方向。比如，什么样的班主任制才是优良的和值得推广的？我们如何才能建构并不断完善这样的班主任制？这些以往研究者曾经探求并回答过的问题需要我们从新的时代视角来回答。我们对这些问题做出回答的前提，是要在历史研究的视野中，找到以往研究者给出的答案在什么意义上符合我们这个时代的价值追求，在什么意义上能服务于中小学班主任的具体实践。所以，站在当下研究者的立场上，运用历史研究方法，依据现代价值尺度去认识中小学班主任制的改革发展变迁过程尤为重要。

随着教育改革不断深化，班主任制将走向何方？由于高中、初中和小学情况各不相同，班主任制将走向终结还是更加完善不宜一概而论。随着新高考改革推进，高中实行走班制势必打破固定的行政班、教学班，高中班主任制将逐步走向终结。初中、小学班主任制可能逐步消亡，也可能更加完善，但班主任的教育职能必将会进一步加强。在当前形势下，如何减轻班主任的工作压力，增加班主任岗位（或者将岗位职能进行分解）的吸引力与教育效能，提升班主任工作的专业性，是当前推进班主任制改革的重要议题。

第一，明确职能定位，切实为班主任减负。要在全员育人视野下，重新审视班主任的工作职责，厘清班主任岗位的责任权利，合理划分德育责任，分离班主任岗位的附加职能，切实为班主任工作减负。

第二，增加班主任的专业自主权，促进班主任专业成长；赋予班主任职业尊严，激发班主任工作积极性；等等。

第三，探索"团队班主任制"改革，践行全员育人。鼓励建立"团队班主任制"，班级全体教师都任班主任，赋予主任班主任组织权力，提高教师主动合作意识，真正实现教师"人人都是班主任""人人都是德育工作者"。

实践表明，多人协作的"团队班主任制"，能有效弥合任课教师教书、育人的角色分裂，真正将"班主任一人育人"转变为"教师全员育人"，有利于加强师生交往，集聚智慧，融通学科教学和班级管理，整体提升学校教育品质和育人成效，因此，应该是未来班主任制改革的重要方向。

目录 CONTENTS

绪　论·· 001
　　第一节　历史透视：中国班主任制的历史变迁················· 002
　　第二节　制度缘起：苏联班主任制的历史钩沉················· 011
　　第三节　机制储备：中国班主任制的早期探索················· 014

第一章　班主任工作制的确立与初步发展（1949~1977年）············ 033
　　第一节　班主任工作制的确立与起步······························ 033
　　第二节　班主任工作理论的初步构建······························ 035

第二章　班主任工作制度化与规范化发展（1978~2005年）············ 055
　　第一节　班主任工作制的重新恢复································· 055
　　第二节　班主任工作理论走向规范化······························ 071

第三章　班主任工作主业与专业化发展（2006年至今）·············· 077
　　第一节　班主任专业化的推进与范式转型························ 077
　　第二节　班主任专业化理论的提出与深化························ 118

第四章　21世纪中小学班主任制的改革······························ 140
　　第一节　班主任管理制度改革进展································· 140
　　第二节　班主任工作制度改革进展································· 150
　　第三节　班主任制改革进展的审视································· 179

第五章　中小学班主任制的未来发展 ………………………… 186
　　第一节　班主任制继续存在的空间 …………………………… 188
　　第二节　班主任制的未来发展方向 …………………………… 190

附录一　班干部制的发展历程及走向 ………………………… 196

附录二　班主任工作法规摘编 ………………………………… 220

参考文献 ………………………………………………………… 247

后　　记 ………………………………………………………… 257

绪　论

新中国成立以来，我国中小学一直实行班主任负责制下的班级管理制。班级是学校教育教学的基层组织，班主任是班级的主任教师，是班集体的组织者、领导者和教育者，对学生的德智体美劳等方面的发展负有主要责任，并对班集体的形成以及班级各项活动的开展等起着决定性作用。除了承担相关课程教学外，班主任还要组织协调科任教师（又称"任课教师""学科教师"）团结协作，形成教师集体；组织学生家长和社区的各种教育力量，形成教育合力。班级是学校的基层教育组织，班主任岗位的设置，使班级有人管理、班集体建设有人领导、班级活动有人组织、科任教师有人协同、家校联系有人推动。因此，班主任是在我国中小学教育中承载着特殊重要的育人与管理职能的重要岗位，是一支职能特殊的重要教育力量，发挥着独特的重要的教育作用。

随着中国社会主义现代化发展进程加快，基础教育改革力度不断加大，班主任制面临着前所未有的专业挑战和巨大的社会压力。于是，就出现了两种极为尴尬的现象：一是进入 21 世纪后，全社会都认为班主任在学生成长中的作用极为重要，需要班主任"教育好""管理好"学生，但又对班主任的职能发挥以及教育效果不太满意；二是教育行政部门迫于学校教育发展的实际需要倡导班主任将其工作作为主业，推动班主任走专业化发展之路，但一些专业研究者又对"班主任专业化"提出怀疑，进而针对班主任制遇到的困境与问题，认为班主任已经完成了其历史使命，呼吁取消班主任制。毋庸置疑，在历经几十年的发展之后，班主任制已经走在了发展的十字路口上。班主任制是继续完善还是逐步取消，这是基础教育改革必须予以明确的问题。要厘清这个问题，有必要全面梳理班主任制的发展历程，深入厘清班主任制面临的主要困境和问题，理性地探寻中国班主任制的发展趋势，这是在建设教育强国的伟大历程中具有重要意义的课题。

中小学班主任制的发展变迁

班主任制源于苏联。我国真正意义上的班主任制是移植和借鉴苏联教育理论和实践的产物，并历经几个时期的曲折发展和不断演变。本书中的班主任制是学校依据有关法规管理班主任及班主任工作的规章制度的总称，它包括对班主任职能定位、班主任基本工作任务和工作范围的界定，班主任工作原则与方法以及班主任培养培训、考核、奖惩等具体规则和办法。

大凡治史之人，无不奉行这样一个宗旨：明古今之变，察中外之异，借历史之"石"，攻现实之"玉"。任何事物都是历史性地发生、发展、演变和消亡的。历史上发生、发展的事物，唯有用历史的眼光去理性理解与把握。

第一节 历史透视：中国班主任制的历史变迁

中国古代学校教育，不管是私学还是官学，大多采用个别教学制，当时并没有班级的概念，自然也就没有班主任岗位的设置。我国"班主任"岗位设置的萌芽，还要上溯到清末。在清朝以前，中国的官学、私学基本沿用教导合一的传统。在私学里，学生入学后，不论年龄及学习水平，均由一位教师负责教授，教师全面负责"传道""授业""解惑"的工作。直到清末，随着西方现代分科教学制和班级授课制的传入，"教书""育人"职能开始分设，始有专门负责"育人"职责的教师岗位之设。我国中小学班主任制度是"中西结合"的产物，历经了级任制、导师制、班主任制三个阶段。

一 级任制

中国实施分科教学制或班级授课制，始于京师同文馆。1862年，京师同文馆首次采用"编班""分级"的班级授课制。每招新生，都要按学科分编班次，造册登记。开始将一学年分为两学期，其间共有两次假期，每次4~5个星期。洋务学堂各学馆一般采用班级授课制。在教学过程中，一般实行两级管理，即第一级打基础，第二级求专门。例如，京师同文馆就采取后馆与前馆两级教学管理。新生入学先进后馆，主要任务是学习汉文和洋文初步。其重点是过汉语关，为学习洋文打下基础，学期为一年。前馆则是分馆学习专门之学。洋务学堂的教师称为教习，一般分为总教习、教习和副教习。总教习、教习是正式在编教师,副教习则是洋务学堂有了毕业生后,为了解决当时师资缺乏的问题,将其中优秀者留堂作教习使用,协助教习开展教学工作,同时也承担教学工作,但其身份依然是学生,仍要学习功课,接受教习的管理。其中,总教习既是管理人员,又承担教学任务。教习分洋教习和汉教习,主要负责学科教学工作。

为了保证学校教育质量,各洋务学堂都制定了许多堂规、禁约,从道德、品行、纪律等各方面对学生实行严格管理。但因学堂不同,对学生的具体管理方法也略有差异,但总体上管理都比较严格,以保证办学目标的实现。

对于早期新式学堂的管理体制。洋务派在创办京师同文馆时,只能参照创办于乾隆年间的俄罗斯文馆的做法,形成了"酌传学生以资练习""分设教习以专训课""设立提调以专责成"的三级管理体系。当时京师同文馆内设"正提调"与"帮提调"各2名,履行对生员的管理职能。"正提调"可以不"逐日到馆"。"帮提调"必须"轮班在馆管理一切",包括"文移稿件""学生画到""汉教习的功课勤惰"等。虽然"帮提调"的管理对象是京师同文馆的全体学生,但履行的职能与今天的班主任岗位职责已有一些相似之处。这可以看作中国"班主任"岗位的设置源头,也是现代班级授课制下学生管理机制创立的重要标志之一。此后,各洋务学堂的管理体系基本上是在这一模式的基础上有所损益。

洋务学堂"提调"一职是援引俄罗斯文馆之旧例。其职责是总管洋务学堂内一切事务,是洋务学堂内的最高行政长官。一般由总理衙门或地方官府委任朝廷命官担任。若"提调"原职工作繁杂,不能保证每日到堂,则可增设由朝廷命官担任的"帮提调",以辅佐"正提调"处理学堂的日常事务。

京师同文馆创办之初,即设满汉提调官各一人,由总理衙门总办章京内派充。但由于总办章京公务繁重,难以兼顾,一度曾委派原俄文馆助教国世春负责部分馆务。同治十年(1871)前后,在整顿馆务期间,又添设"帮提调"二人,实际处理日常馆务。因此,京师同文馆的"正提调""帮提调"都从总理衙门官员中选任,代表总理衙门专门督促检查京师同文馆的教学秩序,处理馆内一应事务。其职责与国子监的祭酒实无二异。《钦定大清会典》中有关于京师同文馆"提调"职掌的记载如下:

提调二人（于总办章京内派充），帮提调二人（于总股资深章京内选定），掌经理训课及督察生徒勤惰之事。

常日轮班住宿，朝夕稽察馆事（帮提调二人轮流住宿，必须当面接替）治其文书（文移稿件，由帮提调会同正提调办理）。

达其条议（总教习、教习等，有条陈馆务事件，帮提调察其可行与否，会同正提调核办。要事则呈堂。学生有委曲当申白者，小事裁决，大事呈堂）。

督其训习（汉教习各员功课，由帮提调随时稽查，学生逐日依时到馆画到。月准官假二日，有兼差者，加给差假四日，试期不准请假。非历过大考者，不准请假回籍）。

制其膏奖（除洋教习、总教习薪俸由总税务司支送报销外，其前后馆汉教习薪水，暨各馆学生膏火，均于每月底由帮提调等查明有无罚扣，照章给发。季考月课应给奖赏，亦由帮提调随时酌定）。

纪其勤能（月课试卷，由帮提调同总教习分别拟题，商定甲乙。后馆学生照章俟洋文功课完时，即习汉文。每月月底，汉教习将学生功课呈帮提调察核。其功课较勤奋，则注记之。又各馆学生月、季课屡列优等者，帮提调汇其册随时呈堂，以备将来副教习之选。及岁考大考时，留意校阅）。

纠其游惰（学生有旷功者，无故不到馆者，应住馆而无故不住者，滋事者，由正、帮提调等分别罚扣膏火及革退。拟定后，回堂办理）。

典其锓籍（印书处设立同文馆内，所有事务，均归帮提调经理。凡印书皆用铅锓活字，书成即折，铅字随时锓补）。①

从《钦定大清会典》所载及各项规定来看，与"正提调"一样，"帮提调"也掌管学生的考勤、稽察馆事、文书撰写、巡视督导、勤惰考核、成绩奖惩、膏火发放以及印书处的管理等事务，并要"常日轮班驻宿"，处理馆务。早期京师同文馆曾沿用俄文馆旧例，设有助教一职。同治四年（1865）十一月，奕䜣制定了"酌拟变通同文馆章程六条"，其中第3款对助教一职的职责、待遇等做出了规定："请饬助教常川住馆以资照料也。查

---

① 《钦定大清会典》（卷一百），光绪二十五年石印本。

俄罗斯馆助教国世春，系元年奏明留充同文馆助教。该助教自留馆以后，每遇月课、季考、岁考，皆在馆照料收卷等事，并未议令值班住宿。……嗣后应饬令国世春常川在馆住宿，专司稽查三馆教习、学生出入，并随时约束苏拉，以防流弊，兼收掌该馆各项册籍。其每年俸银八十两……由臣衙门按季给发，无庸行文户部支领。"[1] 从文献可以看出，助教的职责主要在行政性事务管理方面，从事学生事务的管理，类似于今天的"学生辅导员"或"学生干事"，但权力更大，还可以"稽查三馆教习"。

1878年，张焕伦创办的正蒙书院的教学方法采用班级授课制，为中国普通教育采取班级授课制之首创。该校把学生分为数班，即今多级教授制，每班置一班长，每斋置一斋长，斋长上有学长。"学长、斋长、班长"呈递相监督而并统一于教员，因"学长、斋长、班长"统一于教员，"以养成学生服从法律性质"。这种学生组织管理体制与今天的班主任工作制在工作流程上基本相似，已初具班主任制之意味。

现代中国学制一经产生，就有设置班主任角色的思想萌芽。1902年，晚清政府颁布的《钦定学堂章程》规定："小学堂之教习，宜以一教员任教一班学生"；"学生每一班应置教习一人，其教法则每一教习将所认定专教之一班学生按日分门教授；但遇教习不足时，可得合等级不甚相殊之两班学生而变通教法。于置正教习一人外，另置副教习一人；但副教习须受正教习之节制以分授诸生"；"小学堂所需教习之数，应计算学生之数定之。其计算之法，以学生班数，不以学生人数。"[2] "教习"即教师，说明由一名"教习"对一个班进行教学和管理，在"教习"的工作内容之中，其实已经暗含班主任的教育角色了，不过其职责主要偏重在教学，指导学生学习。该学制虽正式颁布却并未真正实施。

1904年，清政府颁布《奏定学堂章程》，其中的学制是我国近代社会正式实施的第一个学制，规定："凡初等小学堂儿童之数，六十人以上一百二十人以下，例置本科正教员一人；其力足添置副教员一人者听。"本科正教员就是负责全班教育工作者。章程规定："本科正教员通教各科目"，"正教

---

[1] 宝鋆：《筹办夷务始末》，故宫博物院，1930，第3537~3538页。
[2] 璩鑫圭、唐良炎编《学制演变（中国近代教育史资料汇编）》，上海教育出版社，1991，第257页。

员任教授学生之功课,且掌所属之职务。"① "正教员"即全盘管理学生的思想、学习、生活的教员,即后来的"学级担任制"的前身,与班主任的职责存在某种形式的交叉。"副教员"即相当于今天一些学校设置的"副班主任"岗位。

在同年颁布的《各学堂管理通则》中,又规定各校设"监学"或"舍监",专责学生管理。《学务纲要》规定:"各学堂考核学生,均宜于各科学外,另立品行一门,亦用积分法,与各门科学一体同记分数。其考核之法,分言语、容止、行礼、作事、交际、出游六项,随处稽察,第其等差;在讲堂由教员定之,在斋舍由监学及检察官定之。"这些对学生思想品德教育的内容、管理、评价要求都有了比较具体的规定。这里的"正教员""监学""舍监"的职责范围就与班主任的工作范畴有较大的交集。只不过职能不如今日的班主任明确、细致。

1912年1月1日,南京临时政府宣告成立,标志着在中国延续两千多年的封建专制的终结和资产阶级共和制的诞生。1912年9月,在教育总长蔡元培的领导下,南京临时政府教育部颁布《学校管理规程》,确定了各级学校学生管理的准则。其中规定:"校长应按照学校种类状况订定管理细则。所定之细则,凡教室、自习室、操场、食堂、寝室等及其他关于学生应守之规约须分条规定。"同年10月,教育部又颁布了《学生学业成绩考查规程》,就学生的学业成绩考查做了具体规定。与此同时,教育部颁布了《学生操行成绩考查规程》,要求各校长和学监随时审察学生操行默记手册,各学校的主任教员、学监、其他教员要将每学期中平时审察的情况注于操行一览表,送校长核定。学生操行成绩分甲、乙、丙、丁四等,学生升级及毕业要参酌其操行成绩。教育部专门制定了与学生学业成绩相辅的《学生操行成绩考查规程》,注重考察学生的道德思想与行为,操行成绩不及格者不予升级或毕业。同时规定了学校学则的基本内容,须有学科课程、教授时数、修业毕业事项、休业日、学生入学及惩戒事项、学费及其他收费事项、管理学生事项、寄宿舍事项等规定。各书院各学堂均改为学校,一律实行分班教学。学校除设有总负责人外,仍设有管理员或学监一人,专

---

① 璩鑫圭、唐良炎编《学制演变(中国近代教育史资料汇编)》,上海教育出版社,1991,第301页。

职负责学生的思想品德教育工作。1916年1月8日，教育部公布的《国民学校令施行细则》（1916年10月修正）提到："正教员担任儿童之教育，并掌管教育所属事务，助教员辅助正教员之职务。"①这里的"正教员"大致相当于班主任，其工作职责主要是教授功课，管理学生的学习、思想和生活等事宜。"副教习""副教员""助教员"相当于我们今天有些学校所设置的"副班主任"。

随着教育的发展，学校规模不断扩大，各校又实行"学级担任制"，简称级任制，亦称"级任教员（师）制"，是指由一位教师在担任一个班级全部或大部分课程教学任务的同时，还兼职主任教员，负责学级的品德教育。一般"科任教师"的主要工作职责是"课程教学"，"级任教师"除负责学科教学之外，还负有对班级进行"管理与指导"之责任，负责学级的品德教育。由于当时学校规模偏小，一个学级仅有一个班，"级任教师"职责已经与班主任十分接近了。

此时在教育实践活动中则出现了"级任教员"与"学级主任"的名称。比如，1916年上海尚公小学组织一览表里就有"级任教员"这一教师职务。中学有"学级主任"，其所负职责与今日班主任一致。1917年发布的《江苏省立第一中学校学生操行考察规程》规定："学生操行成绩由学级主任、舍监、学监随时审察默记之，每月按照定式记录于操行考察簿一次"；"每届学期之末，学级主任将各生各月所得审察结果括为期末评定，汇交教务主任。"②《1918年北高师附属中学概况》中在"训育及管理"上有如下规定："本校设管理训育课，有学级主任分任各级训育，而统之以训育主任。施行方法：一曰学校训育……教员于教授外均负有训育管理责任，并须随时报告考查情形，以为施行学校或学级训育之助。"③

1922年颁行的《壬戌学制》规定，中学实行选科制。1927年，中华民国政府明令中学废止选科制，从而为级任制广泛推行创造了条件。1932年，

---

① 朱有瓛主编《中国近代学制史料》（第三辑上册），华东师范大学出版社，1990，第148页。
② 朱有瓛主编《中国近代学制史料》（第三辑上册），华东师范大学出版社，1990，第401页。
③ 朱有瓛主编《中国近代学制史料》（第三辑上册），华东师范大学出版社，1990，第411页。

国民政府教育部行文规定：中小学每级设级任一人，择该级专任教员任之，掌握该级之训育及管理事项。学校中的管理员、学监或主任教员又改为级任。同年颁布的《中学法》，明确规定中学实行级任制。级任教师负责一个学级主要课程的教学和组织管理工作。当时的学校规模较小，一个学级往往只有一个班，若有多个班，则相应配备多个级任教师。级任教师与今天的班主任在岗位职责上交叉更多了。至此，级任教师与班主任已经是名异而实同。

二　导师制

1928年，为了配合国民党一党专政的政治需要，达到使"学生之意志，集中于党的认识与指导之下"的目的，南京国民政府采取了一系列行政措施，以将各级各类学校置于其严格控制之下。由于训育是培养学生道德的重要方式，国民政府比之前任何时期都重视学校训育。经改造后的三民主义被确立为教育根本原则。根据《中华民国教育宗旨及其实施方案》《三民主义教育实施原则》奠定的以三民主义为理论基础的意识形态体系，开始在学校推行，训育也就从单纯的道德教育演变为道德与政治教育的杂糅，逐渐成为国民党实施党化教育的主要形式。从小学到中学，再到高校，都建立了一套体系完备而严密的训育及其管理制度，包括设立与发展训导处、颁布训育标准和遴选与检定训育人员等。因此，强化政治意识形态对学生的控制，成为该时期训育的主要特色。

民国时期，级任教师制度并非国统区唯一的学生行为管理与指导责任制度。当时，为了更好地对学生行为进行管理与指导，国民政府还实行过指导制、分团指导法、导师制。其中，导师制的影响最大。

1938年3月28日，国民政府教育部颁布了《中等以上学校导师制纲要》，要求中小学一律采用导师制取代级任制。具体而言，对导师制的主要内容规定如下。一是"各校应于每级设导师一人，由校长聘请专任教员充任之。"另有主任导师（通称训育主任）专管导师指导事务。二是"各级导师对于学生之思想行为学力及身心，均应体察个性，依据训育标准表之规定及各校教导计划，施以严密之训导，使得正常发展，以养成健全人格。"三是"训导方式除个别训导外，导师应充分利用课余及例假时间，集合本级学生谈话会、讨论会、远足会、交谊会以及其他有关团体生活之训导。"

四是导师须对学生情况加以记载,每个月分别向学校和家长报告。五是学校中每个月召开一次导师会议。六是导师对所指导的学生承担一定责任。学生在校期间或出校以后,无论优良表现还是不检点的行为,原任导师应同负责任。七是学生毕业时,由导师考评。[1]

从上述规定中可以看出:导师是由校长指定的,对学生的思想、行为、学业、身体负有重要的管理与教育责任;个别教育和集体教育都是导师教育学生的主要训导方式;导师要经常和家长联系;导师要对学生负责并在毕业时进行操行考评。导师负责班级管理指导工作,这与今天班主任岗位设置更为接近了。这种班级管理体式,在国民党统治时期,一直延续。[2]

1944年,国民政府教育部颁布了《中等学校导师制实施办法》,其中规定:"各校应于每级设导师一人,由校长聘请专任教员充任之,各校专任教员皆有充任导师之义务";"各级导师对于学生之思想、行为、学业及身心摄卫,均应体察个性,依据训育标准表之规定及各该校训导计划,施以严密之训导,使得正常发展,以养成健全人格";"训导方式,除个别特训外,导师应充分利用课余及例假时间,集合本级学生举行谈话会、讨论会、远足会、交谊会以及其他有关团体生活之训导";"各级导师对于学生之性行、思想、学业、身体状况各项均应详密记载,并应针对学生缺点,提出改进意见,每学期报告训导(教导)处两次,并于可能范围内举行学生家庭访问及与学生家长或监护人通讯,训导(教导)处于每学期之终,根据考查结果及导师报告,通知学生家长。如平常发现学生不良之习性或其他特殊之事项,应即时通报。"[3] 该办法进一步明确了导师的任职资格、导师的职责、导师的训导方式、导师的管理制度等内容。至此,导师制基本定型并走向成熟。级任制改为导师制,由导师负责班级教育与管理工作,其跟班主任的教育角色更为接近了。

---

[1] 宋恩荣、章咸主编《中华民国教育法规选编(1912~1949)》,江苏教育出版社,1990,第159~160页。
[2] 宋恩荣、章咸主编《中华民国教育法规选编(1912~1949)》,江苏教育出版社,1990,第159~160页。
[3] 宋恩荣、章咸主编《中华民国教育法规选编(1912~1949)》,江苏教育出版社,1990,第381~382页。

三 班主任制

20世纪30年代,"班主任"这一岗位名称已在国民党管辖下的多地、多校使用。国民政府时期,在不同层面、不同地区、不同程度上都推行了班主任制。云南、广东、广西、江西、北京等地的一些学校都设立了班主任,并建立起了班主任制。在中国共产党领导的老解放区,当时办的小学、中学、师范学校和抗日军政大学等,每个班级都设有班主任。新中国成立后,继承老解放区的优良传统,吸取苏联教育经验,在中小学里一律设置班主任。1952年3月18日,教育部颁发了《小学暂行规程(草案)》和《中学暂行规程(草案)》。其中,《小学暂行规程(草案)》提出:"小学各班采取教师责任制,各设班主任一人,并酌设科任教师。"《中学暂行规程(草案)》提出:"中学每班设班主任一人,由校长就各班教员中选聘,在教导主任和副教导主任领导下,负责联系本班各科教员指导学生生活和学习。"自此,中小学普遍实行"班主任制",班主任制度日渐完备。

透视班主任制的演变历史,班主任工作职责、角色的发展变化呈现以下两个显著的特点。

第一,班主任的工作职责越来越重要。"级任制"时期,"级任教师"的主要工作职责是教授学生功课,对学生进行管理和指导。"导师制"下导师的工作职责主要是以小组为单位,对学生的思想、行为、学业及身心保健进行管理和教育。"班主任制"下班主任工作职责则宽泛、重要得多,涉及对学生的教学责任、教育责任、行政责任、组织责任,甚至社会责任,具体包括:对学生进行政治教育、思想教育、道德教育;组织和管理班集体,尤其是班级日常事务管理;与科任老师、家长沟通,形成教育合力;对学生进行操行评定;从多方面关注学生身心发展。

第二,班主任的角色越来越多样。"级任教师"的主要角色是管理者和指导者;"导师"的角色主要是指导者(引导者);"班主任"的角色则是多元的:班主任"是班集体的组织者、教育者和指导者,是学校领导者实施教育、教学工作计划的得力助手","是学校贯彻国家的教育方针,促进学生全面健康成长的骨干力量","是沟通家长和社区的桥梁","中小学日常思想道德教育和学生管理工作的主要实施者,是中小学生健康成长的引领者,要努力成为中小学生的人生导师",等等。

第二节　制度缘起：苏联班主任制的历史钩沉

班主任制是苏联时期产生的一种学校班级管理模式，班主任（Классный руководитель）是班级管理的责任人，是学校中全面负责学生班级工作的教师。一般说来，班主任的工作任务是在校长、教导主任的领导下，按照学校的教育要求和班级教育目标，充分利用和调动班级内外教育力量，对班级进行教育管理。苏联十分重视班主任角色，中小学每个班级都设置了班主任，负责学生的思想政治工作。班主任是班级教育工作的组织者和学生的教育者，在学生的教育、教学，尤其是思想品德教育等方面发挥着重要作用。我国现行班主任制，脱胎于苏联20世纪30年代开始建立的班主任制。

一　"班级指导教师"是班主任设置源头

苏联班主任制是在特殊时代背景下教育改革的产物，经过了曲折的发展历程。苏联的班主任岗位设置可上溯至19世纪70年代沙皇政府在学校班级中设置的"班级指导教师"，其职责主要是监督学生行为、打压学生反沙皇政府的声音。从职能上看，"不过是沙皇政府的警犬而已"[①]。这是班主任制设置的源头。1917年十月革命胜利后，苏俄政府开始改造俄国时期的旧教育。从1918年起，废除俄国的"级任导师制"，取消"班级指导教师"，学生思想教育工作改由全体教师共同承担，学校开始实行学生自我管理。

二　"小组指导员"是班主任的前身

20世纪20年代，苏联兴起普通教育改革浪潮，改革措施包括制定"单元教学大纲"，废除班级授课制，实施以小组学习为主的分组实验教师指导制。分组实验法是基于道尔顿制教学法，但又经过了集体主义价值取向下的本土化改造，将道尔顿制教学法的个别指导改为以小组学习为主的指导，实行教学职能与教育职能分离。在改革中，当时苏联学校中颇有势力的"儿童学工作者"基于家长问卷调查、学生心理测验的结果，把学生分成若干个学习小组，每个小组由3个或5个学生组成，以小组为单位组织学习。

[①] 杨佳：《俄罗斯班主任制探析》，《当代教育论坛》2012年第5期。

分组实验法事实上废除了传统的班级授课制,将教学大纲规定的教材内容分成若干部分的作业,再由教师把每一部分作业编成简短的包含主要学习问题、参考资料等内容的学习提纲。每个学习小组自主选择时间在研究室、实验室中学习,教师只负责学习指导,不对学生的学习成绩进行个别考核,不负责学生行为的管理、教育。学生以小组为单位完成作业后,再向教师做简短的报告,经教师同意后,学习新的内容。在分组实验法中,"儿童学工作者"是另外聘任的,担任"小组指导员",专管学生的教育工作,而不负责学习指导工作。在学校中,除了教师编制以外,另聘"儿童学工作者",形成了教学与教育分离的局面,即"教师专管教学工作,而儿童学工作者则专管教育工作"。一般认为,"小组指导员"是班主任的前身。①

三 "小组指导员"更名为"班主任"

20世纪20年代起,苏联广泛实施的普通教育改革导致学生基础知识记忆零散,学习水平下降,引发了全社会对教育的普遍不满。20世纪30年代,苏联共产党中央委员会和苏联政府开始采取行政手段整顿普通教育改革行为,比如废除了"单元教学大纲"、取消了分组实验法、取缔了儿童学等,但"小组指导员制"保留了下来。1931年,基于20世纪20年代以来学生自我管理的危机,俄罗斯苏维埃人民教育委员会批准了第一份《教学组指导员工作细则》,其中规定,在教学组派设"指导员",负责与家长进行沟通,且针对个别学生开展工作。在1934年的教育整顿中,"教学组"改为"班级",同时把"小组指导员"更名为"班主任",其职责基本上没有发生改变。②

四 班主任制的逐步完善

1947年7月21日,苏联教育部发布了《班主任服务规程》,规定,"在七年制学校和中学内,自五年级起,由校长在每班任教的优秀教师中指定一人为班主任"③。该规程对班主任的工作职责、来源提出了初步要求,明

---

① 陈桂生:《"班主任制"缘起——俄国班主任制要义》,《全球教育展望》2011年第11期。
② 杨佳:《俄罗斯班主任制探析》,《当代教育论坛》2012年第5期。
③ 《苏联普通教育法令选译》,中华人民共和国教育部翻译室、北京师范大学教育学教研室翻译室译,人民教育出版社,1956,第91页。

确了班主任负责班级管理、思想道德教育等工作，班主任必须在所在班任教教师中挑选。苏联班主任制正式确立，并推向全国。

1970年，苏联教育部颁布《普通中学章程》，进一步界定了班主任的工作职责。1971年，颁布了《班主任条例》，明确了班主任的主要工作任务是"培养学生的思想信念、社会意识，使学生准备积极参加社会生活；培养学生的共产主义道德、对学生进行劳动教育、培养他们为生活做准备，为有意识的选择职业做准备。争取获得高水平的成绩，深刻掌握科学基础知识，发展认识积极性；促进学生的审美教育和体育教育，增强学生体质"[①]。

1975年，苏联教育部颁布《关于班主任工作》的指导文件，明确规定班主任工作目的及职责不仅适用于学生在校期间，还要负责其所带领班级的课外教育工作。其工作内容与《班主任条例》的要求大致相同，提出班主任的职责主要包括：同其他教师、学生会、少先队、共青团与学校家庭协助委员会密切合作；及时帮助学生的学习；采取能增进学生健康的措施；组织学生公益劳动；制订、记录各种规定的文件（包括制订学季工作计划、填写教室日志、检查学生日记）；向学校领导呈报有关学生成绩、出勤率和行为的报表等。还明确了对班主任职业品质和个人品质的要求。至此，苏联班主任制趋于健全。

总之，苏联的班主任是从分组实验法的"小组指导员"转化而来的。在分组实验法中，把"教育"同"教学"截然分开，由"小组指导员"和一般教师分别承担。在苏联班主任制不断完善的过程中，班主任对学生进行意识形态影响的主要职责越来越得到国家层面的重视，提倡集体主义价值，把班级建设成一个集体，并通过集体影响班级的每一个学生，成为班主任工作的主要使命。从20世纪70年代苏联班主任制完整地建立起来后，一直到1991年苏联解体，苏联班主任制的变化不大。

苏联解体后，除俄罗斯外，独立之后的各个国家不再统一要求设立班主任。独立后的俄罗斯淡化意识形态，在教育领域忽视思想政治教育。1992年颁行的《俄罗斯联邦教育法》规定，在任何教育机构、教育管理机构，不允许有政治、政党、宗教色彩的活动。因此，一些学校便取消了班主任设置。然而，道德教育的缺位导致出现成长问题的学生越来越多，未成年

[①] 姜晓燕：《俄罗斯班主任制度的前世今生》，《中国德育》2010年第6期。

人犯罪率居高不下。基于此，俄罗斯教育部于1998年3月发布命令，规定在普通教育学校必须恢复班主任的德育权利，并责令俄罗斯教育科学院制订专门的支持计划，培养德育教师。同时，要为在学校中制订青少年补充教育计划以及建立儿童社会保障委员会创造条件。班主任制在俄罗斯得以恢复，并重新受到重视。2006年2月3日，俄罗斯教育部第21号令批准了《完成班主任职能的方法性建议》。该建议确定了班主任工作的目标、任务、权利及评估标准，明确所有的教育工作者都应承担道德教育职能，但是，道德教育的主要任务由班主任承担。组织所有教育力量协同合作，为每个个体发展创造有利条件，保证每个学生顺利实现社会化，这是班主任的工作任务。同时，俄罗斯提出给予班主任资金补助，提高班主任工作积极性。

目前，俄罗斯除了少量专职班主任之外，其他班主任通常也是任课教师，一周一般承担22~30课时的教学任务。[①] 因此，由于教学任务重，班主任将主要精力用于教学而不是道德教育。课外工作条件差、社会各种教育机构的协作不够、教师教育心理和教学方法培训不够、劳动报酬低等是班主任工作面临的一些问题。

随着俄罗斯社会经济趋于稳定，教育被列为优先发展领域，班主任制度越来越引起普遍关注。在俄罗斯联邦、地区层面开展了班主任工作研讨会、培训、圆桌会议，多种方式促进班主任专业发展。目前，俄罗斯班主任制在保留了苏联时期班主任制的一些有效做法的基础上，还能以开放积极的心态吸纳世界各国先进教育经验，融入本国的班主任工作，以顺应世界教育发展的潮流，使班主任制在学校教育中继续发挥重要作用。[②]

第三节 机制储备：中国班主任制的早期探索

毋庸置疑，现代班主任制是苏联教育的产物。但在20世纪上半叶，在中国大地，无论是国统区还是中国共产党建立的革命根据地，都进行了早期的班主任制的实践探索，这些班主任制的实践，为1949年新中国成立后

[①] Классныйруководительсо временнойшколе, http://bibliofond.ru/view.aspx?id=5542，最后访问日期：2023年7月18日。
[②] 杨佳：《俄罗斯班主任制探析》，《当代教育论坛》2012年第5期。

在全国普遍推行现代班主任制奠定了基础。

一 "国统区"的班主任制的早期探索

(一)"班主任"名称首次使用

上海图书馆主办的"全国报刊索引"平台的信息显示,在搜索结果中最早使用"班主任"一词的文献为《班主任升旗训词:力行班训以为个人修养及服务道德之标准》。网站信息显示该文刊登于1911年出版的《中农训练周刊》(第二期)。《中农训练周刊》是国民党的三青团的刊物,"中农"是"中国农民银行"的简称。《中农训练周刊》(第二期)为手刻油印刊物,封面因年代久远已看不清具体的印制日期。但是,根据文中出现的"中国农民银行"和"抗战"来判断,《中农训练周刊》不应该是在1911年印制的。1933年4月1日成立的"豫鄂皖赣四省农民银行",于1935年6月后改名为"中国农民银行"。刊登在本刊第18页的《抗战中的外交》中有这样的字眼:"按此文为总裁七七三周年告军民书中的一段。"根据《抗战中的外交》的内容分析,"总裁"指蒋介石,"七七"指"七七事变","三周年"指日军在1937年7月7日制造的"七七事变"的三周年(1940年)。因此,《中农训练周刊》(第二期)应是在1940年印制的。所以,《班主任升旗训词:力行班训以为个人修养及服务道德之标准》最早出现的时间应该是在1940年,而不是网站显示的1911年。文中提到的"班主任"是为银行业的一个培训班而设立的,负责学员学习、行为的管理、指导,与中小学阶段"班主任"的岗位设置缘由、职责是不一样的。

《江苏巡按史公署饬第二千二百八号(中华民国四年四月十七日)》(载1915年出版的《江苏省公报》第491期,第4~7页)中出现了"第四班主任",是"第四班"与"主任"的合称,没有使用"班主任"的称呼。这个"主任"是个培训班的负责人,他的职责与中小学阶段的"班主任"有相同的地方,也有显著差别。

(二)班主任制的早期实践历史钩沉

上海图书馆主办的"全国报刊索引"平台的信息显示,在1940年前的文献中,出现了"班主任"的共有21篇:《训育部消息重新分配各班主任》

| 中小学班主任制的发展变迁 |

（载广东省立第五中学编辑的《五中周刊》1932年第114期，第1页）、《校闻：班主任会议纪要》（载广州知用中学编辑的《知用校报》1932年第164期，第1页）、《聘定班主任及自修指导员》（载《四中周报》1933年第45期，第44页）、《本学期高中部各班主任名表》（载广东国民大学出版委员会编辑的《民大校刊》1934年第1期，第13页）、《校闻：各班班主任分配表》（载《蕉中旬刊》1934年第15期，第3~4页）、《本府奉发级班主任及公民教员各志愿书履历书令县立中学校知照训令（第三二四七号，六、廿七）》（载《博白县政府公报》1934年第10期，第81~82页）、《高初中班主任第一次联席会会议录（三月二日）》（载《广东省立一中校刊》1934年第67期，第5~6页）、《向同年级班主任请假须凭学生证》（载《广东省立一中校刊》1934年第68期，第3页）、《高初中班主任第二次联席会议录》（载《广东省立一中校刊》1934年第74期，第4~5页）、《水壶干粮袋未备者至班主任处签名备购》（载《广东省立一中校刊》1934年第76期，第4页）、《初中同级班主任训话轮值表（二十二年度下学期）》（载《广东省立一中校刊》1934年第67期，第3页）、《班主任与学科主任第一次联席会议录（三月九日）》（载《广东省立一中校刊》1934年第68期，第4~5页）、《高中部本学期各班主任名表》（载广东国民大学出版委员会编辑的《民大校刊》1935年第2期，第8页）、《第三篇、章规：班主任服务简则》（载北京"四存中学"编辑的《四存校刊》1935年7月刊，第29~34页）、《附中消息：华侨班改聘班主任》（载《私立岭南大学校报》1937年第4期，第8页）、《校闻：各班班主任一览表》（载《龙蟠校刊》1937年第1期，第8页）、《本期各班班主任一览表》（载《二中校刊》1937年第41~42期，第30页）、《校闻：聘定各班班主任》（载《韩山半月刊》1938年第7期，第5页）、《社教消息：本省部份：浙省战时民校师训班各区班主任分别派定》［载《社教通讯（杭州）》1939年第5期，第4页］、《本团消息：驻渝办事处全体同仁暨各中学班主任欢宴唐主席》（载《服务团旬刊》1939年第35期，第1页）、《校闻·训育部消息：（一）聘定各班班主任及导师制各组导师》（载《梅中校报》1939年第7~8期，第15~16页）。

其中《训育部消息重新分配各班主任》（载广东省立第五中学编辑的《五中周刊》1932年第114期，第1页）等20篇是广东境内的中小学、大学发布的。《第三篇、章规：班主任服务简则》（载北京"四存中学"编辑的《四存校刊》1935 年 7 月刊，第 29～34 页）是北京的学校发布的。

综合来看，在 20 世纪 30 年代，广东、北京等地的一些学校都设置了"班主任"岗位，并且不同程度地建立起了现代意义上的班主任制度。

汕头市政府 1931 年发布的《市政公报》（第 76～80 期，第 544～545 页）刊登了《指令市立女子中学校呈请增设各班主任尚属可行由》。

指令市立女子中学校呈请增设各班主任尚属可行由

> 呈悉：所请增设各班主任一节，尚属可行。惟本年度预算已经核定，未便追加。应由二十一年度起增设，薪额则按照小学成案，每班主任一人，月薪五元。仰即遵照办理。此令。
>
> 市长黄子信
> 四月廿七

《指令市立女子中学校呈请增设各班主任尚属可行由》中提到的"二十一年"是指中华民国二十一年，即公历 1932 年。这份命令是市长黄子信于 1931 年 4 月 27 日签发的，也就是说设立"班主任"岗位的提议肯定在此时间之前。我们没有查找到汕头市立女子中学写的"呈请"原文，也就无法确定写"呈请"的确定时间。根据这份命令可以确认，汕头市在 1931 年已有学校设立了班主任。

《聘定各班班主任》（载《二中周刊》1931 年第 75 期，第 3 页）罗列了班主任名单。"二中"是"广东省立第二中学"的简称，《二中周刊》是广东省立第二中学的校刊。《聘定各班班主任》显示，广东省立第二中学在 1931 年 9 月已经给每个班设立了"班主任"。

《校闻：图书馆消息：班主任一览表（附班主任职责）》（载《四中周报》1931 年第 8 期，第 18 页）不仅刊登了全校各班的班主任名单，还附上本校设计的班主任职责。"四中"是"广东省立第四中学"的简称，《四中周报》是由广东省立第四中学编辑的校刊。《校闻：图书馆消息：班主任一览表（附班主任职责）》中对设立"班主任"岗位的缘由等有这样的描述："遵照教厅令增设班主任，除高中三主任，由教务、训育、事务三主任兼任，不另支薪外，初中八班，每班聘班主任一人，月各支职俸十元。"《校闻：图书馆消息：班主任一览表（附班主任职责）》中还附了11条班主任职责。

第一，协同训育主任处理该班重大训育问题。

第二，指导该班学生自治及作业事宜。

第三，考查学生个性分别施以指导。

第四，检查该班学生体育卫生及指导其养成优良习惯。

第五，协同训育主任及教务员，核算该班学生学业及操行成绩。

第六，领导该班学生参观旅行及参加有益身心之运动。

第七，支配及督促该班学生服务事宜。

第八，分任家庭恳亲会事项。

第九，应住宿校内。

第十，出席教务训育会议及其他有关系之会议。

第十一，其他班主任应办事宜。

《四中周报》1931年第8期中还有一些文字可以了解"班主任"的设置信息。《已办事项》（第2页）："七、设班主任　高中三级以教务事务训育主任兼任之初中各班以教员专任之。"《特载：第一次行政会议》（第3页）："甲、主任每天须到班巡堂"；"乙、各科教员上课时须负管理之责。"文中的"增设班主任"显示，广东省立第四中学此前（1931年前）没有班主任。"增设"的依据是"遵照教厅令"。"教厅"是"广东省政府教育厅"的简称。但是，笔者没有搜索到广东省政府教育厅发布的这份令的原文，也就无法准确地确定这份令的出台时间以及增设班主任的缘由和依据。综合《四中周报》1931年第8期的信息，广东省立第四中学在1931年10月设立了"班主任"岗位。而且，这份刊物呈现的信息概括了当时"班主任"的设置依据、班主任的人选来源、班主任津贴、班主任职责等内容。这表明，广东省立第四中学已经初步建立起了比较全面的班主任工作制。

张海涛在《中等学校班主任问题》（载《教育论坛》1932年第5期，第19~43页）中提到："去年以前的二年，我都在广州中大附中任班主任。"《中等学校班主任问题》发表于1932年，文中提到的"去年"是1931年；"以前的二年"是1930年、1929年。笔者没有查找到张海涛在广州中大附中任班主任的有关情况，但依据此文至少能确定：张海涛在1929年就已经当了一年的班主任了。笔者认为这篇文章及其数据是可信的。首先，《教育论坛》1931年11月创刊于广西，是由广西教育厅第四科编辑的，对研究广西教育史乃至全国教育史有一定的价值。其次，张海涛对班主任工作的思考是深刻的。张海涛的这篇文章近1万字，非常全面地总结了班主任在当时设置的缘由和依据、班主任的职责、班主任与校长的关系、怎样做班主任等问题，里面列举了广东省立一中、广西省立一中的班主任职责，两所学校的班主任运行机制图，广东省立一中班主任潘从理的实践体会等素材，张海涛甚至在文中还探讨了班主任的素养结构。不管是张海涛本人的班主任工作实践，还是在文中提到的两所学校的班主任工作实践，都已经具备了现代意义上的班主任工作制的雏形。他在文中提到的班主任工作职责等内容及一些观点，对今天的班主任工作仍旧有较强的借鉴价值。

广西省立一中班主任之职责

1. 指导该班学生课内作业及课外活动。（课外活动如组织各科讨论会、党义研究会、参加总理纪念周、参加群众大会、办理壁报等。）
2. 纠正该班学生触犯规则行为及错误思想并解决该班一切问题。
3. 协同教务主任及训育主任核定该班学业及操行成绩。
4. 支配及督促该班学生服务事宜。
5. 巡视学生早操及纠正学生动作。
6. 学生自修时轮流点名并巡视及指导之（轮值表另定分送）。
7. 填报学生操行考查表（每星期一次）。
8. 检阅本班教室日志及考查学生日记（每星期一次）。
9. 班主任须轮流值日执行下列事项。

①择录重要新闻公布。

②解决其他班主任不及解决之事项，如遇重大事项，商同训教各主任或校长解决之。

③自上午七时至下午九时均须在校考查校内学生有无不规则行为，如见学生行为不检时，须立即纠正之。

④处理训育部及教务部临时请托应办之事项。

广东省立一中科主任及班主任之职务

1. 本校为谋学生教养之周到，采用分管办法，于高中各科各设一科主任，初中各班各设一班主任。

2. 科班主任对于教育学生之方法，教材之选择改变，与夫教育上之设备种种，随时得发抒意见，提出计划与教务委员会共商进行。

3. 科班主任对于该科班内一切事务得因自行处理，不能处理者，与学校当局互商处理之。

4. 科班主任对于学生身心方面（如感情之培养、智慧之启发、做事之练习及身体之保育锻炼等）负指导照管之全责。

5. 科班主任能事事以身作则使学生潜移默化。

6. 科班主任须养成学生自治互动，尤在启迪其向上之志趣，真诚的态度与奋发之精神。

7. 科班主任对于学生之性情、资质、习惯、家庭景况等，须有深切之观察，透彻之了解，然后因势利导之。

8. 科班主任指导学生办理该科班内之教务、庶务、公共卫生，以及个人饮食清洁之事，使学生用其手足耳鼻心思以为生活历练之资。

9. 科班主任逐日查阅学生日记，查其资质之优劣、学业之进退而设计指导之。

10. 科班主任帮助学生解决任何困难问题。

11. 科班主任指导监督学生课外一切活动，如运动、游泳、公共娱乐、图艺工作、演讲辩论、旅行参观等。

12. 科班主任为学业操行之促进，关于该科班教授上之教材与方法，须随时与该科班导师交换意见。

13. 科班主任对于其他科班之学生，在可能范围内彼此互相照管。科班与科班间互有关系之事，联系处理之。

14. 科班主任每月做科务或班务报告一次，交学校并查。

广东省立一中班主任潘从理的生活记录

……班主任每天当是先学生起床。如果值日生未起床、开电灯、吹哨子，班主任必要督促他。开朝会时，由各班的自治会的会长或委员长作主席，报告及讨论该班一切事情。在那半明半暗灯光之下，万籁无声，学生刚刚起床，大家心平气和，开起会来，煞是有趣。开会的时候，班主任必出席指导，如有特别事情，即在朝会里向学生说明。但有时班主任也不一定到会，全让学生自出主意，以试学生自治的能力，不过这种时候比较少。考查起来，一中各班朝会，于训育上还算有相当的效果，这是可以老实说的。早操的时候，班主任也是同学生一般站在一班的前后左右，听指挥人的口令，跟着动作。如冬天跑步的时候，都是由班主任领队跑到观音山（由一中到观音山约有八里路）点名后才回校。正午的时候，学生有的洗衫看报，晚餐后大家出去运动，班主任也常与学生一起。到了学生晚上交日记后，班主任批阅日记，是一件极大的工作。因为学生每日整个的生活，都在他日记里活泼表现出来，一毫不能有所虚假。班主任除了语言以教学生外，批改日记，便是用文字教学生唯一的方法。批改日记时，有的用褒的方法，有的用贬的方法，有的用激励的方法，有的用抑阻的方法，甚至学生意气很盛时，只好暂时不理。有时候看见学生写的日记诚恳可爱，真是令人动心，觉得人类彼此相与，只要大家以真心相见，确有一番快乐。有时候看见学生写的日记非常淘气，表现出他那种极其懒慢糊涂气盛的时候，而又不能用严厉的方法去对待他，便只好包容下去，待有机会再来教他。我们承认学生犯过，是青年的变态而不是常态，在他变态的时候，你不会教得他好，所以只好包容不管。然而无论怎样淘气的学生，除非不居心教他；若果居心教他，而以至诚的态度应对他、爱他，没有教不好的人。这是关于批改日记的事。其余如各班的功课的事及其他班内的琐事，均要由班主任负责照管。总括起来说，班主任的生活，有时可以说很有趣味，有时可以说极其麻烦。而学生对班主任，都是非常之好，有如从前书院制师生关系之密切，大家均有相依为命之情。

《中等学校班主任问题》中关于班主任工作机制建构的内容

我以为学校只有一个校长，几个事务员办理庶务、教务等琐事，其次就是每班设一班主任。事务员都应承校长，办理他们应办理事务；班主任也应承校长议处学校一切。这样的，不但可以节省经费，同时

| 中小学班主任制的发展变迁 |

一个校长如果有他的计划也才容易求其实现。兹为明了起见,试探一中等学校行政系统的图表(见图1)。

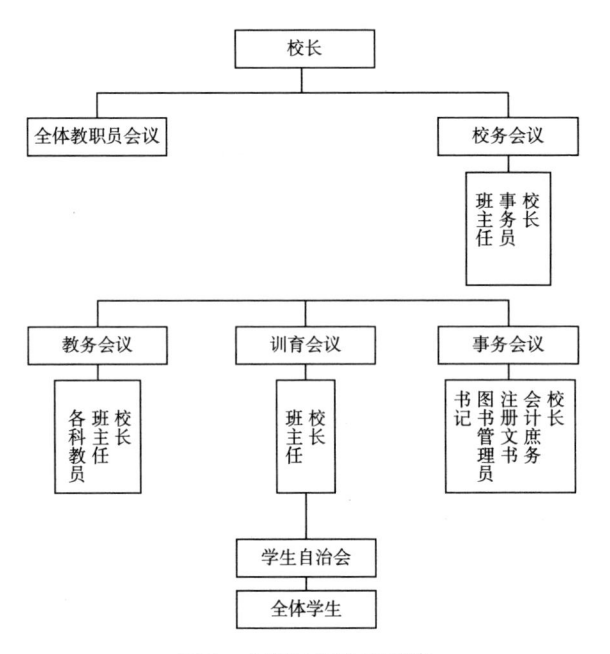

图 1　中等学校行政系统

说明

一、校长一人,主持全校校务。

二、校长之下,不设事务、训育及教务主任,只设事务员若干人及班主任。

三、关于事务方面,俱由事务员直承校长办理,如在开学、闭学事务繁杂时候,可临时酌顾本校学生帮忙。

四、班主任为校中最重要之职员,每个兼课不得过六七课时,最好即以国文教员为班主任。

五、训育事务完全由班主任办理。

六、教务由班主任商同校长及各科教员协同办理。

七、童军体育只聘教员,不设主任,由校长、班主任协同办理。

八、所有各种会议俱由校长主席。

九、班数太多的学校,得酌设各科主任,如自然科、国文科、英文科、艺术科、社会科、体育科、童军科等主任，设计该科教学，与校长班主任共同讨论计划。

如果该校规模比较大，就是高中初中都有而又10余班的，我以为可参照广东省立一中学校行政组织系统酌加改良，兹介绍广东省立一中组织系统如图2所示，以供参考。

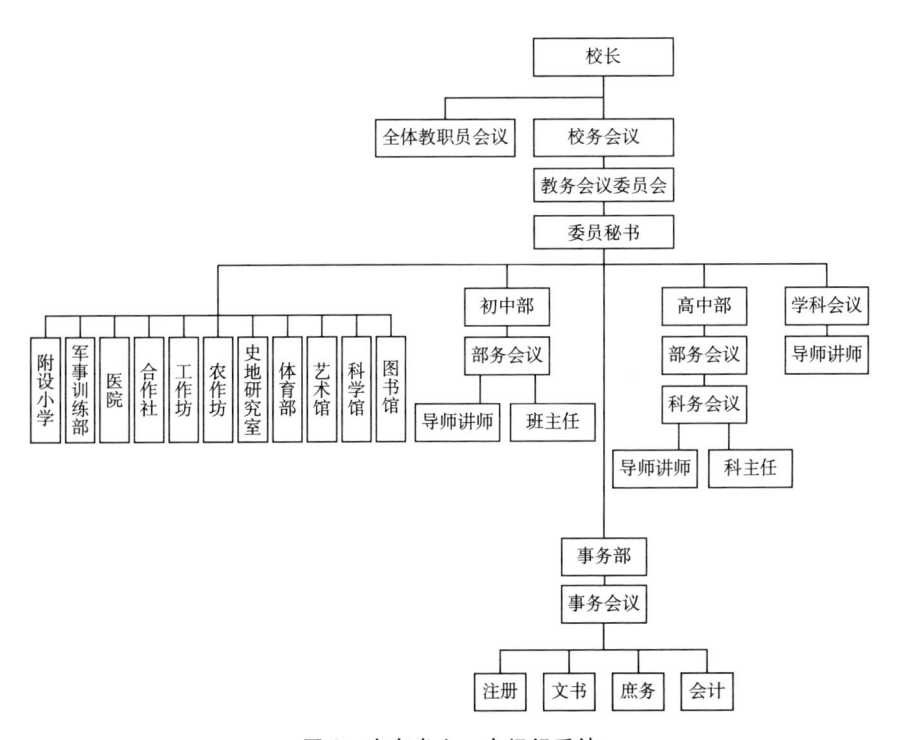

图2　广东省立一中组织系统

说明

一、校长主持全校校务。校务会议为校内各项负责人员筹议全校校务，辅助校长，促进校务之进行而设，只属于校长之下。

二、校务会议为司理校内常务，特设常务委员，组织教务委员会，为全校中枢办事机关，其职权与旧日之教务处总务处相当。

三、事务部办理各项事务，分会计、庶务、文书、注册四处，设事务员若干人，直属教务会议委员会，事务会议时教务委员为主席。

四、全校教学分高中初中两部。为完成全部教学计，特设图书馆、科学馆、艺术馆……皆属校务会议之下。

五、高中部部务会议由教务委员科主任、导师、讲师组织之，教务委员主席。

六、初中部部务会议由教务委员科主任、导师、讲师组织之，教务委员为主席。

七、高中分科，班主任与该科导师、讲师组织科务会议，科主任为主席。

八、初中分班主任与该班导师、讲师共同组织部务会议，班主任为主席。

九、图书馆设主任一人，聘导师兼任，另设管理员一人。

十、科学馆分物理、化学、博物三部，设管理员一人，办理典守等事，并由数学、物理、化学各科导师组织科学馆指导委员会，互推一人为主席。

十一、艺术馆分图画、音乐两部，由图画、音乐两科导师及其他各科导师之对于艺术有兴趣者组织指导委员会，互推一人为主席。

十二、农作坊设指导主任一人，工人若干人。

十三、工作坊设指导主任一人，工匠若干人。

十四、合作社设指导主任一人，由本校导师兼任之，另设事务员一人。

十五、体育部由体育导师军事训练员与其他导师之有体育技能及兴趣者共同组织体育指导委员会，互推一人为主席。

十六、军事训练部由军事教官、高中各科主任及教务委员会一人或二人共同组织军事训练委员会，司军事训练一切计划及实行，军事教官为主席。

十七、医院设主任一人，助手兼看护一人，管理全校卫生及疾病事宜。

十八、史地研究室由历史、地理两科导师共同组织史地研究指导委员会，互推一人为主席。

十九、全体教职员会议，校长为主席，每学期开会两次，于必要时得临时召集之，于学期之始报告全校新教育大计及讨论之；于学期之末，审查学生各项成绩并决定之。

二十、学科会议由该学科主任、导师、讲师共同组织之，互推主席，商议高中、初中及各特设属于该学科之一切计划，议决事项送交教务会议委员会审查执行之。①

在炳森的《中学班主任问题》[载《教育周报（桂林）》1933 年第 13 期，第 4~8 页]一文中，作者"试先拿十二中来做实例"分析中学班主任的责任与工作职责。

班主任问题实在是一个很重大而且很值得讨论的问题，因为现在的中等学校组织上已有了变更，取消了训育主任和教务主任，而惟留存着训育股和教务股，又改换了童子军主任和体育主任而为训练指导员，因此，班主任不特要担任一班中训育和教务两方面的工作，并且还要参阅体育和童军的训练。不但如此，此外如学生的思想、品性、行为以及其他不能在课室内和不能明载于校规上的一切，都要班主任去负责主持和管理。所以事实上，班主任的责任，实在是非常重大。

现在将他们的工作要项列举如下。①指导自修并登记缺席人数，每日揭示于该班课室。②每周指导体力工作二小时。③批阅日记。④月考后领导旅行或参观。⑤指导班会的活动，出版壁报。⑥主持学生功过。⑦主持操行成绩。⑧介绍课外阅读。⑨个别指导。⑩检查课室及宿舍清洁。⑪领导课外活动。⑫随时纠正该班学生的思想、品性、行为、习惯等。⑬办理训育和教务。⑭每月举行一次班主任会议及生活指导会议。⑮参加其他有关系之会议。⑯专任教员应做的工作。⑰解决学生的疑难。⑱其他临时工作。

文中提到的班主任工作的重要性、班主任工作任务重、班主任工作职

---

① 张海涛：《中等学校班主任问题》，《教育论坛》1932 年第 5 期。

责、要重视班主任的人选等主张,直到21世纪初期还具有重要的实践意义。①

江西临川桂桥小学第14届学生陈竹亭(笔者注:1933年时在校,该校是桂瑞藩自筹资金于1919年创建)在《怀念桂瑞藩老师》(载桂桥学校校友会于1999年编印的《永怀恩师》第137页)提到:"每学期期中、期末对学生所学各科进行全面测试,考完后,各班主任要评定学生各科总分,列榜公布名次。"② 这一文献无法呈现设立"班主任"岗位、使用"班主任"岗位名称的时间,但该校至少在20世纪30年代已经设立了"班主任",并建立了班主任制。

1941年5月22日,教育部颁布的《中等学校各科教学研究会组织通则》中提到:"各科教学研究会由校长(班主任)指定或由教员互选一人为主席,各该学科之教员均为会员,校长(班主任)及教务主任或教导主任亦须参加。"在这份文件里,教育部明确要求实行班主任制。

综上所述,"班主任"这一岗位名称于1931年已在多地、多校使用;个别文献证明,"班主任"这一岗位名称于1929年在广州开始使用。这表明,政府在不同层面、不同地区不同程度地推行了班主任制。云南、广东、广西、江西、北京等地的一些学校都设立了班主任,并建立起了班主任制。在这些班主任制建设行为中,有省级教育行政主管部门的文件,也有地方政府、学校根据省级文件建立的一系列子制度。因此,在20世纪30年代的中国,班主任制不再是一种宏观的机制预设、理性畅想,不再是进步人士的呼吁,或者是个别学校的管理尝试,而是一种在部分省份、部分地区的学校广泛推行的一种学生管理、教育与指导制度。

二 革命时期的班主任制建设

革命根据地教育是指从1927年大革命失败后到1949年10月中华人民共和国成立这一特定历史时期,中国共产党独立领导中国革命,走农村包围城市的道路,围绕建立、巩固和发展人民政权,进行土地革命、抗日战

---

① 炳森:《中学班主任问题》,《教育周报(桂林)》1933年第13期。
② 李自华:《融贯中西,因地制宜:对民国教育现代化的一点思考——以桂桥小学为例》,硕士学位论文,江西师范大学,2003。

争和解放战争而开展的教育活动。这一历史时期，中国共产党不但领导中国人民在政治、军事上取得了中国革命的胜利，而且在文化教育上，特别是在干部教育和工农群众教育上也取得了辉煌的成就。中国共产党从农村革命根据地长期战争的现实需要出发，建立了一种为战争服务的战时教育体系。革命根据地教育主要包括干部教育、群众教育、儿童教育、军事教育、师范教育、职业技术教育，大体可以分为三个历史阶段：土地革命时期（又称"苏区时期"）（1927~1937年）、抗日战争时期（1937~1945年）以及解放战争时期（1946~1949年）。

（一）革命时期实行的"班主任制"

自20世纪30年代起，在中国共产党领导的苏区、抗日根据地、解放区兴办的小学、中学、师范学校和抗日军政大学等，每个班级中都设有班主任。1934年《中华苏维埃共和国小学制度暂行条例》中规定："每班设主任教员一人，一班学生在四十名以上者，得增设助教员一人。"[①] "主任教员"即相当于"班主任"。《中国抗日军政大学第二分校毕业证书》一文中有类似的验证信息："1936年10月红军长征到达陕北后，其进入抗日军政大学一期（红军大学二期）高级班（军、师级红军干部）学习，后留校任高级班班主任。"[②] 1942年，绥德专署教育科的《小学训导纲要》中提到："实行教导合一制，必须加强班主任的责任，否则教导主任就忙不过来。"[③]

1949年7月，《陕甘宁边区政府关于新区目前国民教育改革的指示》中提出："废除训、教分立制度，实行教导合一，这一原则从两方面实施：一是教师不只教书而且要参加具体的指导工作；二是组织上训育与教务统一。在学校组织上（适用于完小）校长下设教育主任，取代级任导师，班设主任教员。"[④] "主任教员"的职责与新中国成立后班主任的职责范围有很多是相同的，只不过名称不同罢了。陕甘宁边区的学生管训制度比较全面，但

[①] 陈元晖等编《老解放区教育资料（一）》，教育科学出版社，1981，第310页。
[②] 王国良：《中国抗日军政大学第二分校毕业证书》，《收藏快报》2019年8月7日，第13版。
[③] 陕西师范大学教育研究所：《陕甘宁边区教育资料（小学教育部分上）》，教育科学出版社，1981，第277页。
[④] 陕西师范大学教育研究所：《陕甘宁边区教育资料（教育方针政策部分下）》，教育科学出版社，1981，第274页。

也不是规范意义上的班主任制建设。陕甘宁边区各中学的行政组织一般是"校长下分设教导、事务两处,教导处的主要工作包括教务与生活指导两部分,相关的德育及学生管理工作由教导处统领"。教导处内设主任一人,商承校长处理全校教务及生活指导事宜。并设2~4个干事,分任教务与生活指导工作。至于训育工作的内容,大致有以下几点:政治指导、生活指导、技能指导(如训练宣传群众、组织领导学习生产技术、提高学生积极性等)。

例如,在《陕甘宁边区暂行中学规程草案》中,专辟有一章对"生活指导"进行论述。其相关规定如下。一是中学生活指导,以配合各科学习,使学生在学校内养成自由思想,"学""行"联系,以忠诚、坦白、勇敢、活泼、吃苦耐劳、实事求是、遵守纪律、主动自治、团结互助及民主作风为原则。二是中学校长及全体教职员,均负生活指导责任,须以身作则,采用团体指导及个别指导,将学生一切课内课外活动导入正规。教导处为生活指导之主导部门。三是中学校每一学级设指导员一人,择该级一专任教员兼任之,负责该级生活指导事宜,作为教导处工作之有关该级的一部。指导员受教导处领导,须与教导处适当地分工合作,密切配合。以上第1条可以看作思想教育方面。第2条是生活指导方面,但从"导入正规"一词可以看出,虽名为"生活指导",指导的方向却并不是发散的,而是集中统一的,所以把它看作"生活管理"似乎更为合适。第3条是级任指导员,负有对学生进行思想教育的职能。由此可知,当时的"学级指导员"主要负有学生的思想教育和生活管理两项职责。除此之外,该草案在第19条指出:主任均须兼课,其教学时数得等于专任教员教学时数的1/2,不另支薪给。由此可以推断,"学级指导员"的工作量并无另支薪给,其福利主要是通过减免"学级指导员"的课时量来体现的。对于专任教员的任课时数,该草案规定到:初级中学专任教员,每周教学时数为十六小时至十八小时,高级中学专任教员,每周教学时数为十四小时至十六小时。[①] 由此可见,当时指导员的工作量也不少。新中国成立后,也曾一度在中小学设级任主任,后又撤销级任主任,设班主任。

---

① 赵静:《论"班主任制"》,硕士学位论文,华东师范大学,2008。

(二) 革命时期"班主任"的工作范式

苏区时期,中国共产党发展群众教育的宗旨主要是通过扫盲教育,提高民众的革命觉悟。抗日战争时期以"实行抗战教育政策,使教育为长期战争服务"为指导思想发展教育。解放战争时期,解放区的教育执行民族的、科学的、大众的新民主主义教育方针,坚持教育为解放战争服务、与生产劳动相结合、与实际相结合的原则,为当时的土地改革和根据地建设服务。这成为抗战教育的总政策,当然也是班主任开展学生思想政治教育的总指针。在根据地的各级学校,强调调动学生学习的主动性和积极性,以集体主义原则、自动原则、应用原则为教学工作的基本原则。在完小还提倡导生制,让成绩好的学习骨干帮助成绩较差的学生。总体来看,革命根据地时期,班主任进行班级管理的形式主要有如下几种。

1. 加强思想政治教育,提高革命觉悟

因革命形势的需要,革命根据地的教育无疑带有鲜明的革命性。因此,各时期无不将思想政治教育作为班主任开展学生教育与管理的中心工作,以提高学生思想政治觉悟,帮助学生树立坚定的革命信念。比如解放战争时期延安保育小学对学生的思想政治教育,注重从以下几个方面进行:一是全心全意为人民服务的思想教育;二是中国共产党的优良传统教育;三是加强纪律教育,严格遵守学校的各项规定,防止意外事故发生;四是艰苦奋斗,勤俭节约教育。根据地各级各类学校,坚持以自觉、民主、尊重学生的独立活动、说服教育为实施训导工作的原则,开展学生思想教育工作。在思想教育的形式上,有以下一些特点。一是坚持理论与实际相结合,学以致用的原则。在革命根据地开展的学生思想教育,力图做到教、学、做的统一。二是坚持通俗易懂、平易近人的原则。由于思想教育是在根据地即敌后方进行的,学习时间较短,思想教育的内容就必须精练、简洁、通俗易懂,能够在很短的时间内极大地提高学生的思想境界。管理者与学生之间是新型的民主关系,避免了简单的命令式管制,让学生活动自觉化、常规化。三是注重教育形式的多样化。班主任除了注重发挥教师在管理工作中的作用,注重通过政治课、各科教学、报告会以及个别谈话进行正面教育外,还经常召开生活检讨会、思想斗争会,开展学生间的批评与自我批评,提高学生的思想觉悟与政治水平。四是注重采用民主、自觉的教育

方法。根据地学校对学生的思想教育一般用民主、自觉的方法，不能采用体罚、压制，注重采用辩论、解释等办法。此外，还有队班指导员、辅导员以及各党团组织等协助负责学生思想教育工作。

2. 制定学生规则，规范学生行为

按照中国共产党和边区政府的有关教育方针政策精神，各级各类学校结合本校实际，制定了学校学生管理规章制度。1932 年 8 月，彭杨学校制定的《学生须知》，对学校规则做了具体规定，包括寝室规则、课堂规则、食堂规则、卫兵规则和卫生规则。其中，寝室规则多达 8 条，具体规定了宿舍的卫生秩序、寝具放置、起床、休息等事项。1934 年颁布的《小学管理法大纲》中也有"小学规则"，主要内容包括课堂规则、运动场规则和请假规则。课堂规则规定了上课、下课、点名的秩序和禁止随地吐痰、骚扰、喧哗等妨碍学习的行为。这些规则保证了教学的正常进行，也有利于学生良好习惯的养成，是学生管理中不可或缺的重要举措。

3. 注重家校社协同育人，发挥教育合力

苏区时期，苏维埃政府作为工农政权的运行机构，初步构建了学校、家庭和社会团体相结合的教育治理模式。闽西苏区学校定期召开学生家长会，共同商讨学校的管理、教育、教学等工作并把这种家长会称为"恳亲会"，即学校恳切地征求学生亲属的意见。为了推广这种管理经验，中央在《小学管理法大纲》中规定："学校必须与学生家长有密切的联系，至少每月必须召集家长联席会议一次，讨论学校的改良、学生的增加、教授方法的改进、学校设备的进步等问题，要经常征求家长的意见，和他们个别谈话来改进教育儿童的方法，并研究对于各个儿童所应特别注意之点。"同时强调"学校应与工会或贫农团、合作社等建立经常的关系。……学校与其他的群众团体，如消灭文盲协会、工农剧社、反帝拥苏同盟、革命互济会等，也须有密切的联系。"[①] 学校与学生家长及群众团体密切关系的建立，使学校教育与家庭教育、社会教育结合起来，协调一致，形成教育合力，巩固、扩大学校教育的作用，有助于学生健康成长。

4. 建立学生组织，实行学生自我管理

为培养学生自我管理能力，革命根据地的学校都建立了学生组织，引

---

① 陈元晖等编《老解放区教育简史（一）》，教育科学出版社，1981，第 327 页。

导学生组建儿童团、学生会、同学会、民先队、学生救国会等组织，注重发挥学生组织的教育作用。学生组织既组织学生认真学习，又推派代表列席学校会议参与学校管理、与管理者共同执行学校决议，还建立民主生活制进行自我教育和管理，充分发挥学生组织的自我教育功能，让学生学会自我管理，如让学生制定行动规则，自己立规、共同守规，有利于建立自觉纪律。根据地主要的学生组织有"学生公社"（也称"学校公社"）和"学生会"。

"学生公社"是苏区各级各类干部学校设立的学生自治组织。"学生会"是苏区各级小学设立的学生自治组织。据《列宁小学校学生组织大纲》规定：学生会在校长领导下进行工作，它是各个学校学生的单独组织，不建立上下级的整个系统。学生会的最高组织为全校学生大会，它选举学生委员会为执行机关。40人以下的学校，学生委员会由主席（兼军事、裁判、劳作等职务）、检查委员、文化委员3人组成。40人以上的学校，学生委员会由主席（兼劳作委员）、军事委员、裁判委员、文化委员和检查委员5人组成，其任务是："其一，使教育与实际工作不相分离，发扬学生的创造性，加强他们学习与工作的积极性，巩固入学儿童，使全体学生有集体的生活、互助的精神和革命斗争的组织能力。其二，学生会组织学生自己的生活，发展自治的能力，参加学校行政管理，并动员学生参加校外的社会工作，培养将来社会主义的建设者。"[①] 学生会不但推动了学校各方面的管理工作，也对培养学生的自治能力发挥了很好的作用。

解放战争时期，中小学普遍恢复班级制，学生会仍是学生的自治组织，由三年级以上的学生选举组成人员7人。除正副主席各1人负责全面工作外，其余5个委员各领导1个股的工作。学生会各股要聘请教师当指导员，每学期选一次委员。学生会的各股工作如下：①军事体育股，负责少先队站岗放哨；②文化娱乐股，负责出墙报、黑板报；③社会活动股，负责照顾抗日军人家属；④生产劳动股，协助学校总务部门种菜、纺线、淘厕所等；⑤生活卫生股，师生共同组成伙委会，帮助学校卫生部门灭蚊蝇、大扫除等。此外，根据学段不同，还分别成立少先队和儿童团。其中，少先队是带有半准军事化的少年组织，三年级及以上的学生均可参加，编制分

[①] 陈元晖等编《老解放区教育简史（一）》，教育科学出版社，1981，第334页。

为大队、中队、小队。少先队的职责是培养学生适应战争环境的能力,增强组织性和纪律性,组织军事游戏及简单的制式操练和防空急救等活动。二年级及以下学生的社会组织是儿童团。少先队、儿童团均由少先队大队部统一领导,以充分发挥"自觉自治"作用。

总之,解放区各类学校实行民主管理制度,"废除国民党那套专制主义的训育制度,实行新民主主义的指导制度,实行有领导的有组织的有秩序的民主的学生自治,建立民主团结的正确的师生关系"[①]。由于师生长期共同生活,朝夕相处,师生之间培育了一种互敬、互爱、互谦、互让的新型民主关系。

---

① 辽宁省教育志编纂委员会编《辽宁教育史志资料》(第四集),辽宁大学出版社,1990,第226页。

第一章　班主任工作制的确立与初步发展（1949~1977年）

尽管在封建社会时期，中国出现过一些类似集体教学的组织形式，也出现过一些教师岗位在履行学生教育和管理的职能，但"班主任"岗位名称、设置缘由、设置形式都不是中国传统教育自身发展嬗变的产物，而是随着班级授课制的传入，受苏联教育理论的影响，结合中国早期自主探索的实践而普遍设置的一个班级教育岗位。新中国成立后，国家教育行政主管部门又出台了一系列有关班主任工作的政策法规，班主任工作制开始在中国普遍设置，并走上了初步发展的道路。

第一节　班主任工作制的确立与起步

1949年，中华人民共和国成立后，在继承革命老区的优良教育传统、吸取苏联教育经验的基础上发展了新民主主义教育。1952年，根据《中国人民政治协商会议共同纲领》中的文化教育政策及中央人民政府政务院《关于改革学制的决定》，教育部颁发的《小学暂行规程（草案）》和《中学暂行规程（草案）》，这两项规程中，都明确规定从1952年起，在中小学一律设立"班主任"岗位，全面负责全班学生的思想教育、政治工作、道德行为、生活管理、课外活动等，取代"级任导师"教师岗位。至此，班主任制在我国正式确立。《小学暂行规程（草案）》中的第32条明确规定："小学各班采取教师责任制，各设班主任一人，并酌设科任教师。"《中学暂行规程（草案）》中的第31条和第32条明确规定："中学以班为教学单位……教员人数每班以二至三人为原则……中学每班设班主任一人，由校长就各班教员中选聘，在教导主任和副教导主任领导下，负责联系本班各科教员指导学生生活和学习。班主任任课时数，可根据具体情况，较专任教员酌减。"该规程首先明确了班主任的选聘原则：由校长就各班教员中选聘；其次明确了班主任的职责："在教导主任和副主任的领导下，负责联系本班各科教员指导学生生活和学习。"仅就有关班主任的内容描述对比来看，《中学暂行规程（草案）》对班主任的人选、职责的规定要求更为明确。两份规程的试行时间起初确定为一年，后来根据实际情况，教育部又将试行时间延长了一年。《小学暂行规程（草案）》和《中学暂行规程（草案）》这两份规程以国家教育行政部门规章的形式，正式确认了班主任在中小学的合法地位，为此后班主任工作制度建设提供了直接依据。至此，班主任制在我国正式确立。自此以后，班主任制在全国中小学中普遍实行。但实施机制、制度建设还比较粗放，有待进一步细化。由于班主任工作在学校教育中的重要意义，班主任工作一直受到党和政府的关心与重视。

1956年，教育部要求，对从事班主任的教师给予适当的补助。这些补助，还不具备岗位津贴的性质。

1958年，中共中央、国务院发布了《关于教育工作的指示》，其中明确指出："学校党委，应该配备党员去领导级和班的工作。"首次强调了班主任的党员身份。

1963年3月，中共中央发布了《全日制小学暂行工作条例（草案）》和《全日制中学暂行工作条例（草案）》，这是在总结了新中国成立后，特别是1958年以后中小学教育发展经验的基础上制定的适合中国国情的一整套中小学工作制度。《全日制小学暂行工作条例（草案）》分为总则、教学工作、思想品德教育、生产劳动、生活保健、教师、行政工作、党的工作和其他组织工作八章共40条。又称"小学四十条"。《全日制中学暂行工作条例（草案）》分为总则、教学工作、思想政治教育、生产劳动、体育卫生和生活管理、教师、行政工作、党的工作和其他组织工作八章共50条，又称"中学五十条"。"小学四十条"和"中学五十条"对办好中小学做出了具体而明确的规定，不仅对恢复当时教育秩序发挥了重要作用，而且对中国此后的教育发展也产生了深远影响。

对班主任工作而言，这两份工作条例进一步确认了"班主任"岗位的合法化。两份工作条例（草案）都指出："学校应该加强对班主任工作的领导，选派政治觉悟较高和较有教学经验的教师担任班主任。"从政治觉悟和教学经验两方面对班主任的任职资格提出了一定要求。这些规定，进一步奠定了班主任工作制的基础。

《全日制中学暂行工作条例（草案）》第20条规定强调了班主任对学生进行思想政治教育的责任："中学学生的思想政治教育，在学校党组织领导下，主要通过班主任工作、共产主义青年团、少年先锋队的活动和政治课来进行。"

第22条明确规定了中学班主任的工作职责："班主任应该在其他教师的协助下，对本班学生进行思想政治教育，指导学生的课外生活，组织学生的生产劳动，指导共产主义青年团、少年先锋队和班委员会的活动，进行家长工作，评定学生的操行。"同时，还明确了班主任的工作量减免问题，"教育行政部门和学校应该根据实际情况，适当减少班主任的任课时数"。这实际上也是规定了班主任的工作待遇。

第24条规定了班主任写作评语的要求："……班主任写评语时要征求有关教师的意见，但是不要组织学生评议。应该把评语通知学生和家长。"

第42条规定了班主任在学校中的政治地位，要求学校在召开校务会议时，如果有必要要邀请班主任参加。

这些规定对班主任工作的要求，直到今天还在发挥着作用。这一时期，班主任工作机制建设、制度建设大多是在县区级教育行政主管部门的组织下完成的，因而带有鲜明的地方特色。中小学在班主任工作制的机制建设、制度建设中，也发挥了重要作用。因为班主任工作制给中小学的快速良性运转提供了好的抓手，尤其是一些大型学校，班主任工作制的有效实施，对促进学校教育教学秩序的迅速恢复和学校教育迅速开展、提高学校教育质量发挥了重要作用。与教育行政部门进行机制建设、制度建设的视角不同，中小学主要从班主任的日常管理机制、班集体建设的具体要求两个层面，对班主任的管理归属、工作职责、管理评价制度等做出了一些有益的探索，以满足学校发展的需要。

第二节 班主任工作理论的初步构建

班主任是班级授课制教学形态下最为重要的教育角色，班主任制因此也是现代学校教育制度体系中的重要制度。任何教育实践必然要受到一定的教育规律的制约。因此，要提高教育实践的成效，就必须有一定的教育理论来支撑教育实践活动的开展。班主任工作也不例外。作为学校育人工作的重要组成部分，要提高育人成效，必须为班主任的教育实践提供对应的教育理论指导，班主任工作才能发挥其应有的教育效能。否则，仅靠工作经验是往往难以取得实效的，也不利于班主任教育实践的发展和创新。中国在进行班主任工作实践探索的同时，也在积极探寻班主任工作理论，进行班主任工作理论的构建。中国最早的班主任工作理论无疑是对苏联教育理论的引进与借鉴，在此基础上，在不同时期，不断开展了班主任工作理论的本土化探索。

一 苏联班主任工作理论的引鉴

新中国成立以后，由于对苏联政治制度的认同，中国在外交上奉行向苏联"一边倒"的政策。于是，中国现代教育理论、学校制度全面学习借鉴苏联，也因此引进了苏联学校的班主任制度。1949年，教育部召开第一次全国教育工作会议，确定了新中国教育的总方针："建设新教育要以老解放区新教育经验为基础，吸收旧教育中某些有用的经验，特别要借助苏联教育建设的先进经验。"[①]

苏联对班主任工作非常重视，建立了比较完整的班主任工作制度，明确提出了班主任工作的目的、内容、基本职能，以及对班主任职业性质和个人品质的要求，积累了极为丰富的经验，在教育理论上也多有建树，并产出了一系列有关班主任工作的理论与实践著作。20世纪40年代，苏联就出版了《班主任工作方法指南》。50年代和60年代初期，苏联曾探寻班主任德育工作的新方法，总结了一批优秀班主任的实践经验，涌现出一大批介绍班主任工作经验的成果，大批苏联教育家和班主任出版的班主任著作被翻译到中国，对新中国的班主任制度建设产生了巨大的影响。由于新中国的教育理论曾深受苏联教育理论的影响，班主任工作的理论是苏联教育理论的组成部分，中国的班主任理论也深受苏联班主任理论的影响。这一时期，苏联对中国班主任影响较大的书籍，从内容上看，可以分为三大类，即理论指导性的成果、工作经验总结性的成果和文艺故事性的成果。不过三者的界限有时不容易划清。从形式来看，主要有班主任工作专著、教育

---

① 《中国教育大系·马克思主义与中国教育（下）》，湖北教育出版社，1994，第1710页。

学著作和学校行政管理著作中的班主任工作专章。

第一类是有关班主任的理论指导性的书籍。1950年12月，人民教育出版社出版了凯洛夫的《教育学》（沈颖、南致善等译），全书有45万多字，是中国师范类大学编写教育学教材、开设教育学课程的主要蓝本。凯洛夫在"学校里的学生集体"中专门论述了班主任工作，并加了一个副标题"班主任——基层集体的组织者和教育者"。在这部教育学著作中，凯洛夫对班主任的定位是："某一学科的教师，同时就是自己学生的负责导师。但是除此之外，对于每一年级里担任功课最多和最有经验的一个教师，常常委以附加的任务：统一和调整本级所有教师的教导活动；组织和指导本级儿童整个生活与活动；规定学校与本级学生的家庭间必要的联系。在低年级里（一年级至四年级），一切学科或多数学科的讲授是集中在一个教师的手里的，因而就可以保证本年级每个学生全部生活上教育指导的统一。从五年级开始，在每一年级里实现着教育统一指导的教师，就是班主任，他是由校长从优秀教师中指派的。"[1] 凯洛夫认为，学校及班主任德育工作的主要任务是：培养学生爱国主义精神、社会主义人道主义精神、集体主义精神、对劳动和社会公共财产的社会主义态度、自觉的纪律及坚强的意志和品格。凯洛夫还提出了一系列的德育原则。他认为，在德育过程中渗透共产主义的目的性和思想性是第一原则，这应该成为班主任遵循的工作方针。其他原则还有：适应儿童的发展水平连续性原则、对学生严格要求和尊重学生人格相结合原则、长善救失原则、在集体中和通过集体进行教育原则、了解学生特性和进行个别教育原则、教师的威信和示范与发挥学生的独立精神相结合原则、教育影响的统一原则等。

在德育途径与方法上，凯洛夫首先强调教学。他认为，"学生德育，基本上是在教学过程中实现的……"并强调学生道德品质的形成和培养，"不仅是以教学内容为转移，并且还要以教学方法为转移"，而教学的内容、方法和组织都是通过教师实现的。"教师不仅要保证教学上的教育效果，而且还要保证教学上的德育效果。"德育活动除了通过课堂学科讲授外，还可通过课外和校外的各种活动进行。德育方法有说服法、练习法、儿童集体组织法、奖惩法。此外，榜样、伦理谈话、学习伟人传记都是进行道德品质

---

[1] 凯洛夫：《教育学》，沈颖、南致善等译，人民教育出版社，1950。

教育的有效手段。他还指出，不应孤立使用某种德育方法，而应将多种教育方法结合起来配合使用。为了巧妙地运用这些方法，教师应该掌握每种方法的主要特征以及该方法能够取得效果的条件。

凯洛夫认为，在进行德育训练时，除了注重教育方法外，还要注意学生的身体、生理和心理状态，考虑到年龄特征，才能取得良好的教育效果。为此，他详细地划分了学生的学龄、年龄阶段，并根据每一阶段儿童在心理和生理上的特点、认识活动特点和思想形成特点，有针对性地详细论述了班主任教育过程中应用的内容和方法。此外，凯洛夫认为，班主任还要关注学生的个别差异。他提出，"对于教育者来说，了解儿童的个别差异是非常重要的。所谓"个别差异"，就是指同一年龄的这个儿童与另一个儿童不同的那些特点"[①]。

凯洛夫的教育理论反映了从20世纪30年代后期到50年代后期这一历史阶段苏联教育理论的水平和特点，代表了苏联教育理论发展的一个重要阶段。他为了解决"教育学中无儿童"的现象，开始从儿童的生理、心理、认识活动以及人格特点形成的视角来开展教育研究，其教育学全面地论述了教育与儿童年龄特征，生理、心理发展特征的密切关系，以及在教育过程中如何根据儿童个体差异有针对性地进行教育的问题，这在当时是难能可贵的。到20世纪50年代末，凯洛夫的教育学理论仍在中国的教育学科建设中居于主导地位。20世纪50年代末至60年代中期，部分中国学者开始对凯洛夫教育学理论与中国教育实际的适切性产生怀疑，并对在学习凯洛夫教育学理论过程中出现的教条主义倾向进行了深刻反思。由于这一时期中苏两国关系的变化，20世纪60年代中期到"文革"期间，凯洛夫教育学被视为资本主义、修正主义教育学而大受批判，凯洛夫的《教育学》甚至被教育行政部门、多所大学印成了反面教材加以批判，如1970年上海市出版革命组出版了《彻底批判凯洛夫的〈教育学〉》。直到1978年改革开放后，凯洛夫教育学理论以及他的《教育学》才重新获得公正的评价。

凯洛夫所著《教育学》中对班主任工作的专门论述，形成了一个较为完整的班主任工作理论体系，对中国班主任制的确立和发展产生了深远的影响。尽管国内在特殊时期对凯洛夫的教育学理论的态度几经变化，但班

---

① 凯洛夫：《教育学》，沈疑、南致善等译，人民教育出版社，1950。

第一章 班主任工作制的确立与初步发展（1949~1977年）

主任工作制保留了下来，并一直延续到现在。

1952年7月，作家书屋出版了H.M.杜贺夫内伊著（方德厚译）的《班主任概论》（见图1-1）。该书是专谈班主任工作的（同时有另一译本《怎样做级任导师》，二者的译名不同，实际是一本书，是著者"教育学"的一部分），是一本系统地指导班主任工作的书，它从"班主任的任务、工作原则和品质"谈起，进而阐明"班主任工作的内容"，如"研究学生""学生的思想、政治教育""提高学生的一般文化""组织学生集体""培养纪律""学生的职业指导""对学生家长的工作"等，特别提出"班级领导的组织和方法的几个问题"，如"班主任的工作随学生年龄而变化"等，还论述了"班主任工作的布置""校长及教务主任对于班主任工作的领导"。书中也举了一些班主任工作的实例。该书对于做好班主任的工作具有很强的指导意义。①

图1-1 杜贺夫内伊著《班主任概论》

1954年12月，人民教育出版社出版了苏联教育家安·谢·马卡连柯（1888~1939年）著的《论共产主义教育》（见图1-2），该书是根据1952

---

① H.M.杜贺夫内伊：《班主任概论》，方德厚译，作家书屋，1952。

年俄罗斯教育出版社的俄文版翻译的一本重要的理论著作。虽不是专门论及班主任工作的，但其中提到的集体主义教育原则和自由纪律教育，对中国班主任工作理论和实践产生了深远的影响。马卡连柯是苏联早期著名的教育实践理论家，他的集体主义教育理论对班主任实践和理论的发展产生了深远的影响。他曾任小学校长，1920年起全力从事流浪儿童和少年违法者的教育改造工作。先后领导创办高尔基工学团和捷尔任斯基公社，主张学校应该培育有责任感和荣誉感、遵守纪律的社会成员。他不赞成通过训诫和口号进行教育，认为训斥和说教最无效果。他主张把劳动当作发展心智和道德的基本手段；所有儿童都应负担劳动任务，并明确责任，从而让他们了解个人权益的界限。他的教育原则为：尽可能多提要求，尽可能多予尊重。

图1-2　马卡连柯著《论共产主义教育》

马卡连柯著的《论共产主义教育》这本书讲了他怎样进行苏维埃爱国主义教育、社会主义的人道主义教育、集体主义教育、自觉纪律教育……其中，集体主义教育、自觉纪律教育对中国班主任理论影响甚大，中国编辑的教育学著作中论述班主任工作时一般都会提及。马卡连柯曾说过，如果一个学校有这样一个教师集体，它把学校的成绩放在第一位，本班的放在第二位，本人的放在第三位，那么在这样的集体中就会有真正的教育工作。[①] 马卡连柯

---

①　恩·依·包尔德列夫：《班主任培养学生共产主义道德精神的工作》，孙志昂译，山东人民出版社，1956。

认为，学校教育工作的基本对象是集体，教育工作的主要方式是集体教育。因此，集体和集体教育是全部教育理论的首要和关键问题。全部教育工作，主要是形成集体和集体教育问题。他一再强调，个人对个人的影响是一种狭隘、有限的因素，只有通过统一的和有影响的集体，才能在学生意识之中唤起强大的舆论力量，形成调节和约束学生行为的因素，逐步形成集体主义者的思想、信念和行为习惯。"通过集体、在集体中和为了集体"的教育是马卡连柯集体教育理论的核心思想。马卡连柯强调集体教育是教育工作的主要方式。学校和班级的全部教育过程应该是在"通过集体、在集体中和为了集体"的原则下进行的，他称之为"平行教育原则"，即教师尽力不与学生个体发生关系，而是将个人放在集体中，通过集体来教育个人。在这里，班主任用一种方法同时完成对单独的个体和整个集体的教育两个任务。对集体和集体中每一个成员的教育影响是同时的、平行的。

何谓集体？马卡连柯认为，"真正的集体并不是普通聚集起来的一群人，也就是说，是在自己面前具有一定的共同目标的那种集体"，"集体是由目的一致、行动一致而结合起来的，由管理、纪律和责任的机关所组成的劳动者的自由集团"。学校中，集体教育乃至学习的全部教育，都是以学生集体特别是基层的班集体为唯一的和主要的对象。没有健全的班集体，教育目的是难以实现的。那么，在学校中，班集体应具备哪些条件呢？他认为，第一，班集体要有共同的奋斗目标，包括近期、中期和远期目标。第二，班集体应有组织性和纪律性。这是建立和巩固集体的根本条件。第三，班集体应具有一定的组织制度和管理机构。它有权代表集体并行使各种职责。第四，班集体应有正确的集体舆论。第五，班集体应有健全的教师集体。

因此，在学校中，班集体建设是班主任工作的重点和中心，也是班主任工作的首要任务，当然也是一项长期艰巨的任务。怎样建立健全良好的班集体呢？从他的著作中可以看到，一个健全的班集体的形成需要经历三个阶段：第一阶段，班集体形成之初，由班主任向全班提出不许反对的要求；第二阶段，班主任周围形成积极分子队伍并形成班级核心，此时，可由班集体向全班提出要求；第三阶段，学生个人在遵循班集体要求的前提下，自觉地对自己提出要求。达到第三阶段则标志着良好的班集体已经形成。

马卡连柯认为,班集体的建立、巩固和发展,首先有赖于纪律的形成、加强和提高;纪律的形成和提高,又有助于集体的巩固和发展。他说:"纪律是达到集体的目的的最好方式。"但他强调的纪律不是一种压制性、强制性的纪律,因为这会消除学生的个性和积极主动性。以上种种要求班主任必须注意培养学生的自觉纪律。

什么是自觉纪律?即一个人能够愉快地去做自己所不喜欢的事情。自觉纪律是怎样形成的呢?马卡连柯认为,首先,纪律是在实际教育中形成的。这种教育包括教学过程、政治教育过程、性格形成过程、冲突和纷争发生和解决的过程以及体育和身体发育过程等。通过教育作用形成的纪律反过来又能对学生起重大的教育作用。其次,马卡连柯主张儿童一入学就对他提出不容置辩的要求,建立集体生活制度,并注意检查学生遵守纪律的情况。再次,在纪律教育中必须适当地使用奖励和惩罚。他认为,恰当的奖励可以调动学生的积极性,激励其努力向上;合理的惩罚有助于培养学生坚韧的性格。他认为正确合理的教育是不能不用惩罚的,但不容许进行体罚。他强调惩罚决不能给被惩罚者造成任何肉体痛苦,决不能使其受到压制,这是与尊重密切联系的,没有要求和尊重也就不会有惩罚。对教师来说,惩罚既是权利也是义务,在需要惩罚的时候,教师无法拒绝执行权利,也无权放弃义务。最后,教师要做出表率。马卡连柯认为,在培养纪律中最重要的是教育者自己和集体对纪律的态度,"只有领导者本身在这方面以身作则才能收到成效"。因此,他要求教师要认真遵守制度,严守纪律,给学生做出表率,才能在班集体中形成遵守纪律的风气。

班集体建立后,还必须使集体不断向前发展。由此,马卡连柯提出了"前景教育"原则,即班主任在教育过程中要经常给学生指出美好的发展前景。这些前景是集体成员通过努力一定可以实现的目标,有大小、远近之别,即有近期目标、中期目标和远期目标。目标也不是固定不变的,而是要随着集体的发展而不断加以改进和提高。班主任工作就应该永远使班集体一个目标接着一个目标,不断前进,不断发展。

在建立健全学生集体的同时,还必须有意识地形成教师集体。他要求教师在工作内容和方法上,必须有共同的目的、共同的行动以及一致地对待学生的态度和方法。这样才能对学生进行集体教育。

马卡连柯的集体教育理论,对苏联和我国的班主任工作理论和实践产

第一章 班主任工作制的确立与初步发展（1949~1977年）

生了深远的影响，这些理论充实到我国的教育理论尤其是班主任工作理论当中，长期以来受到广大班主任理论工作者和实践工作者的高度重视。

1954年8月，中国青年出版社出版了雅哥夫列夫著的一个小册子《论班主任和共青团及少先队辅导员协同工作的原则》（见图1-3）。该书专门解答了班主任与班上共青团、少年队组织的关系，论述了班主任如何与共青团及少先队辅导员协同工作。它阐述了共青团及少先队的任务及其在学校中的作用，并指出班主任依靠团、队组织开展工作的重要性和可能性，该书首先批判了某些班主任在这一问题上犯的错误，随后阐述了班主任应当遵循哪些基本原则来发挥作用，最后提出了班主任与团、队协同的五个"最重要的条件"。

图1-3 雅哥夫列夫著《论班主任和共青团及少先队辅导员协同工作的原则》

1956年2月，北京市教育局出版了油印版的 H. И. 博尔迪列夫主编（郭启卜译）的《班主任手册》（见图1-4）。

1956年5月，山东人民出版社出版了恩·伊·包尔德列夫著（孙志昂译）的《班主任培养学生共产主义道德精神的工作》（见图1-5），该书是著者根据对莫斯科和高尔基城各校班主任的演讲记录整理而成的，是由苏俄教育科学出版社1954年出版的版本翻译而来的。在这本书中，包尔德列

图 1-4 博尔迪列夫编《班主任手册》

夫系统阐述了班主任教育活动的重要部分——班主任培养学生共产主义道德精神的工作。其中包括学生道德教育的重要性、班主任在培养学生道德中的重要作用。学生道德教育的任务和基本内容、班主任培养学生共产主义道德精神的工作形式和方法以及班主任对学生道德教育工作的组织和计划这一系列内容,还在综合各校教育工作先进经验的基础上,就班主任在五年级至十年级学生道德教育工作上的某些方法和形式加以说明。他认为,班主任在完成学生道德教育的任务方面起着特别重大的作用,是学生的直接教育者和班内教育工作的组织者。道德教育包括对学生意识的影响、品行修养和习惯的养成、道德心得培养以及意志和性格的形成。在这本书中,包尔德列夫详细论述了班主任对学生道德教育工作的计划性的重要性及方法,班主任可以制订学季计划、每周工作计划,提出了班主任计划的基本要求:其一,要富有目的性;其二,要有一定的系统,是各种成功的教育形式方法和手段的结合;其三,要保证教育工作有极大的多样性;其四,考虑到教育学生的具体条件;其五,班主任计划的现实性。

在众多翻译到中国的班主任著作中,对中国班主任理论影响最大的要算恩·伊·包德列夫编(陈友松、李子卓、邵爽秋译)的《班主任》(见图

第一章 班主任工作制的确立与初步发展（1949~1977年）

图1-5　包尔德列夫著《班主任培养学生共产主义道德精神的工作》

1-6）。该书是由人民教育出版社根据俄罗斯联邦教育部教育出版社1955年出版的莫斯科俄文第二版译出，于1956年9月首次出版。此后多次印刷，笔者找到的最近一版是1980年3月第10次印刷，当期印数高达惊人的156700册。《人民教育》杂志在1957年第3期专门推介了这本书。包德列夫的《班主任》是在总结了大批优秀班主任实践经验的基础上编写成的，对中小学班主任工作内容、组织和方法等方面的问题提出了一些建议和指导意见。全书分十章共30万字。全面地讨论了一个班主任怎样掌握领导班集体的工作艺术。包德列夫认为"班主任不是一个普通的教师，而是对儿童的共产主义教育执行一种补充的和很重要的职能的一个优秀教师"。该书的主要内容列示如下。

一是明确班主任的定位。"班主任是全班学生的教育工作和教导工作的组织者。"班主任既是教学工作者，承担着教育教学的任务，也是组织管理者。班主任既是学生学习和生活的组织管理者，也是学校组织管理的重要参与者。这就需要班主任明确自身的角色定位，班主任应该是教学的佼佼者，更应该是出色的管理者。组织管理只是为教育教学提供相对合理适宜的外在环境，教育教学才是最重要的。这是苏联班主任最核心的任务——

抓好教育教学，提升学生成绩（消灭不及格）。

二是要求班主任要研究学生。班主任的教育工作，只有在全面了解学生的基础上，才能顺利进行。在方法上，班主任可以和学生进行个别的谈话，和该生以前的班主任、科任教师进行沟通，尽可能从各方面对学生进行了解。

三是提出了班主任团结和培养集体的策略。①团结积极分子尤其是班干部等；②教师通过民主的方式提出学生力所能及的具体要求；③给班集体带来美好的愿景。

四是提出了班主任提高学生学业成绩的方法。他认为，班主任最重要的任务就是提高学生的学业成绩。班主任的工作目的，在于培养学生履行学习义务的责任感。具体方法有：第一，通过班会、墙报等形式形成学生有关学业成绩问题的健康舆论；第二，让学生在学习中形成友好帮助的互助小组；第三，培养学生对知识的兴趣。

五是提出了班主任对学生纪律的管理方法。班主任可以尝试以下几种方法引导学生养成符合"学生守则"的行为习惯：第一，树立学生行为的良好榜样；第二，让学生完成某些社会公益活动；第三，举行专门的纪律规范训练；第四，制定严格合理的纪律奖惩制度。

六是提出了班主任与学生家长的合作方法。班主任应做到以下几点：第一，宣传教育知识，帮助家长教育学生；第二，吸引学生家长帮助学校（募集家长志愿者给学生讲解本行业的知识、带领学生参观企业）；第三，邀请具有优秀家庭教育经验的家长分享教育心得。此外，还提出班主任要制订学年工作计划，坚持写教育教学日记，提升班主任专业水平。[①] 该书对当时中国的班主任理论与实践产生了很大的影响。

由于班主任在学校行政体系中居于重要的地位，在关于学校行政领导一类的书中，也会谈到班主任工作。别洛夫斯基所著《学校教导工作的领导》的第三章第四节是"班主任工作的领导"。诺威阔夫所著《学校教导工作的组织》的第一章第六节是"班主任的工作计划"，第二章第七节是"班主任的工作"。福尔柯夫斯基和马立雪夫编的《学校管理》的第二分册中第十五章是"班主任"。波波夫所著《学校管理与领导》的第三章第七节是

---

① 恩·伊·包德列夫编《班主任》，陈友松、李子卓、邱爽秋译，人民教育出版社，1956。

第一章 班主任工作制的确立与初步发展（1949~1977年）

图1-6 包德列夫编《班主任》

"班主任的工作计划"。这几本书都讨论了班主任的工作，并且内容也有相同之处，但它们在某些问题上的提法不同、重点不同、例证不同、材料的多寡也不同，可以互相补充。在新中国成立之初，阶级斗争形势复杂，如何对学生进行共产主义道德教育是当时班主任工作中的一个核心问题。舍甫金等著的《苏维埃学校中的共产主义教育》的第二分册是"共产主义道德教育问题"，其中汇集了九篇论文，如《马列主义世界观的培养》《论学生的教育和自我教育问题》等，都能提高班主任在这方面的理论认知。

第二类是有关班主任的工作经验总结性的书籍。1947年4月，山东新华书店出版了《苏联学生的思想政治教育》一书，该书是对俄罗斯联邦教育部专门委员会会议的记录，内容是莫斯科、圣彼得堡两地优秀教师的经验报告和行政领导上对于这方面工作的总结，是一本专门总结如何通过各科教学对学生进行思想政治教育的书。这对于班主任帮助本班各科教师进行思想政治教育颇具参考价值。该书多次重印。

1951年，大众书店印发了阿尔帕托夫著的《苏联中等学校的课外工作》，这本书的讨论范围比较广泛，其中，包括从事学科小组、技术小组、文化、体育、群众政治工作（报告会、座谈会、节日庆祝、旅行参观、编

047

刊壁报等)、团队工作、家长工作……的丰富经验。

1953年9月,启明书局出版了格·鲁卡什维奇等著(曾葆译)的《怎样做班主任》(见图1-7),从目录来看,该书分为两大部分:《五班的班集体生活》和《我的一班》。其中,《五班的班集体生活》是由格·鲁卡什维奇写的,而《我的一班》是由斯吉巴诺娃写的。书中主要介绍了两个班集体的建设叙事,详细介绍了作为班主任应该如何在教育家马卡连柯的教育理论指导下和学生相处,如何引导学生学习和生活,以及如何从头开始,建立一个良好的班级。总之,该书对如何建设班集体提出了诸多有益的建议。

图1-7 鲁卡什维奇等著《怎样做班主任》

1953年,人民教育出版社出版了叶果洛夫、图契宁合编的《学校中的共产主义道德教育》一书,该书汇集了八位教育者报告他们如何对儿童进行集体主义教育、爱国主义教育等的经验。

1954年,正风出版社出版了加拉士尼阔夫著的《怎样培养学生的实际活动》(见图1-8)一书,该书介绍如何结合化学、物理、生物等学科来培养学生从事实际活动的经验,这对如何以班主任的身份来推进本班的综合技术教育具有很强的参考价值。

图1-8 加拉士尼阔夫著《怎样培养学生的实际活动》

第三类是文艺故事性书籍。1950年,上海新亚书店出版了奥列克辛著的《沙沙日记》,故事是通过一个少先队员31天的夏令营日记来展现的。内容非常丰富,从一批少先队员离开莫斯科到黑海附近的一个夏令营过生活起,最后到回到莫斯科止,该书几乎把日常生活与活动在各方面的全部内容都展现了出来。从中可以看到那些共产主义"教育原则"和"教育方法"如何随时随地具体应用到儿童集体和个性不同的儿童身上。

1950年,正风出版社出版了维格道洛娃著的《女教师的笔记》,该书是一本很细致地深入了解儿童个性特征的经验总结。这本书介绍了如何在各个不同的儿童身上运用不同的了解方法,她对不同个性的学生采取了不同的有效措施,以因材施教、对症下药、发扬优点、克服缺点,以贯彻全面发展的要求。

1953年,五十年代出版社出版了伊·阿·片切尔尼柯娃著的《少年们》,该书叙述了一个品质优良的儿童如何堕落到被开除队籍,摘掉红领巾,又如何转到另一所学校,经过这所学校的班主任、教师、同学乃至校医室的护士、更衣室的管理员、打扫院子的女佣等的共同努力，终于又把他改造成功的全过程的故事。从中可以认识教师集体、学生集体、学校集体的巨大作用。

1954年，五十年代出版社出版了西尼亚业夫著的《怎样进行集体主义教育》，该书叙述一个青年班主任忽然从成绩优良的班级被调到大家公认难教育的班级去，他遵循着马卡连柯的"集体教育"原则和方法，历经两年不屈不挠的努力坚持，利用儿童集体的教育力量改造了顽皮的学生，提高了全班的成绩，使这个班到七年级毕业时成为全校最优秀的班集体之一的故事和工作经验总结。

1957年，人民教育出版社出版了马卡连柯著的《塔上旗》，该书是马卡连柯自己如何教育那些流浪儿的写实。他的教育精神和态度，为班主任树立了良好的榜样。

在这一时期，中国教育界对于班主任理论的建设主要是翻译和移植苏联的班主任工作理论，这些班主任工作理论为中国班主任工作实践和班主任工作理论的本土化探索奠定了坚实的基础。

二 班主任工作理论的"本土化"建构

从1949年新中国成立到改革开放前，我国中小学班主任工作理论探讨还未受到社会各界的广泛关注。从科研成果的阵地可以窥见一斑。这一时期仅在《中国教育报》《人民教育》等教育类报刊中辟有"德育""班主任工作""班级管理"等主题的专栏；教育学学科之外的理论刊物也零星地刊载对班主任工作探讨的研究文章。

1956年，新知识出版社出版了董渭川著的《中小学班主任工作》（见图1-9），全书仅有53页。这是中国班主任工作理论本土化的最早的尝试。该书主要由"中小学班主任的职责问题""中小学班主任工作的内容和方式问题""中小学班主任工作的计划性问题""如何提高班主任的水平问题""谈班会"" '女教师的笔记' 读后""集体主义教育的范例""介绍几本有关中小学班主任工作的参考书"几部分组成。其中，关于班主任的职责，作者认为应包括以下几点。第一，班主任起到的是"综合所有教师的教导作用"，综合来看，班主任最主要的职责是"指示方向"，是思想工作。第二，班主任工作的复杂性在于掌握方向进行全面发展的教育。第三，班主

第一章 班主任工作制的确立与初步发展（1949~1977年）

任的一切工作都是通过班集体来进行的，同时不断地组织和巩固班集体。第四，班主任工作更突出对学生进行政治思想教育。

图1-9 董渭川著《中小学班主任工作》

关于班主任工作的内容和方式。作者认为，班主任要通盘掌握班会、墙报、学生班级日记、评定学生作业等所有的工作方式，要组织课外活动，积极地指导共青团、少先队。

关于班会，作者引用了别洛夫斯基的观点，强调了班会的重要性："班会是班主任用来教育影响学生的最为广泛的有价值的一种方式。班会是表达班集体共同思想的最自然的方式，并且是使这种思想锻炼提高的最好方法，是批评与自我批评的学校，是培养个人与团体的责任感和使团体影响个人的有效的方法。"班会是开会讨论问题，并且班会应结束于一定的具体决议上。对于班会的具体内容，则引用福尔柯夫斯基等人的观点："在班会上提出学校和本班最迫切的问题。"例如，本班学生的学习成绩和纪律；学生的道德面貌；课外活动和校外活动的问题；等等。班会准备：启发学生自己提出问题；要与团队密切联系；要明确目的并考虑好必要的决议。学生回答时班主任可以进行巧妙暗示，发挥班主任的主导作用。讨论的题目性质决定着应当如何准备。班会时长：用最少的时间，解决最主要的问题。一般会前的准备时间要多一些。班主任的反馈：在会议过程中对学生的发言有意见就可以提出，不只是做总结发言。不必要预先准备很长的总结，应当全心注意会议的进行，掌握会议的情况。班会学生的讨论不应仅仅停留在语言和口号上，班主任在会议过程中应发挥主导作用，当学生的讨论只停留在空话上时，及时进行纠正，讨论要落实到具体行动上。

关于班主任工作的计划性，班主任在开学之初制订自身的工作计划，并帮助本班班干部和本班的团、队及其他课外小组制订具体的、协调的计划。计划的制订，要注意以下几点：一是班级计划要与本学期整个学校的工作计划配合；二是具体到每周计划时，确定工作内容和形式，抓住本学期本班的工作重点；三是在计划中发挥各科教师作用；四是考虑本班培养什么样的优良传统。

关于提高班主任水平问题，教师要自觉地深入钻研、积极努力并在实践中克服各种困难。各级领导有计划地帮助班主任从掌握理论武器入手，提高班主任的认识与工作能力，帮助他们制订计划，并且不断地检查、推动与总结经验，这是提高班主任工作水平的决定性因素。校长、教导主任要与学生建立联系，以顺利指导班主任工作。教育行政机关要经常系统地辅导中小学班主任，从实际出发把讲习、讨论、实践、总结几个环节结合起来。必要时与当地的师范大学（或学院）合作，为教师开辟科学研究的领域。

"'女教师的笔记'读后"中，强调班主任在教育过程中要了解每个学生的性格特点，在此基础上对学生进行教育，培养学生的自觉性和积极性。[①]

1966年2月，黑龙江人民出版社出版了哈尔滨市第十二中学杨治周著的《我是怎样做班主任工作的》（见图1-10）的小册子。该书是由杨治周老师于1964年9月东北局宣传部召开的学习哈尔滨市第十二中学经验现场会议上的讲话整理而成的。该书以教育叙事和举例的方式谈到了做班主任工作的一些体会：一是全面、深入地了解学生是搞好教育的基础；二是阶

---

① 董渭川：《中小学班主任工作》，新知识出版社，1956。

级教育是思想政治教育的核心；三是加强劳动教育，培养学生的劳动观点和劳动习惯；四是注意日常的具体问题，抓住活思想，利用各种机会向学生进行思想教育；五是对学生负责到底，帮助学生健康成长；六是以身作则，既要言教，又要注意身教；七是与各方面力量协作，共同配合教育学生；八是认真学习毛著和党的政策，不断提高自己的思想觉悟水平和工作水平。

图1-10　杨治周著《我是怎样做班主任的》

《人民教育》在1967~1973年一度停刊。1972年以后，在个别学报和地方刊物出现了几篇相关文章，如徐进的《我是怎样做班主任工作的》[《华南师范大学学报》（社会科学版）]。

综观这一时期的班主任工作理论发展，无论是引进苏联的班主任著作，还是发展本土化的班主任工作理论，都是在基本教育理论的指导下，介绍班主任的工作任务、工作原则、工作技巧和方法。从某种意义上讲，理论深度并不是很强，这也是同当时的读者对象——中小学教师有关。从根本上讲，这一时期班主任工作理论主要是苏联的马卡连柯的集体主义教育理论、苏霍姆林斯基的教育理论。但也要看到，在借鉴和移植的过程中，中国班主任的理论研究者也逐渐呈现了自己的本土化探索特色。苏联班主任在集体主义的引导下，作为班级任课教师、学生联系的纽带，致力于"学生集体""教师集体"的形成。班主任依靠教师集体构建起学生集体，一旦学生集体形成，就依靠学生集体实现学生的自主教育、自主管理。在逐步发展中，中国的班主任成为有别于任课教师的德育工作者，既要完成自己的教育教学工作，也要代替任课教师、学生组织完成一些班级事务，发展成典型的班级事务包办制。因此，中国与苏联班主任的职责不同。

综上所述，班主任工作制发端于苏联，应用于中国；中国选择班主任工作制并不是源于教育理论自觉，而是出自政治认同；中国对班主任制的应用也不是完全照搬苏联的班主任工作制，而是根据本国的教育工作实际，在自主探索的基础上，在主动借鉴苏联的班主任工作理论的同时，形成了具有中国特色的班主任工作理论与实践发展之路。

第二章 班主任工作制度化与规范化发展
（1978~2005年）

1978年党的十一届三中全会的召开，标志着中国正式开启了改革开放的新征程。中国特色社会主义建设由此进入了高速发展的黄金时期。随着各项社会事业快速发展，人才在现代化发展中的基础性作用变得越发突出。党和政府高度重视教育工作，并提出了教育面向现代化、面向世界、面向未来的发展方针。鉴于班主任在中小学教育中的重要作用，随着国家对学校教育质量的重视，国家教育行政部门开始颁布专项法规来规范中小学班主任工作，加强班主任岗位管理，在规范班主任的任职条件、聘任方式、主要职责、工作原则、津贴待遇、在职培训等方面进行制度建设，中小学班主任制度体系也形成初步框架，并逐步走上了专业化发展的道路。

第一节 班主任工作制的重新恢复

1978年改革开放以来，全国教育系统经过拨乱反正，各项教育事业开始走上正轨。随着学校正常教学秩序迅速恢复，班主任工作制也受到重视，党和国家开始通过颁布各项政策法规，加强班主任工作的制度建设，以提高班主任的工作效能和学校育人质量。

一 班主任工作制全面恢复

1978年9月22日，教育部发布《全日制小学暂行工作条例（试行草案）》《全日制中学暂行工作条例（试行草案）》。这两份草案是由中共中央于1963年3月发布的《全日制小学暂行工作条例（草案）》和《全日制中学暂行工作条例（草案）》修订而成的。

《全日制小学暂行工作条例（试行草案）》第19条对班主任的工作职

责做了明确的规定："班主任应该在少年先锋队辅导员和其他任课教师的协助下，经常了解本班学生的学习、思想品德、健康等各方面的情况，及时进行教育和帮助；组织和指导学生的劳动和课外活动；指导本班的少年先锋队工作；进行家长工作。"

《全日制中学暂行工作条例（试行草案）》中的第22条要求："班主任应该在其他教师协助下，对本班学生进行思想政治教育……学校应加强对班主任工作的领导，选派政治觉悟较高和较有教学经验的教师担任班主任。"对班主任的任职资格首次做出规定。

1979年，教育部和中国教育工会在北戴河联合召开二十三省（区、市）班主任工作经验交流会，这是新中国成立以后第一次召开的全国性班主任工作会议，表明了党和国家对班主任工作的重视。

1979年11月1日，教育部等三部联合颁布了《关于普通中学和小学班主任津贴试行办法》，在该办法中，对班主任的任职资格和产生办法做出了规定："班主任应挑选工作好、思想好、作风好，具有一定教学水平、管理学生经验和组织能力的教师担任。按照择优任用的原则，每学年经过教师评议一次，由学校领导批准。"

1988年，随着《小学德育纲要（试行草案）》和《中学德育大纲（试行稿）》的颁发，国家教委又相继颁布了《小学班主任工作暂行规定》和《中学班主任工作暂行规定》。

《小学班主任工作暂行规定》是1988年8月10日发布，共有6章22条。《中学班主任工作暂行规定》是1988年8月20日发布，共有7章16条。两项规定都是当年9月1日起实行。总体上讲，这两份规定对中小学班主任的地位、作用、任务、职责、原则、方法、条件、待遇、奖励和领导管理等，都做了明确扼要的阐述，对班主任工作的诸多问题进行了明确的规定，使班主任制度建设大大前进了一步，从此，班主任工作进入了制度化发展的轨道。这是国家历史上首次颁布的班主任工作单行法规，对班主任制度建设具有里程碑式的意义。两项规定是当时和此后相当一段时期内各级教育行政部门和学校进行班主任管理工作的根本依据，标志着班主任工作制将得到进一步的巩固和完善。自此，中国班主任工作制度体系基本稳定下来，并走上了逐渐完善的发展之路。1998年，教育部颁布《中小学德育工作规程》，其中指出："中小学校要建立、健全中小学班主任的聘任、培训、考核、评优制度。各级教育行政部门对长期从事班主任工作的教师应当给予奖励。"

总的来看，从改革开放初期直至 21 世纪之初，中小学班主任制度的建设取得了长足的进步，尽管班主任制度还不成熟，但却使班主任制度扎根在中国本土，不断朝着适应中国教育的方向向前发展。

二 班主任津贴制度正式建立

中小学班主任不仅要承担学校教学工作，还要承担班级教育与管理的各项职责。考虑到班主任工作的特殊性和任务的艰巨性，党和国家对班主任所付出的艰苦劳动，总是给予高度评价。1956 年，教育部规定，对从事班主任工作的教师予以适当补贴。[①] 一些地方、学校自发地给从事班主任工作的教师发一些补贴。

改革开放后，考虑到班主任工作量大，职责繁多，比其他教师付出更多的时间、精力与心血的特殊性，为了在经济上的工资与福利待遇中体现中小学班主任的重要价值，给予其符合按劳分配原则的适当劳动报酬，以对其工作能起到良好的激励作用，除了继续执行减免担任班主任的中小学教师的课时量之外，国家逐渐建立班主任津贴制度，包括物质待遇与精神鼓励待遇。

（一）津贴始入中小学班主任待遇

1978 年颁布的《全日制中学暂行工作条例（试行草案）》第 22 条规定："教育行政部门和学校应该根据实际情况，适当减少班主任的任课时数。"从班主任制设立之初至 1979 年之前，国家并没有设立班主任津贴，班主任的工作福利主要是通过减少任课时数来体现的。

1979 年，国务院批准，教育部、财政部、国家劳动总局颁布了《关于在全国普通中学和小学公办教师中试行班主任津贴的通知》和《关于普通中学和小学班主任津贴试行办法》，对班主任津贴的发放标准、经费来源、发放方式、发放注意事项、地方执行等做出了明确的规定。这是我国中小学班主任制度一次新的探索，由此初建了中小学班主任津贴制度。班主任

---

① 张红：《班主任政策隐喻：从"管理者"到"教育者"》，《中国德育》2015 年第 13 期。

中小学班主任制的发展变迁

津贴是国家规定给予中小学班主任的岗位津贴，是对班主任超额劳动的报酬。实行班主任津贴制度旨在促进我国中小学班主任教师待遇趋于合理化，激发班主任的工作积极性，鼓励教师做好班主任工作，提高教育质量，符合"各尽所能、按劳分配"和"多劳多得"的原则，应和了班主任教师的正常生活、心理需要，具有进步意义。

《关于普通中学和小学班主任津贴试行办法》提出：从1979年11月开始，在公办教师（即国家职工）中试行班主任津贴。同时，规定民办教师享受与公办教师同等的班主任津贴。所需费用，可由乡人民政府列入教育事业费附加中计征，也可由各地通过其他方法筹措。各省（区、市）教育局会同有关部门可依据法案精神，因地制宜，制定具体实施细则。同时，中小学班主任津贴的具体发放，还要依据班主任工作的进行状况来因情制宜。与后来出台的国家层面关于班主任津贴的文件相比，这是一份具有里程碑意义的起点性规定，为后来出台的有关班主任津贴制度建设奠定了基础。

1980年，国家劳动总局发布的《关于技工学校试行班主任津贴的通知》（〔1980〕劳总培字78号）提出，根据按劳分配的原则，对于兼任班主任的教师，应给予班主任津贴。"实行班主任津贴的人数和开支经费额，应报经上级主管部门批准。所需津贴经费，按财政部、国家劳动总局1978年12月12日发布的《关于技工学校经费管理和开支标准的暂行规定》精神，凡属于由工交商事业费开支经费的学校，仍由工交商事业费中开支；属于由企业营业外项目开支经费的学校，仍由本企业营业外项目中开支；属于由公司经费开支的学校，仍由公司经费开支。"该通知还对能发放班主任津贴的技工学校班主任的资格、津贴标准、经费来源、注意事项等做出了具体的规定，便于各地落实。

1981年3月17日，教育部公布了《关于在中等专业学校、盲聋哑学校班主任中试行津贴的通知》（〔1981〕教计资字049号），该通知提出，"班主任津贴经费，在教育事业费中'中等专业学校经费'和'其他教育事业费'项目的'补助工资'目内列支"。对能发放班主任津贴的班主任资格、津贴标准、经费来源、注意事项等做出了具体的规定，便于各地落实。各省（区、市）也根据此通知，立足本地实际做出了相应的规定。

随着国家层面相关文件的发布，加之各省（区、市）层面文件的补充，班主任津贴制度在中小学、中专、技校得以全面建立。此后，在各级教育行政部门持续努力下，中小学班主任津贴制度得以逐渐完善。有统计显示："1979年，中小学班主任多由中青年教师担任，工资多在50元以下。1979年，中学班主任津贴与月工资之比大约在1∶4.5至1∶8.5之间；小学班主任津贴与月工资之比大约在1∶5.3至1∶10.6之间。"[①] 可见，当时设定的班主任津贴数与工资数的比例较高，在当时的经济条件下，试行班主任津贴是符合"按劳分配""多劳多得"的分配原则的，是具有进步意义的，有助于鼓励教师做好班主任工作。

（二）设定中小学班主任津贴标准

1979年颁布的《关于普通中学和小学班主任津贴试行办法》规定了普通中小学班主任津贴标准："原则上每个班（学生40人至50人）设班主任一人。根据现有学校布点、校舍条件不同，每个班学生人数有多有少，班主任工作量有大有小，班主任津贴应有所区别。津贴标准一般定为：中学每班学生人数在35人以下发5元，36人至50人，发6元，51人以上发7元；小学每班学生人数在35人以下发4元，36人至50人，发5元，51人以上发6元。每班人数在20人以下的，可酌情减发。复式班的学生人数可按每个年级学生人数合并计算。班主任从任命之月起，按月发给班主任津贴。免去班主任，应从不担任班主任的下月起停发津贴。"该办法还规定了班主任应完成规定的教学工作量，才能发给班主任津贴。"担任班主任的中学教师原则上每周担任两个班的语文或数学课，其他学科教师每周担任14节课以上；担任班主任的小学教师原则上每周包教一个班的语文和数学课，或担任两个班语文或数学课，其他学科教师每周担任18节课以上。"同时，对复式班学生人数的计算办法、班主任课时不达标减发或不发班主任津贴的特殊情形也做了相应的制度规定，并对中小学班主任的津贴经费来源也给予了说明。

1980年，《关于技工学校试行班主任津贴的通知》规定班主任津贴标准为：每周授课时数在10节以上（含10节）的班主任，每月发7元；每周授课时数在八九节的班主任，每月发6元；每周授课时数在六七节的班主任，

[①] 王鑫：《提高班主任津贴刍议》，《河北教育》（综合版）2009年第11期。

每月发 5 元。实习教师担任班主任的，可按最高津贴标准发给。专职班主任不发给班主任津贴。

1981 年，《关于在中等专业学校、盲聋哑学校班主任中试行津贴的通知》规定中专及盲聋哑学校班主任津贴标准为："中等专业学校原则上以每 40 名学生为一个教学班。班主任津贴：每周任课时数在 10 学时以上（含 10 学时）的，每月 7 元；每周任课时数在 8 学时以上的，每月 6 元；每周任课时数在 6 学时以上的，每月 5 元。教学班人数在 40 人以下和每周任课时数不足 5 学时的，可酌情减发。""盲聋哑学校，小学每教学班学生 11 人以下的，每月 4 元；12 人至 14 人的，每月 5 元；15 人以上的，每月 6 元。中学每教学班学生 11 人以下的，每月 5 元；12 人至 14 人的，每月 6 元；15 人以上的，每月 7 元。"

1988 年，人事部、国家教委、财政部颁布《关于提高中小学班主任津贴标准和建立中小学教师超课时酬金制度的实施方法》，中小学班主任津贴标准提高的幅度和教师超课时酬金的具体数额，均由各省（区、市）结合实际情况自行确定。提高班主任津贴标准和建立超课时酬金制度所需经费，按单位的隶属关系，分别由中央和地方财政负担。这些规定，既确定了班主任津贴标准，又明确了经费来源，使班主任津贴有了法规依据，便于各地执行。这份文件虽没有明确班主任津贴提升的具体标准，但明确提出了班主任津贴标准提高幅度及超课时酬金具体数额由各省（区、市）结合实际情况自行确定，实际上，为各地提升班主任津贴标准给了政策，开了口子，因而对提高班主任的津贴标准具有重要意义。

各地根据实际情况，适当调整了班主任津贴标准，但总体水平仍然较低。而且此后 20 多年，随着我国经济社会的快速发展，教师工资增加幅度很大，但班主任津贴和教师超课时酬金标准长时间没有变化。财政部门只能根据规定的标准进行经费预算。而各学校为调动教师的工作积极性，要根据班主任和超课时教师的实际工作付出支付一定的酬金，由于财政部定的班主任津贴标准太低，学校只能拿出相当一部分预算外资金进行支付。这样，就造成了全国各地、同一地区不同学校的班主任津贴和超课时酬金标准不一，甚至有的悬殊较大，出现了不同学校班主任"同工不同酬"的现象。这给学校教师队伍的稳定带来了负面影响。此外，从 2007 年起，全国实行义务教育免费政策。根据中央规定，义务教育免费补助资金不得用于教师福利及各种津贴发放，致使今后班主任津贴和超课时酬金缺乏稳定的资金来源。因此，重新制定班主任津贴和超课时酬金标准，提高班主任津贴的呼声比较强烈。

班主任津贴制度体现了国家对中小学班主任工作的重视与尊重，是班主任制度建设的一大进步。虽然班主任津贴标准与班主任工作付出不相称，并不能得到中小学班主任的完全认可，班主任的职业幸福感并不高。但还是为之后的中小学班主任制度建设创设了良好的开端。

三 班主任荣誉制度正式建立

党和国家对班主任所付出的艰苦劳动，历来给予了崇高的评价。为了激发广大教师当班主任的积极性，激励广大班主任切实做好育人工作，在实践中，逐步形成了优秀班主任荣誉制度。这要求各地对在工作中做出显著成绩的优秀班主任，进行表彰和奖励，并将之作为考核晋级的重要依据。

1960年6月1~11日，全国教育和文化、卫生、体育、新闻方面社会主义建设先进单位和先进工作者代表大会（简称"全国文教群英会"）在北京举行，出席会议的代表有5806人。会议由中共中央、国务院主持召开。在本次会议上，中共中央、国务院授予3092个单位全国先进单位称号，授予2686人全国先进工作者称号。其中，有不少班主任受到了表彰。

1978年颁布的《全日制小学暂行工作条例（试行草案）》《全日制中学暂行工作条例（试行草案）》均提出："教育行政部门应该注意鼓励教师树立长期为教育事业服务的思想，表扬和奖励优秀教师。成绩特别优异的教师，可授予'模范教师''模范班主任'的称号。对教师的奖励，以精神鼓励为主，以物质鼓励为辅。"这表明，国家重视对优秀班主任的表彰和奖励。

1979年9月，教育部和中国教育工会全国委员会在北戴河联合召开23省（区、市）班主任工作经验交流会。这次会议，展示了一些优秀班主任的工作实践经验，赋予了班主任工作极高的荣誉。赵朴初先生为这次会议赠赋《金缕曲·敬献人民教师》。"不用天边觅，论英雄，教师队里，眼前便是。历尽艰难曾不悔，只是许身孺子。堪回首，十年往事。无怨无尤吞折齿，捧丹心，默向红旗祭。忠与爱，无伦比。幼苗茁壮园丁喜。几人知，平时辛苦，晚眠早起。燥湿寒温荣与悴，都在心头眼底。费尽了千方百计。

他日良材承大厦,赖今朝,血汗番番滴。光和热,无穷际。"赵朴初先生的赠赋,体现了社会对班主任工作的肯定和敬意。

1984年4月13日,在北京中南海怀仁堂专门召开了全国优秀班主任表彰大会,有2914名优秀班主任受到表彰。国家教委原副主任何东昌在大会讲话中高度评价了班主任工作,并指出:"一个优秀班主任就是个教育专家。"相应地,各地也采取了多种形式来表彰优秀班主任。比如1984年5月13~16日,由江苏省教育厅、江苏省卫生厅和江苏省体委联合召开了省"全国优秀班主任"表彰大会,江苏省106位入选的全国优秀班主任和各市教育局负责同志参加了会议。13日上午,表彰大会举行授奖仪式,江苏省副省长、江苏省委宣传部副部长和省教育厅、省卫生厅、省体委及苏州市委、市政府的负责同志给省"全国优秀班主任"转授了金质奖章、证书和奖品。

2004年9月10日,在第20个教师节之际,教育部评选表彰了曲莉梅等200名全国中小学优秀班主任、王苹等100名全国优秀中小学德育课教师、张思明等100名全国中小学德育先进工作者。教育部还决定,此种表彰在今后每三年评选一次。

2005年12月17日,首届全国最佳优秀班主任颁奖大会在北京举行。这是由《中国教师》杂志、团中央《辅导员》杂志和北京成之路文化教育研究院共同发起的,是媒体首次在全国范围内评选优秀班主任的一项公益活动。教育部、团中央、中国教育学会有关领导,教育界一些专家、学者组成了评选活动组委会,评选活动参与范围包括从事基础教育、师范教育、幼儿教育、特殊教育、民族教育以及民办教育等不同类型、不同层次的班主任。大会依次推选了"十佳班主任""百名班主任之星""千名优秀班主任",共有1110名教师荣获首届"全国最佳优秀班主任"称号。这表明中小学班主任荣誉制度得到了进一步发展和完善。

四 班主任工作实践范式初建

"文革"时期,教育发展受挫。由于师范学校停止招生,学校合格教师数量不足,教师整体素质偏低,大批中小学教师在学历和学识方面不达标,教师社会地位的专业发展水平偏低。党的十一届三中全会以后,教育事业全面恢复。提高教师队伍的专业发展水平,使教师数量与质量有所保障,

第二章 班主任工作制度化与规范化发展（1978~2005年）

就成了发展教育事业的当务之急。因此，改革开放初期，加强中小学教师的制度建设，推动教师队伍专业化发展逐渐受到重视。中小学班主任因其在中小学教育中的特殊地位，党和政府也加强了对其的岗位管理力度。党和政府高度重视班主任工作，相继出台了一些重要文件，中小学班主任工作范式开始构建。

（一）界定了班主任的身份和地位

1988年颁布的《小学班主任工作暂行规定》提出：班主任是班集体的组织者和指导者，对学校教育教学计划和各项管理的实施，协调本班任课教师的教育工作和沟通学校与家庭、社会教育之间的联系，起重要作用。与《小学班主任工作暂行规定》不同，《中学班主任工作暂行规定》对中学班主任定位为：学校领导者实施教育、教学工作计划的得力助手。在学生全面健康成长中起导师作用，并负有协调本班各科的教育工作和沟通学校与家庭、社会教育之间联系的作用。这是班主任的岗位身份的首次明确。

（二）规定了班主任的选聘方式

1979年教育部等三部联合颁布的《关于普通中学和小学班主任津贴试行办法》、1980年国家劳动总局发布的《关于技工学校试行班主任津贴的通知》和1981年教育部公布的《关于在中等专业学校、盲聋哑学校班主任中试行津贴的通知》分别提出，普通中小学、技工学校、中专学校、盲聋哑学校的班主任选拔聘用是由学校领导根据工作需要和群众推荐，对照班主任条件，择优任命的。一般每学年任命一次。对工作不负责任、玩忽职守的班主任，要批评教育，甚至停发津贴；情节严重者要及时撤换。1988年颁布的《小学班主任工作暂行规定》和《中学班主任工作暂行规定》，明确了班主任的任免方式：班主任由学校校长按条件选聘任免。

（三）明确了班主任的任职资格

对于班主任任职资格的规定，1978年印发的《全日制中学暂行工作条例（试行草案）》中第22条要求："学校应加强对班主任工作的领导，选派政治觉悟较高和较有教学经验的教师担任班主任。"从政治觉悟和教学经验两方面对班主任的任职资格首次做出规定。

中小学班主任制的发展变迁

1979年，教育部等三部门联合颁布了《关于普通中学和小学班主任津贴试行办法》，明确规定了班主任任职资格："班主任应挑选工作好、思想好、作风好，具有一定教学水平、管理学生经验和组织能力的教师担任。"从工作、思想和作风三个方面做出了规定，在其附件《关于班主任工作的要求》中，则进行了更为详细的陈述："中、小学班主任应该拥护中国共产党，拥护社会主义，热爱祖国，忠诚党的教育事业，能胜任所任学科的教学工作，具有一定的教育管理学生的经验和组织能力，认真贯彻执行全日制中、小学暂行工作条例（试行草案）中规定的中、小学思想政治教育的根本任务，努力学习，积极工作，热爱学生，团结同志，在思想、品德、作风方面能做学生的表率。"除了在学习、品德、作风方面强调要做好学生的表率之外，进一步明确了班主任的工作能力要求：能胜任学科教学，具有学生教育管理经验和组织能力，能进行思想政治教育。

这是对中小学班主任的基本任职资格要求，虽然还不是很全面，但对中小学班主任基本资格的规定，在把好班主任队伍的入口关，解决"人人都可以做班主任"问题上迈出了重要的一步。为此后班主任任职资格制度建设奠定了基础。此后各时期班主任任职资格基本上以此为基础而做小幅度的调整。

对于技工学校、中专学校、盲聋哑学校的班主任任职资格要求，在1980年印发的《关于技工学校班主任职责和试行班主任津贴的暂行规定》和1981年印发的《关于中等专业学校、盲聋哑学校班主任津贴试行办法》中提到的与中小学班主任的任职资格要求大体相同。

1988年，国家教委颁布了《小学班主任工作暂行规定》和《中学班主任工作暂行规定》，其中，《小学班主任工作暂行规定》提出了班主任的任职资格基本条件：拥护党在社会主义初级阶段的基本路线，坚持四项基本原则；热爱学生，热爱教育事业，热心班主任工作；品行端正，能以身作则，为人师表；教育思想端正，有一定的教育科学知识和一定的教学能力；有一定的组织管理能力和较强的责任心。《中学班主任工作暂行规定》中对中学班主任任职条件的规定，与小学班主任任职条件的规定只是表述形式上存在差异，内容上基本相同。与1979年的规定相比，对中小学班主任的任职资格条件更加具体、严密，指向性更强。

2004年，中共中央、国务院颁布《关于进一步加强和改进未成年人思想道德建设的若干意见》，进一步明确规定："完善学校的班主任制度，高度重视班主任工作，选派思想素质好、业务水平高、奉献精神强的优秀教师担任班主任。"总之，班主任任职资格制度建设，对把好班主任入口关，保障中小学班主任整体素质，促进班主任更好地履职尽责，具有重要的意义。

（四）规范了班主任的岗位职责

班主任岗位职责，是指按照班主任工作基本任务的要求，班主任应承担的岗位责任和义务。1978年的《全日制中学暂行工作条例（试行草案）》第22条、《全日制小学暂行工作条例（试行草案）》第19条，分别对中、小学班主任的工作职责进行了规定，如小学班主任的工作职责为："班主任应该在少年先锋队辅导员和其他任课教师的协助下，经常了解本班学生的学习、思想品德、健康等各方面的情况，及时进行教育和帮助；组织和指导学生的劳动和课外活动；指导本班的少年先锋队工作；进行家长工作。"总体来看，班主任的职责主要有：协调本班科任教师，在了解本班学生的基础上进行思想政治教育，指导本班共产主义青年团、少年先锋队和班委员会的活动，组织学生劳动和课外活动，进行家长工作、学生操行评定，等等。1979年颁布的《关于班主任工作的要求》中，对班主任工作提出了6条要求，可以看作对班主任岗位职责的规定：关爱学生，负责做好本班学生的思想政治工作；联系科任教师，督促学生学习；加强对学生的生活、卫生管理；组织领导班委会，指导本班共青团、少先队开展活动；组织领导学生参加生产劳动和课外活动；联系家庭和社会。此要求对中小学班主任岗位职责的规定比较细致，班主任职责涉及面很广。

1980年颁行的《关于技工学校班主任职责和试行班主任津贴的暂行规定》对技工学校班主任的职责规定如下。一是负责做好本班学生的思想政治工作，进行班集体建设。二是联系教师和家长，督促学习。三是加强生活管理，组织文体活动。四是组织领导班委会工作，指导共青团组织开展。对照此后教育部颁布的班主任工作条文，该规定基本上确定了以后的制度框架。

1988年颁布的《小学班主任工作暂行规定》和《中学班主任工作暂行规定》则对中小学班主任的工作岗位职责进一步具体化，并在原有基础上有所发展。这两个规定不仅提出了班主任的基本任务,还明确了班主任的基本职责。小学班主任基本任务规定如下:"在学校校长的领导下,按照德智体美全面发展的要求,开展班级工作,培养良好的班集体,全面关心、教育和管理学生,使他们的身心得到全面健康的发展,长大能够成为有理想、有道德、有文化、有纪律的社会主义公民。"同时,规定了小学班主任有7个方面的职责:进行思想品德教育;协同任课教师进行学习指导;关心学生的身体健康;指导班委会和少先队工作;指导学生参加劳动实践和课外活动;搞好班级管理;与家长、社会进行沟通。

中学班主任的基本任务与小学班主任是相似的。《中学班主任工作暂行规定》提出了8个方面的职责:进行思想政治教育和道德教育;教育学生努力完成学习任务;教育、指导学生参加学校规定的各种劳动;关心学生课外生活;进行班级的日常管理;负责协同科任教师;做好学生思想品德评定和奖惩;联系家长和社会有关方面配合,共同做好学生教育工作。虽表述存在差异,但在主要内容上与小学班主任是大同小异的。

值得注意的是,班主任对学生的思想品德教育职责始终是我国中小学班主任的重要职责之一,要求对学生进行思想品德教育,着重培养学生良好的道德品质、学习习惯、劳动习惯等。

(五) 明确了班主任的工作方法和原则

《小学班主任工作暂行规定》提出了班主任工作的原则和方法。其一,"三全"原则:面向全体学生、全面了解学生、对学生全面负责。其二,正面教育,启发诱导原则。力戒简单粗暴,严禁体罚和变相体罚学生。其三,热爱、尊重学生,严格要求学生原则。其四,从实际出发,有的放矢施行教育原则。其五,以身作则、言传身教原则。其六,集体教育同个别教育相结合原则。《中学班主任工作暂行规定》提出了中学班主任工作的原则和方法。一是调查研究、全面了解学生。二是正面教育、积极引导。三是热爱学生、尊重学生。四是以身作则、言传身教。这与小学班主任工作的原则和方法大同小异。这些中小学班主任工作原则和方法的明确,使班主任开展学生具体工作有章可循,为促进班主任工作的专业化奠定了基础。

（六）首倡了班主任在职培训

在很长一段时期内，国家并没有提出对中小学班主任进行在职培训的要求。教师只要具备一定的思想政治觉悟和教学经验，就可当班主任。改革开放以后，随着教育改革的全方位推进，为了使教师学历达标，国家提出了中小学教师在职培训要求。1980年，教育部颁布的《关于进一步加强中小学在职教师培训工作的意见》标志着中小学教师在职培训开启。正式提出中小学班主任在职培训，则是1988年《中学班主任工作暂行规定》中提出："教育行政部门和学校应有计划地对班主任进行培训，组织班主任学习教育理论、交流工作经验，不断补充进行思想教育所需要的新知识，努力提高班主任队伍的思想水平和业务能力。"虽然对于中小学的培训制度并没有提出系统化的具体操作，并且培训实施起来也存在条件不足与资金不足的问题，但中小学班主任在职培训工作的逐步开展，在一定程度上提升了中小学班主任的专业素质与技能，也为班主任培训制度化打下基础。

随着我国中小学教育逐步走上正轨，我国中小学班主任制度已由之前效仿苏联的班主任制度阶段，发展到逐步探寻符合中国本土国情的阶段。这主要体现在国家对班主任任职资格规范较为重视，明确规定班主任工作多方面的职责，涉及教育学生、管理班级、组织班级各项活动、沟通家校、协调科任教师等方面。其中，学生思想政治教育自始至终是中小学班主任工作的重中之重，虽然还没有明文规定中小学班主任的德育教育者身份，但为此后的相关发展奠定了基础。通过构建班主任工作范式，明确了中小学班主任的地位、作用、任务、职责、方法、任免的条件、待遇与奖励、管理等内容，使中小学班主任在开展工作时有了共同遵守的价值规范和具体的操作要求，中小学班主任已初步具有了正规意义上的工作范式。应该承认，班主任制度建设无论是在实践层面还是在理论研究层面，都取得了一系列成绩，班主任工作在我国已经越来越得到社会的认可和重视，标志着中小学班主任工作进入了新的发展时期。

从新中国成立以来的教育实践看，国家一直都很重视班主任工作，在班主任制度建设上取得显著成效：构建了具有中国特色的中小学班主任制度，建设了一支数以百万计、工作认真负责的班主任教师队伍，在培育我国青少年成长、成才中发挥了重要作用。班主任成为学校中对学生进行思想政治道德教育的骨干教师，班主任工作积累了大量丰富的经验，班主任教育理论有了很大的发展，为班主任学从教育学中分化出来，形成一门独立的学科奠定了基础。

五 中小学班主任工作的改革与徘徊

改革开放以来，班主任工作在当代诉诸改革欲谋创新发展之时，却出现了价值观迷茫和实践徘徊的僵局，从而在一定程度上降低了班主任工作的实效。

（一）班主任制在改革中徘徊前行

在改革开放的前10年，中小学班主任制度中并没有明确强调其德育工作者的身份，只是规定中小学班主任要负责做好本班学生的思想政治工作，促进学生在德智体等方面全面发展。尽管这是对班主任负责德育工作的初步肯定，但并没有对德育工作的具体内容、要求等进行强调和做出明确的规定。随着1993年中国基础教育改革的全面启动，国家倡导和推动中小学教育由"应试教育"向"素质教育"转型，对中小学班主任的岗位职责也做了相应的调整。这一时期，国家相继颁布了几个重要的德育工作文件，如1993年颁发的《小学德育纲要》、1994年颁布的《中共中央关于进一步加强和改进学校德育工作的若干意见》、1995年颁行的《中学德育大纲》，这些文件都特别强调了班主任在学生德育中的重要作用，并对如何开展德育工作进行了全面规定。《中学德育大纲》指出，班级是学校进行德育的基层单位，班主任则是德育大纲的直接实施者，要求班主任根据大纲要求，结合学生实际，有计划地开展德育教育活动。班主任的德育职责被强调，表明班主任在学生德育教育中的作用受到了重视，中小学班主任的德育职责得到了进一步的强化。当然，这与国家坚持育人为本、德育为先的教育方针，把立德树人作为教育系统根本任务的教育发展战略是分不开的。

在1993年开始推动的基础教育改革中，班主任在德育教育中的作用一度被夸大。由于班主任的德育教育职能得到强化，无形中在班级教师集体中造成事实上班主任的地位高于其他的科任教师，这为此后"教书"与"育人"分离、科任教师"只教书不育人"，以及德育事实上成为班主任一个人的工作的现象埋下了伏笔。

第二章　班主任工作制度化与规范化发展（1978~2005年）

随着国家对教育质量的重视，以及社会对升学率的狂热追求，班主任的工作出现了价值偏移。传统意义上班主任工作的重点在于培养学生班集体，而不在于培养学生个体。为了提高班级教育质量，提升班主任的工作效能，班主任工作也就开始过分强调社会价值、学校价值和集体价值，忽视了学生的自我价值。因而，在班级管理中更多强调制度的规训，对学生的个性发展关注不够，甚至为了强调集体价值而限制学生个性的发展。过分强调个体服从集体，而对学生的个体诉求、个体发展关注不多。

1978年高考正式恢复后，由于社会对升学率的狂热追求，班主任工作的重心理所当然地发生了转变：班主任工作是服务于学生的学习生活的，一切以学生学习成绩的提高为中心。工作目标也顺理成章地定位于提升本班的升学率或学习成绩上，而培养学生个体人格的独立和自由精神的使命受到了轻视。于是，班主任工作中，过于强调学生的考试成绩，而对学生学习之外的素养发展关注不够，甚至班级教育"一切以学习成绩为中心"。这样，班主任工作出现了背离本来目标的尴尬，这种现象使班主任工作的价值发生了偏移。

进入20世纪90年代以后，家长和学生的主体意识逐步觉醒，呼唤班主任工作进行民主化改革。由于各种新闻媒体片面、曲解地向社会传输学生维权的信息，一部分学生及家长在维护自己的权利时采取了不正当的方式或措施。班主任处在与学生家长联系的第一线，一些学生及家长在非理智维权的同时又构成了对班主任正当权利的侵害。为开展工作，班主任肩负着越来越多的责任，也承担了越来越多的心理压力和负担，无怪乎有人称班主任在改革中已经沦为"弱势群体"。

有研究者认为，"当前，尽管在很长的历史时期内，班主任还将长期存在，但从应然层面看，班主任必将会失去存在的内部条件和社会条件。可以畅想，当我们的教育高度发达之时，就是班主任使命终结之日"[1]。2004年5月，长春一汽一中在"人人有官做，事事有人管"活动开展一年多之后，取消了初二年级18个班的班主任。长春一汽一中在取消班主任后，增设了4位年级辅导员老师，其中一位任组长，总管全年级事务，其他三位分别担任学习、生活和品德教育辅导员。同时，通过全年级学生代表大会选

---

[1] 王培峰：《班主任的尴尬使命》，《上海教育科研》2007年第11期。

举出若干名"学生管理委员会"成员配合工作。各班则成立执行班委会，由竞选成功的执行班主任主持班级大局。消息传出之后，各方力量都给予了广泛的关注，批评之声远远大于"或可一试"的声音。针对此次事件，《中国教育报》还专门开设了一次专题讨论，其中，绝大多数人认为，班主任当前还是不可或缺的。更有观点提出，改革不能走极端，这是作秀等说法，而认为"或可一试"的只有极少数。由此可见，班主任工作在大家心目中仍处于重要地位。

（二）班主任工作的专业内涵不足

进入 20 世纪 80 年代以后，班主任工作的价值取向在培养"四有新人"，这是社会主义教育的总目标。这种目标从理论上体现了对学生人生价值的终极关怀，特别关注的是学生精神生命的生成，看重的是对学生的思想品德的塑造，使学生个体人格独立和精神自由，而这势必会突出班主任的教育作用。但在实践中，班主任工作仍是以提高学生的学习成绩为中心。由于班主任工作价值出现了偏移，班主任工作制度自然会摇摆不定。

第一，班主任工作缺乏学科专业支撑。尽管在中小学阶段班主任工作在学生成长中起着至关重要的作用，但班主任学的学科建设却未受到应有的重视。师范教育中班主任专业理论教育较少。在高等师范院校，"班主任工作"只是当作一门选修课来开设的，有的学校、院系甚至连课程也不开设。对大学生进行的班主任工作专业化理论教育十分薄弱，大多数师范生接受的教育仅是《普通教育学》中的"班主任"专章，致使很多师范生毕业后在面对班主任工作时感到茫然无措。而中小学又无法承担起班主任学科建设的重担。学科建设不形成规模，自然不能给班主任工作改革提供有力的理论支撑。

第二，班主任专业形象缺失。班主任任职资格取得随意。在传统的中小学班主任工作格局中，担任班主任的人选是学校综合平衡任课教师在各班的分布情况后指定的，跟班主任的专业素养即组织班级教育和管理的能力的关联度不高，班主任不像个专业人员倒成为兼职或者副业。这样，班主任任职资格不是在经过一定的专业培训达到某种素养水平后取得的，会导致被指定担任班主任的教师，实际上不一定具备班主任工作素养，只是在现有的教师群体中，被选中的教师更适合做班主任。在实际工作中，班主任任职资格被学校和学生认可的一般逻辑是首先会进行学科教学，然后才能担任好班主任工作。一般认为，只要教师能胜任学科教学，就必然有能力胜任班主任工作，否则，就是班主任工作不用心，精力投入不足。这样，在学科教师群体中产生的班主任，其工作重心和主要职责仍是学科教学，或者说班主任教师的主要精力仍是投放在学科教学上，班主任工作只是兼职、附带的。这必然导致班主任的岗位带有"兼职"和"业余"的色彩，缺乏专业尊严。

第三，班主任专业素养提升机会少。首先，2006年以前，直接针对班主任的培训机会很少。这一时期为数不多的班主任培训大多仅是优秀班主任的经验介绍和心得体会的分享，这极大地限制了班主任群体专业素质的提升。其次，各个层面的班主任专业学术团体还没有成立。这一时期，由于班主任还没有明确的专业地位，各级班主任专业学术团队没有成立，无法为班主任专业发展提供专业支持。有没有专业的学术团体是区分一种职业是不是专业的重要指标之一。缺乏专业支持的班主任工作改革，只能徘徊、摸索着蹒跚前行。

第二节 班主任工作理论走向规范化

班主任制度在中国全面正式确立虽然已经70多年了，但班主任学作为一门专门理论和独立学科来进行研究，时间并不是很长。我国班主任工作理论从无到有，到逐渐成熟，大致历经了以下两个时期。

一 班主任工作理论借鉴期（1952~1977年）

与中国教育理论一样，我国班主任工作理论，早期曾深受苏联教育理论的影响，故早期的班主任工作理论主要是翻译、借鉴和移植苏联班主任理论的产物。其中，一些理论直到今天仍然在班主任工作实践中发挥着积极的作用，是我国班主任工作理论体系中不可或缺的重要组成部分。

二 班主任工作理论自主探索期（1978年至今）

1978年改革开放以后，理论界和广大一线的班主任在总结已有的班主任工作经验和教训的基础上，注重批判继承传统文化中的德育精华；同时，开始放眼世界，从世界范围内特别是当代欧美国家优秀的德育理论研究成果中吸收有益的营养，开始形成、发展并逐步完善有中国特色的班主任工作理论体系。

在世界各国的学校教育中，采用班级授课制是很普遍的，但并非采用班级教学的国家都设置班主任，相反，只有少数一些国家设有班主任一职。苏联的班主任工作理论曾对我国的班主任工作实践和理论研究产生了很大的影响。19世纪末20世纪初，在科学思潮的影响下，在教育领域，人们逐步将生理学、心理学、统计学、系统论等自然科学理论运用到教育研究中，教育理论逐步走向科学化。这一时期，班主任工作也逐步向科学化方向发展。班主任工作理论提倡在遵循学生身心发展规律的基础上，探讨班级学生教育与管理的规律和有效的管理方法，班主任工作逐步走向规范化、科学化、理论化。

改革开放以后，我国中小学班主任工作步入新的发展时期。班主任工作理论的建构也相应地进入了新的发展阶段。鉴于我国班主任工作理论体系的构建和完善必须吸收、借鉴世界文明的优秀成果，1978年，中国实行改革开放以后，教育理论工作者和实践工作者，以及为教育理论提供阵地的教育刊物，不约而同地都表现出对于班主任工作的极大兴趣。许多教育刊物都辟有班主任工作专栏，如《中国教育报》《教师报》《人民教育》《中学教育》等；几乎所有的教育理论刊物都刊载了研究班主任工作的理论文章，如《教育理论与实践》《教育研究》等；出现了专门研究班主任的理论刊物，如湖北教育学院于1984年创办的《班主任》（后改名为《班主任之友》）和北京市教科院于1985年创办的《班主任》。1988年颁布的《小学班主任工作暂行规定》《中学班主任工作暂行规定》，明确要求教育科研部门开展对中小学班主任工作的研究活动，以给中小学班主任开展科学的班级管理工作提供教育科学理论的指导。这一时期形成了不少富有代表性的理论成果，反映了研究者从元认知立场对中小学班主任工作一系列基本问题进行了思考与阐释，逐步形成了班主任工作理论的基本框架。

（一）研究队伍日渐扩大

在这一时期，班主任工作理论的研究队伍日渐壮大，研究人群的来源与分布也变得多元起来，总体上看，主要有三支研究队伍，其贡献不可忽视。

第二章 班主任工作制度化与规范化发展（1978~2005年）

第一支研究队伍是工作在第一线的优秀班主任。大批中小学班主任加入理论研究的行列中来。他们纷纷将工作经验上升为理性认识、形成了独特的班主任工作操作规程体系，在此基础上，探索班主任工作理论，如任小艾著的《我的班主任工作》（见图2-1）、张绍仁的《班主任工作三十年经验谈》（见图2-2）等。这些著作在基层学校引发了阅读风暴，一些书一版再版，对当时的中小学班主任工作理论探讨起到了积极的推动作用。

图2-1 任小艾著《我的班主任工作》

图2-2 张绍仁著《班主任工作三十年经验谈》

第二支研究队伍是一些教育类刊物的编辑。这些从事班主任理论刊物编辑的人，在编发刊物的同时，也撰写了大量的理论文章，并出版了一系列理论专著，如《班主任》杂志的原主编王宝祥等主编的《班主任工作全书》；《人民教育》杂志社的任小艾，基于她15年的班主任工作经历，写了很多班主任工作的理论文章，形成了一些影响较大的专著等。湖北《班主任之友》杂志的原主编黄元棋、常务副主编刘居富以及编辑屠大华等，他们在班主任这个科研园地里，纸田墨稼，为构筑中国班主任的理论大厦不断添砖加瓦。

第三支研究队伍是一些高校教师、专职研究者。他们将研究视角投向班主任工作，形成了大量的班主任工作理论成果。如钟启泉著的《班级管理论》、唐迅著的《班集体教育实验的理论与方法》、谭保斌编著的《班主任学》、刘福国主编的《班主任工作概论》等，主要论述了中小学的班级管理者、各种教育力量的协调者、素质教育的重要实施者等班主任主要角色以及班主任工作的方法与艺术等。①

（二）班主任学科理论体系初建

学科体系对于任何一门学科来说都是至关重要的，它涉及学科对象、学科范围、学科内容及结构、研究方法等一系列问题。学科体系是衡量一门学科成熟程度的重要标志之一。班主任工作是以完整的人为工作对象，而人的发展作为一个知识领域，已经建构起了系统的学科知识体系。班主任工作不仅以人的发展理论为基础，而且班主任工作作为教育实践的一个重要领域，其自身的专业发展水平也是理论研究的对象。经过理论工作者和教育实践者的共同努力，以班主任为研究领域的理论也逐渐发展完善起来。1978年以来，我国班主任理论的研究，随着社会科学特别是教育科学的发展，在苏联班主任理论的影响下吸收西方现代教育的有益经验，取得了很大的进步。根据不同类型学校班主任工作的特点以及班主任工作实践的不同方面，运用不同的学科理论方法，拓展了班主任工作的研究领域，班主任作为一种专业性的工作，正在形成自己的学科体系。

1. 研究方法日渐丰富

随着教育科学的发展，一些新的研究范式与方法被逐步应用到了中小学班主任工作理论探讨中。研究者们开始运用除教育学外的多学科理论与方法，如心理学、社会学、人类学、生态学、管理学进行交叉研究，进一步增强了班主任理论研究的深度。

2. 研究领域不断扩大

中小学班主任工作理论研究的领域不断扩大，除了从班主任主体论的视角进行研究外，还从中小学班主任工作的对象、过程等客体论、介体论的视角加大了研究，不仅关注了中小学班主任工作理论的内涵深化，也关

---

① 胡洋：《改革开放以来我国中小学班主任制度研究》，硕士学位论文，东北师范大学，2013。

注了其外延拓展，形成了许多新的理论框架。一是以班主任主体为研究对象。从横向上看，主要研究班主任的地位作用、角色形象、素质能力、心理素养、个人修养等。从纵向上看，班主任可以分为幼儿园班主任、小学班主任、初中班主任、高中班主任、中等职业学校班主任、大学班主任、研究生导师等，系统研究各阶段的上述心理素养等领域。二是以班主任工作的对象——学生个体和班级集体为研究对象，主要研究学生身心发展、班集体建设与管理模式、教学管理、学生管理、班级教师管理、班级活动开展。就班集体建设而论，可以分为班级学习指导、班级心理指导、班级人际关系指导、班级闲暇生活指导、班组织建设、班级工作艺术等领域。三是以班主任工作的过程为研究对象，着重研究班主任工作的意义、工作特点、工作任务、工作原则、工作内容、工作方法、工作艺术等。班主任要对学生个体和班级集体施加教育影响，就必须通过其工作来予以实现，由此以班主任工作本身为理论研究的对象。

3. 研究成果日渐增多

由于研究队伍扩大，研究领域增多，研究成果也大量涌现。这一时期，除了继续翻译苏联的一些班主任著作之外，如1981年中国农业机械出版社翻译出版的B.M.科罗托夫等编的《中小学班主任手册》（见图2-3），该书原稿由苏联教育部编写，苏联教育出版社1979年出版，着重介绍了不同年龄学生的特点及教师如何根据这些特点开展教育教学工作，并推荐了一些生动活泼、丰富多彩的教育活动形式，提出了家长如何配合学校搞好学生的教育工作。这对改进班主任工作方式、开展多种形式的教育活动、加强学生的思想教育有一定的参考价值。

20世纪90年代以后，班主任理论成果不断涌现，研究成果日益增多。除了研究论文不断涌现之外，有关班主任专业化发展的培训教材和理论专著大量出版，影响比较大的有，教育部师范教育司、基础教育一司规划指导的，由教育科学出版社出版的《中小学班主任案例式培训教程》（共计6册）。此外，段鸿、张兴所著的《德育与班主任》一书主要论述了班主任作为德育工作者的地位、作用及实现德育管理的途径，进一步论证了班主任工作的重要性与特殊性。李学农、陈震主编的《初中班主任》，班华、王正勇主编的《高中班主任》等著作也充分论述了班主任的工作特点、工作理念及实践操作技能。另外还有谢树平、王源远、胡文瑞的《当代班主任工

图 2-3　科罗托夫等编《中小学班主任手册》

作的理论与实践》；丁榕的《情感·科学·艺术——班主任工作手记》；金熙寅的《班主任书简》；王晓春的《育病树为良材——差生教育研究》；黄家灿的《怎样当好初中班主任》；魏书生的《班主任工作漫谈》；陆剑明的《爱的絮语》；万玮的《班主任兵法》。

这些著作论述了当代中小学班主任的工作理念与实践。还有一些理论著作对班主任工作技能的重要性进行了阐述，同时也提出了训练班主任工作技能的方式方法，阐述了优秀班主任工作技能的案例等，对促进我国中小学班主任理论的发展做出了重要贡献，为班主任工作提供了有力的理论支撑。这一时期，一些以中小学班主任工作理论探讨为主题的学术会议不断召开，这些辅导性和普及性的学术会议，对中小学班主任工作理论的建构与传播起到了重要作用。

综上所述，班主任工作不再是教育者凭借经验进行的教育实践活动，而是创建更为完善的班主任理论体系，以便系统地、理论地把握班主任工作实践。在一定的意义上可以说，班主任学已经发展成一门独立的学科，这也表明中国的班主任理论正在向一个新的水平前进。

第三章　班主任工作主业与专业化发展（2006年至今）

班主任是学校教育中担任重要职责的教师群体。班主任群体的专业化水平，与学生健康发展密切相关。因此，从某种意义上讲，班主任专业素质水平决定着一所学校的教育发展水平。近年来，随着班主任在学生成长发展中的地位与作用日益受到重视和关注，班主任正在经历着由"副业"走向"主业"、由"职业"走向"专业"的深刻变革。班主任工作不再是学科教师的附加任务，而是成为主要的工作内容；班主任不再是仅凭经验来进行工作，而是需要具备高度的专业性。教师要胜任班主任工作，就需要逐渐走向专业化。这是新时期班主任工作的客观要求和发展趋势。这一时期，中小学班主任工作既保持了历史的延续性，又不断向纵深拓展，班主任工作的实践模式、理论研究日趋深化，基本构建了符合时代发展与社会发展需要以及教育发展方向的体系，并向着专业化发展的层次迈进。

第一节　班主任专业化的推进与范式转型

一　班主任主业地位的确立

《中国大百科全书》将班主任定义为"学校中全面负责一个班学生的思想、学习、健康和生活等工作的教师，是一个班的组织者、领导者和教育者，也是一个班中全体科任教师教学、教育工作的协调者"[1]。《教育大辞典》中将班主任定义为"学校中全面负责学生班级工作的教师"[2]。在国家

---

[1] 中国大百科全书总编辑委员会《教育》编辑委员会、中国大百科全书出版社编辑部编《中国大百科全书：教育》，中国大百科全书出版社，1985，第12页。
[2] 顾明远主编《教育大辞典（简编本）》，上海教育出版社，1999，第237页。

的相关政策文本中，也不断强调班主任是班级教育的主要责任人。

班主任从诞生之日起，其工作对象就是"本班教员和学生"，班主任的工作职责是联系、沟通和协调本班的科任教师，并与本班教师一起指导学生的生活和学习。

（一）班主任岗位制度建设的历史钩沉

1952年，班主任制度正式确立，确定班主任充当本班教师和学生的"指导员"的角色。

1978年印发的《全日制中学暂行工作条例（试行草案）》规定："班主任应该在其他教师的帮助下，对本班学生进行思想政治教育，组织学生学工、学农、学军，指导学生的课外生活，指导共产主义青年团、少年先锋队和班委会的活动，进行家长工作，评定学生的操行。"该规定在对班主任的工作职责定位中特别提到，班主任应该在其他教师的帮助下，完成本班学生的思想政治教育工作，而非将学生的思想政治教育定位为班主任一人之责。

1988年，国家教委先后发布了《小学班主任工作暂行规定》《中学班主任工作暂行规定》，明确指出，班级是学校进行教育、教学工作的基本单位。班主任是班集体的组织者、教育者和指导者，是学校领导者实施教育、教学工作计划的得力助手。该规定明确了班主任的工作定位为班集体，并确定了班主任的地位、作用、工作任务、工作职责、工作原则与方法、班主任的任职条件与任免办法、班主任的奖励办法与工作待遇等，并对班主任的领导管理等做出了规定。这是班主任制度建设的里程碑。

1993年，教育部印发的《小学德育纲要》等文件都强调了班主任在中小学德育工作中的重要地位和作用。全体教职员工都是德育工作者，要在各自的岗位上做好德育工作。学校要把教书育人、管理育人、服务育人分别列入教职员工岗位职责范围内，并作为评估教师工作、评聘教师职务、表彰奖励和晋级的重要依据之一。同时，强调班主任是学校德育工作的骨干力量，要建立培训制度，不断提高他们的思想业务水平。

1994年，中共中央印发的《中共中央关于进一步加强和改进学校德育工作的若干意见》强调，教师要履行教书育人的任务，做好言传身教、为人师表的教育工作，引导学生的德智体全面发展。教书育人工作是中小学班主任的主要职责之一，其与德育工作在教育过程中相伴发生、不可割裂。

1995 年，国家教育委员会颁布的《中学德育大纲》对班主任工作做了如下规定："班级是学校进行德育、实施本大纲的基层单位。班主任工作是培养良好思想品德和指导学生健康成长的重要途径。班主任是本大纲的直接实施者，应根据本大纲的内容要求，结合本班学生的实际情况，有计划地开展教育活动；组织和建设好班级集体，做好个别教育工作，加强班级管理，形成良好的班风。要注意发挥学生的主观能动性，培养他们的自我教育和自我管理的能力。要协调本班、本年级各科教师的教育工作，密切联系家长，积极争取家长与社会力量的支持配合。"重申了班主任在学生思想品德教育、班集体建设中的重要作用，并明确其在协调本班、本年级各科教师的教育工作，密切联系家长，积极争取家长与社会力量的支持配合等方面的职责。

1996 年，国家教育委员会颁发的《小学管理规程》规定："小学应在每个教学班设置班主任教师，负责管理、指导班级工作。班主任教师要同各科任课教师、学生家长密切联系，了解掌握学生思想、品德、行为、学业等方面的情况，协调配合对学生实施教育。班主任教师每学期要根据学生的操行表现写出评语。"明确了班主任负责管理、指导班级工作，协调各科任课教师、学生家长的任务。

1998 年，教育部发布的《中小学德育工作规程》提出，中小学教师是学校德育工作的基本力量。班主任是中小学校德育工作的骨干力量之一。"中小学校要建立、健全中小学班主任的聘任、培训、考核、评优制度。各级教育行政部门对长期从事班主任工作的教师应当给予奖励。"为了鼓励教师教书育人，该规程明确提出，"在评定职称、职级时，教师担任班主任工作的实绩应作为重要条件予以考虑"。21 世纪以来，在中小学教师中、高级教师职称评审中，各地如成都市坚持必须有 2 年以上班主任及德育工作经历，并在同等条件向班主任任职年限较长的同志倾斜。

（二）班主任主业理念的提出

2006 年颁发的《教育部关于进一步加强中小学班主任工作的意见》（教基〔2006〕13 号），首先，充分肯定了班主任的重要作用："中小学班主任是中小学教师队伍的重要组成部分，是班级工作的组织者、班集体建设的指导者、中小学生健康成长的引领者，是中小学思想道德教育的骨干，是沟通家长和社区的桥梁，是实施素质教育的重要力量。"其次，明确了班主任工作的性质。"中小学班主任工作是学校教育中极其重要的育人工作，既是一门科学、也是一门艺术。在普遍要求全体教师都要努力承担育人工作的情况下，班主任的责任更重，要求更高。"再次，首次提出班主任是主业，而非副业："做班主任和授课一样都是中小学的主业，班主任队伍建设与任课教师队伍建设同等重要。"最后，该意见还规定了班主任的工作职责："班主任老师不仅应该努力协调好各任课教师，做好班级的管理和建设工作、学生的教育和引导工作，积极支持少先队、共青团、班委会开展班级活动，还应该成为沟通学校、家庭、社会的纽带，及时了解学生在家庭和社区的表现，引导家长和社区配合学校共同做好学生的教育工作。"这是国家层面第一次提出班主任工作是主业的理念，并明确指出班主任是重要的专业性岗位。该意见对班主任的任职资格做了更明确的要求，赋予了"班主任"这一岗位以专业形象，标志着中国中小学班主任工作在历经多年的发展后开始正式走上了专业化的发展道路。

"主业"一度成了国家教育行政部门领导在论及班主任工作时的常用术语。比如，时任教育部副部长的陈小娅在《在全国中小学骨干班主任培训班开班典礼暨2007年万名中小学班主任远程培训计划启动仪式上的讲话》中指出："目前，全国中小学约有440万个教学班，约有450万个教师担任着班主任工作，影响着2亿多的中小学生，他们的素质如何，他们开展工作的效果如何，直接关系到整个中小学的教育质量，关系到中小学教育目标的实现，关系到一代甚至几代人的健康成长，关系到中华民族的未来。因此，从这个意义上说，怎么强调班主任的工作的重要性都不过分"；"要明确做班主任工作和授课一样都是中小学教师的主业。要将班主任工作记入工作量，并提高班主任工作量的权重。"① 在"2008年万名中小学班主任国家级远程培训"的开班仪式上，时任教育部部长的周济在讲话中把班主任工作作为主业。为了满足主业需求，他提了四个方面的要求：首先，要明确班主任工作和课程教学一样都是中小学教师的主业，将班主任工作计入

---

① 陈小娅：《在全国中小学骨干班主任培训班开班典礼暨2007年万名中小学班主任远程培训计划启动仪式上的讲话》，《中小学教师培训》2007年第12期。

工作量,并提高班主任工作量的权重;其次,要完善班主任的激励制度,将优秀班主任的表彰奖励纳入教师、教育工作者的表彰奖励体系之中,定期表彰优秀班主任;再次,要加强班主任队伍的管理,经常研究班主任工作,了解班主任的工作状况,规范班主任的行为,定期考核班主任工作且考核结果要作为班主任和教师聘任、奖励、晋升职务的重要依据;最后,要为班主任开展工作创造必要的条件,切实维护班主任的合法权益,减轻他们过重的精神压力和工作压力,保障他们的身心健康,及时为他们排忧解难。[1] 随着国家教育行政部门的大力推动,班主任工作是主业的提出与讨论不再局限于理论界与政府文件,已经成为一些学校班主任的日常话语与常态行动了。

2009年,教育部印发的《中小学班主任工作规定》对班主任的配备与选聘、职责与任务、待遇与权利、培养与培训、考核与奖惩等做了明确规定。该规定使班主任工作内容更加明确详密,班主任不仅要做好学生思想道德教育,还要完善班级管理制度,维持班级秩序、建立科学合理的班级日常管理规范,培养学生良好习惯,进行班集体文化建设,组织班级活动和社会实践活动,做好学生综合素质评价,发挥纽带作用,积极主动与其他任课教师、少先队、团委、政教处沟通,加强与家长、社会、社区的联系和沟通,形成教育合力,发挥集体教育的作用。这些内容几乎涵盖了学校工作的方方面面。具体而言,《中小学班主任工作规定》有以下四大亮点。

一是明确了班主任工作量。长期以来,班主任既要承担教学任务,又要负责繁重的班级教育与管理工作,背负着过重的工作负担。该规定要求:"班主任工作量按当地教师标准课时工作量的一半计入教师基本工作量。各地要合理安排班主任的课时工作量,确保班主任做好班级管理工作。"明确了班主任教师应当把授课和做班主任工作都作为主业,要拿出一定的时间来做好班主任工作,对学生实施思想道德教育,关心学生的全面成长。

二是提高了班主任经济待遇。长期以来,广大中小学班主任辛勤工作在育人第一线而享受的班主任津贴一直是按照1979年教育部、财政部、国

---

[1] 周济:《把班主任队伍建设放在更加重要的地位——周济部长在2008年全国万名班主任培训开班典礼上的讲话》,《班主任之友》(中学版)2009年第1期。

家劳动总局颁布的《关于普通中学和小学班主任津贴试行办法》（教计字〔1979〕489号）规定的标准，津贴标准较低，已经不适应现代经济社会发展的要求。自2008年起国家实施义务教育学校绩效工资制度。根据国务院办公厅转发的《人力资源社会保障部　财政部　教育部关于义务教育学校实施绩效工资的指导意见》，该规定第15条要求将"班主任津贴纳入绩效工资管理。在绩效工资分配中要向班主任倾斜"。

三是明确了班主任批评教育学生的权利。在强调尊重学生、维护学生权利的今天，一些地方和学校也出现了教师特别是班主任教师不敢管学生、不敢批评教育学生、放任学生的现象。该规定第16条明确提出："班主任在日常教育教学管理中，有采取适当方式对学生进行批评教育的权利。"保证和维护了班主任教育学生的合法权利，使班主任在教育学生过程中，在坚持以正面教育为主的同时，不再缩手缩脚，可以适当采取批评等方式教育和管理学生，确保了班主任的工作空间。

四是重申了班主任的重要地位。该规定从班主任的职业发展、职务晋升、参与学校管理、待遇保障、表彰奖励等多个方面强调了班主任在学校教育中的重要地位，充分体现了对班主任工作的尊重和认可，有利于激发广大教师当班主任的积极性和自信心；对稳定班主任队伍、促进班主任专业成长，鼓励广大班主任长期、耐心细致地开展班主任工作有积极意义。

随着国家政策的颁布，各级地方教育行政部门也加强了中小学班主任制度的建构力度，如2007年出台的《北京市中小学班主任工作管理规程》《上海市教育委员会关于进一步加强上海市中小学班主任队伍建设的若干意见》，从中观层面上完善了中小学班主任工作制度。从微观上看，各中小学校都制定了切合本校实际的可操作性强的班主任工作制度，一些学校还设立了"班主任节"，如山东临淄实验中学、上海七宝中学、河北唐山七中等。

二　多措并举推进班主任专业化

从2002年开始的班主任专业化讨论形成的一些理念正日渐深入人心，但行为转型落后于理念转型，机制转型又落后于行为转型与理念转型。目前，在一些学校不同程度存在班主任无职业生涯规划、无专业成长阶梯导引、无职责边界划分的"三无"状态，导致了班主任工作中教师不愿做、不会做、不宜做班主任的"三不"现象,进而导致了一些中小学教师对于班主任专业化的认可度较低,班主任专业化进程滞后。为了推进班主任专业化,要在加强班主任制度建设、加强班主任培训、提高班主任福利待遇、加强对优秀班主任的表彰奖励、注重发挥班主任的辐射示范作用等方面综合发力,从而打造一支师德高尚、作风优良、技能高超的班主任队伍。

(一)注重班主任选聘制度建设

第一,重新界定班主任的工作边界。班主任不仅是一种制度,即"班主任制",也是一个工作领域,即"班主任工作",更是一种教育文化,即"班主任文化",还是一个具有450多万人的庞大的群体。因此,要从系统论的视角来分析班主任工作,科学界定班主任的职责边界,切实为班主任工作"减负"。从学校内部结构体系的层面分析,班主任处于联系学校管理者和各科任课教师的枢纽地位;从学校与社会结构体系的层面分析,班主任处于联系学校教育、家庭教育、社会教育的枢纽地位;从学生成长的层面分析,从目标确定到内容选择再到培养工作的实施,班主任还是处于枢纽地位。因此,应该重新核定班主任工作在当前的学校教育生态圈中的作用和工作边界,真正实现全员育人、三全育人,提升学校育人成效。比如,2022年,宁波市奉化区教育局发文要求细化班主任岗位职责,要求学校落实《中小学班主任工作规定》中有关班主任"职、权、责"的规定,班主任主要承担班级建设、指导学生发展、协调家校互联、推进一体化育人等重点工作,并结合实际,细化班主任岗位工作职责与工作量,确保班主任将工作重点和主要精力放在"研究学生、引导学生、帮助学生、建设良好班集体"等核心工作上。学校要积极探索构建全员班主任制、学生成长导师制或副班主任(见习班主任、助理班主任)工作制。加强班主任育人意识。2023年,温州市教育局发文要求优化管理,明确班主任工作职责,切实减轻班主任的额外工作负担。学校要明确班主任的工作职责和边界,精简工作要求,杜绝布置与班主任工作无关的任务,减轻班主任的额外工作负担。

第二,建立班主任资格认证体系。各地都建立了班主任任职资格标准体系,要求持证上岗。担任班主任的教师必须参加规定的培训,培训考合格,才能颁发班主任任职资格证。同时,成都市、宁波市等地还要求班主任要获得心理健康教育证书,如宁波市要求具备2年以上教育教学工作经历和担任副班主任（见习班主任、助理班主任）至少一年；初任班主任要求任职2年内取得浙江省中小学心理健康教育教师上岗资格证书（C级及以上）才有班主任任职资格。鼓励思想素质好、业务水平高、奉献精神强的优秀教师担任班主任。对无正当理由不服从学校统一选聘而不担任班主任的教师,学校可以在当年度不优先考虑考核优秀、综合类先进、晋升职称和岗位。通过班主任资格认证,让班主任不是谁都能当的。

第三,建立科学的班主任选配机制。2022年,浙江省宁波市奉化区教育局要求各学校规范班主任选聘机制。学校要制定符合实际的班主任选聘办法,规范选聘对象、条件、程序。鼓励思想素质好、业务水平高、奉献精神强的优秀教师担任班主任,由校长聘任。新上岗教师,应安排担任副班主任（见习班主任、助理班主任）,因学校师资结构等特殊原因,新上岗教师必须担任班主任的,学校应慎重调配其他科任教师予以有效协助,并选派有经验的优秀班主任担任他们的指导教师。班主任聘任与"区管校聘"工作有机整合,对无正当理由不服从学校统一选聘班主任工作的,学校可以直接列为落聘对象,不宜给予该教师当年度考核优秀、综合类先进、职称或岗位晋升。

（二）加强班主任培训教研制度建设

2006年8月,根据《教育部关于进一步加强中小学班主任工作的意见》的要求,教育部印发了《教育部办公厅关于启动实施全国中小学班主任培训计划的通知》,决定启动实施中小学班主任培训。第一次系统地阐述了全国中小学班主任培训的目标、原则和内容。该通知指出:"实施本计划旨在将中小学班主任培训纳入教师全员培训计划,建立中小学班主任培训制度,全面提高班主任履行工作职责的能力。"并把教师参加培训作为班主任的任职条件之一,其中规定:"从2006年12月起,建立中小学班主任岗位培训制度。今后凡担任中小学班主任的教师,在上岗前或上岗后半年时间内均需接受不少于30学时的专题培训。2006年12月底之前已担任班主任,但未参加过班主任专题培训的教师,需在近年内采取多种方式进行补修。"该通知还对全国中小学班主任培训的管理与组织做出了明确的规定,提出:"凡中小学教师参加县级以上教育行政部门认可的班主任工作专题培训,且培训成绩合格，记入教师继续教育学分，纳入中小学教师继续教育学分管理档案。"

班主任培训正式纳入中小学教师培训体系，表明班主任专业化已从理念层面进入实践推进层面。2007年，教育部举办全国中小学骨干班主任培训班，并启动万名中小学班主任远程培训计划，教育部副部长在开班仪式上发表讲话。2008年，教育部继续启动万名中小学班主任国家级远程培训，教育部部长在开班仪式上发表重要讲话。"国培计划"——班主任示范性项目的持续推进，培养了一大批优秀的中小学班主任骨干，成为推动班主任专业化的国家力量。2009年，教育部印发的《中小学班主任工作规定》重申，初次担任班主任必须参加培训。班主任培训从此纳入年度国培和省培教师培训项目，并单列。各省、市、县（区）纷纷启动班主任培训工作。2006年以来，各地积极创新班主任培训制度，加强班主任专业技能培训，提升班主任专业素养。一是完善制度保障，把培训与任职资格、工资、晋升挂钩，促进班主任培训的制度化、规范化。二是着力加强校本培训，增强培训的针对性和实效性，促进管理理论和教育实践的紧密结合。三是完善分层分类培训机制。首先，将中小学班主任培训纳入教师全员培训计划。其次，不断完善岗前培训、在岗培训、骨干培训三个层次有机衔接的班主任培训体系。新秀班主任培训侧重于实践经验和工作能力的培训，加强对管理技能的培训，如培养和使用班干部、班主任计划和总结、家访和开家长会等的能力。骨干班主任培训侧重于对工作方法的创新培训，加强德育科研相关培训，如科学管理方法、提升工作效能、总结工作经验、科研技能培训等，让各类班主任均能找到合适的培训项目。四是建立全覆盖、分层次的班主任教研体系。比如温州市各县（市、区）教育行政部门设置专职的班主任工作研训员，统筹指导本区域班主任的专业发展；南通市设立班主任教研员，建立班主任教研制度，定期开展中小学班主任教研活动。市、县教科规划办或教科研部门要设立班主任工作研究专项课题的立项与评审，定期组织开展优秀论文或案例评选，并把优秀的研究成果加以推广与推荐发表，打造班主任队伍科研内涵发展新格局。2022年，宁波市奉化区教育局发布的《关于进一步加强全区中小学班主任队伍建设的实施意见（试行）》提出，完善分层分类培训机制和培训学分衔接工作。积极组织班主任参加宁波市班主任专业发展指导中心组织的市级名班主任、骨干班主任的高端培训；区教育局依托区教师进修学校负责班主任全员培训，负责区、市两级新秀班主任和区骨干班主任、区名班主任的提升培训，做好学分认定工作；组建"奉化区新任班主任培训班""奉化区班主任工作室领衔人培训班""奉化区班主任专业发展高端培训班"，以此为依托，建立全覆盖、分层次、科学化、专业化、系统化的"金字塔型"班主任培训的管理体系和课程体系。强化班主任培训过程管理，并纳入全省教师培训学分管理系统。班主任培训以 5 年为一个周期，每一个周期累计培训不少于 80 学分，其中新任、名优班主任参加区级及以上培训不少于 48 学分。如 5 年内因故中断班主任任期的，以复任后与此前任期累计满 5 年为一个周期计算。学校负责本校班主任的岗前培训和校本培训。2023 年，浙江省温州市教育局印发《关于深化新时代中小学班主任队伍建设的实施意见》，将班主任培训纳入教师全员培训的整体规划，建立梯度培训体系，并建立班主任培训学分登记档案。针对不同层次的班主任培训需求，构建上岗培训、在岗培训和骨干培训的梯度培训体系，开发培训课程和教材，打造班主任培训精品课程。市级负责骨干班主任培训，县（市、区）级负责班主任上岗和全员培训。强化班主任培训过程管理。组织安排班主任工作专题培训，开通市级名班主任国外研修培训渠道。

总之，各地通过建立规范化、个性化、特色化、项目化的分层分类研训机制，提升班主任育人理念、敬业精神、道德品质、专业知识和技能等综合素质。同时，做好学分对接工作，将其纳入全区教师培训学分管理系统。

（三）不断提高班主任的工作待遇

班主任工作是教育工作的重中之重。但从目前中小学工作的现状来看，班主任的工作积极性不高、获得感不多、幸福感不强。班主任工作被动安排的多，年轻教师不愿担任班主任，普遍存在避之唯恐不及的心理。究其原因，主要有以下几方面：一是社会对学校教育的容错率不高，导致班主任工作风险大，压力大，很多教师工作战战兢兢；二是班主任工作头绪多、难度大、任务繁重；三是班主任专业地位不高，专业发展动力不足；四是班主任津贴标准低，收入微薄，工作付出与收益回报不对等。因为未形成按劳分配、优劳优酬的分配激励机制，班主任"当一天和尚撞一天钟"的维持、看管心态比较普遍，所以，提升班主任津贴的呼声比较强烈。

自20世纪80年代以后，中小学班主任津贴制度建设一度滞后，不利于班主任队伍的专业化建设。从国家层面来看，20世纪80年代确定的班主任津贴标准已多年未更新，与班主任的实际工作量、实际教育贡献不匹配。由于缺乏国家政策法规依据，有些地区即使有增加班主任津贴的动机和财政能力，也难以实施。到了2006年，随着《教育部关于进一步加强中小学班主任工作的意见》《教育部办公厅关于启动实施全国中小学班主任培训计划的通知》的发布，提高班主任津贴就有了具体的政策依据。

2006年以后，多位全国人大代表、全国政协委员或以个体代表，或以代表联名的形式连续几年提出提高班主任津贴的建议、提案。2006年两会期间，全国政协委员、河南省政协副主席曹维新建议提高中小学班主任津贴；2007年两会全国人大代表刘学军再次建议，为了充分体现"各尽所能，按劳分配"和"多劳多得"的原则，调动教师工作积极性，应重新制定班主任津贴和超课时酬金标准。

由于1988年调整后的班主任津贴制度难以发挥应有作用，为进一步提高义务教育学校班主任待遇，吸引更多优秀教师积极从事班主任工作，2008年，《国务院办公厅转发人力资源社会保障部、财政部、教育部关于义务教育学校实施绩效工资指导意见的通知》（国办发〔2008〕133号）明确规定义务教育学校实施绩效工资后，国家原本规定的班主任津贴与绩效工资中的班主任津贴项目归并，纳入绩效工资管理；纳入绩效工资后，班主任工作量要作为教师工作量的重要组成部分，各地各校要结合实际情况在绩效工资中设立相关项目，在内部分配时向班主任倾斜。

按照《国务院办公厅转发人力资源社会保障部、财政部、教育部关于义务教育学校实施绩效工资指导意见的通知》（国办发〔2008〕133号）的规定，义务教育学校实施绩效工资后，国家原本规定的班主任津贴与绩效工资中的班主任津贴项目归并，不再分设，纳入绩效工资管理。各地大多执行了这一规定，只不过对一些具体问题做了补充。在具体实施过程中，有的地方明确了班主任津贴项目标准，有的地方对班主任采取了折算工作量的办法，有的地方和学校在发放班主任津贴的基础上，对工作表现突出的优秀班主任，在奖励性绩效工资中进一步给予倾斜。2009年8月，为了发挥班主任在中小学教育中的重要作用，保障班主任的合法权益，教育部印发《中小学班主任工作规定》，提出："班主任津贴纳入绩效工资管理。在绩效工资分配中要向班主任倾斜。对于班主任承担超课时工作量的，以超课时补贴发放班主任津贴。"中小学教师实施绩效工资制度以后，中小学教师的班主任津贴从绩效工资中体现。

从全国范围看，班主任津贴纳入绩效工资，进一步体现了对班主任待遇的倾斜，班主任津贴标准得到了较大幅度的提高，更好地发挥了对班主任的激励导向作用。但班主任"管事不少，拿钱不多"的问题并不容易解决。一份与付出相称的班主任津贴落实起来还是有较大难度。

2009年，河北省人民政府办公厅转发的《河北省义务教育学校绩效工资实施意见》（冀政办〔2009〕44号），明确"班主任津贴在奖励性绩效工资中设置，可以根据需要按固定数额单独设立班主任津贴项目和标准，按月或按学期发放，也可以将班主任工作折算为教学工作量，按课时津贴的方式发放。采取哪种方式和如何具体确定津贴标准，由学校行政主管部门决定"。

2010年以来，成都市落实了教育部《中小学班主任工作规定》关于"班主任工作占半个标准工作量"的规定，并建立班主任岗位津贴标准动态调整机制，要求各区县（市）在调整义务教育教师绩效工资标准时，相应调整班主任岗位津贴。

2016年，几位全国人大代表提出了一系列关于班主任津贴的建议。2016年9月20日，《教育部对十二届全国人大四次会议第5962号建议的答复》（教建议〔2016〕第353号）公布。其中对关于"制定新的班主任津贴标准，明确要求地方财政按照当地最低工资水平三分之一以上标准予以保障"问题、关于"明确班主任津贴经费的来源为县区（市）级财政预算单列，由各县区（市）按照国家和省级政府指定的标准筹措"问题、关于"加强班主任津贴工作的督察与问责"问题等给予了答复。2017年，全国人大代表贺优琳提出建议，教育行政部门应及时修订教师绩效工资分配方案，明确中小学班主任工作量及津贴标准，津贴标准随物价等因素调整，使班主任的收入增长快于城乡居民平均收入增长。2017年9月21日，《教育部对十二届全国人大五次会议第3464号建议的答复》（教建议〔2017〕第249号）对"关于进一步提高中小学班主任待遇的建议"进行答复，对"关于落实《中小学班主任工作规定》的问题"、"关于明确中小学班主任津贴标准的问题"和"关于对班主任待遇落实加强督导检查的问题"进行了说明。2019年，中国民主促进会中央委员会提交了《关于调整班主任津贴政策加强班主任队伍建设的提案》。

为了回应各种社会呼声，各省份、地方结合区域实际，做出了符合本地特色的班主任津贴发放规定。2016年后，部分省份陆续执行班主任津贴单列发放的制度。

2015年12月，黑龙江省发布了《关于调整中小学班主任津贴标准的通知》，规定从2016年1月1日起，将全省中小学班主任津贴标准统一调整为260元/（人·月），目前未达到该标准的，应将差额部分补齐；超出上述标准的，可暂按现行标准执行。

2018年10月，陕西省西安市人社局、教育局、财政局也制定并实行了新的班主任津贴标准：初高中（职中）每班26人及以上每月800元，25人及以下每月700元；小学每班26人及以上每月600元，25人及以下每月500元；幼儿园标准班每月400元，小班额每月300元。笔者认为，班主任津贴根据班级人数发放，更能体现"多劳多得"原则，更加合理，西安市的做法值得推广。

2018年，浙江省宁波市鄞州区出台了《加强全区中小学班主任（导师）队伍建设的实施意见》，从准入、考核、待遇、晋升、荣誉等方面对班主任予以倾斜。班主任津贴发放标准与班主任的工作年限直接关联，担任班主任工作5~10年的，在原有津贴上增加200元/月，11~15年的增加400元/月，16年及以上的增加600元/月，鼓励教师长期担任班主任。

2019年7月，河南省规定，班主任津贴单列，发放标准为每月不低于400元。2019年9月，深圳市宣布，班主任津贴单列，发放标准为每月不低于1500元。2020年3月，太原市发布通知，班主任津贴单列，发放标准为每月不低于1000元。

班主任津贴的高低与各个地区的经济发展水平有直接的关系，经济发达地区的班主任津贴自然要高一些。有学者认为，尽管班主任津贴在不断提高，但为疏解班主任津贴地域性差异难题，政府特别是地市一级政府，应将教育资金合理分配后下拨，减少城乡班主任津贴差距。在经济欠发达地区，国家应给予更多教育补贴经费，保障班主任津贴的发放。在统一标准的基础之上，各地区各学校应根据班主任的年龄大小、工作年限长短、工作绩效优劣,给予津贴数额合理化的提升,保障津贴能如实发放到每个班主任的手中。①

一些民办学校,在发放班主任津贴时,因机制更灵活,津贴数额要高一些。比如,2018年,浙江锦绣育才教育集团给老师们发了一份《班主任职级评定实施方案》(以下简称《实施方案》),按照《实施方案》,该集团的中小学班主任将拥有全新的荣誉晋升通道,不仅最高可评特级班主任,班主任津贴也将有可观增长。班主任可评的职级共分四级,分别为初级班主任、中级班主任、高级班主任和特级班主任。不同职级的班主任每月享受的津贴标准也分梯度递进,其中杭州片区为:2000元、2500元、3000元和5000元。

近年来,针对班主任"管事不少,拿钱不多",越来越多的教师逃避做班主任的现象,一些地方为提升班主任工资待遇,在不断优化班主任绩效管理机制方面做了探索。首先,设立多层次班主任津贴组合体系,提升班主任的工资待遇。比如宁波市镇海、北仑等地区级财政在教师绩效外设立班主任专项资金,一些学校还设立班主任工作学年奖。镇海区通过奖励机制,用"组合拳"的方式提高班主任的经济待遇:一是国家规定的班主任岗位津贴;二是学校的班主任聘龄津贴;三是学校的班主任考核奖;四是专门设立的区级班主任津贴。其中,区级班主任津贴,以学校班级数为基数核拨,实行动态增长机制,人均区级津贴至少为4000元/年。② 其次,优化班主任绩效管理。完善学校绩效工资分配办法,严格按照教育部《中小学班主任工作规定》要求落实班主任岗位绩效待遇,班主任工作量按教师标准课时工作量的一半计入教师基本工作量。合理安排班主任的教学任务,保障班主任有时间、有精力、有热情做好班主任工作。班主任承担超课时工作量的,要以超课时计算补贴,纳入学校绩效工资方案。设立班主任工作绩效考核奖,加大绩效考核奖励力度。

(四)构建班主任专业成长体系

第一,构建班主任专业成长体系。一方面,开展"新秀班主任""骨干

---

① 胡洋:《改革开放以来我国中小学班主任制度研究》,硕士学位论文,东北师范大学,2013。
② 池瑞辉、朱尹莹、章萍:《海曙区出新规重奖班主任》,《现代金报》2015年10月21日。

班主任""名班主任"评选,建立三级班主任晋升通道。比如江苏省常州市实行班主任职级制,制定了"骨干班主任、高级班主任、特级班主任、名班主任"评选标准,定期评选各级班主任若干名。无锡市定期开展"优秀班主任"评选,"德育工作新秀、能手、带头人"评审。自 2017 年起,宁波市分别间隔 2 年、3 年、4 年评选一批"新秀班主任""骨干班主任""名班主任",建立三级班主任专业成长体系。在岗期间,这些班主任享受同级"教坛新秀""学科骨干""名教师"的同等待遇。对市级"骨干班主任""名班主任"分别给予每年 8000 元、3 万元专项津贴补助,构建起班主任专业成长体系。另一方面,建立区级"新秀班主任""骨干班主任""名班主任"—市级"新秀班主任""骨干班主任""名班主任"—省级"骨干班主任""特级班主任"晋级通道,打通了教师学科专业发展和班主任专业发展职业"双通道"。

第二,建立班主任职级管理与职称评审机制。一方面,在教师职务申报推荐、评审时应优先考虑优秀班主任和长期从事班主任工作的教师;另一方面,借鉴教师职称评审办法,开展初级、中级、高级、特级班主任系列职称评审,并与学科系列教师职称评审同等对待,且班主任专业职称通过率高于其他学科通过率平均水平。推行班主任职称评定的双通道制度,即让教师既可选择参评学科专业系列职称,也可选择参评德育系列职称。各地应从岗位职责、任职条件、任职周期、评审细则等方面做出明确规定,将班主任工作年限、班主任岗位能力、班级管理工作绩效等作为班主任职级评聘、考核和激励的主要依据,三年为一评聘周期,实施梯级管理。各级班主任,每月享受相应津贴。[①] 每个职级的专业要求可以从这四个层次上加以区分。初级班主任应概括性地了解所在学段的班主任工作的基本要求,能完成班主任工作的基本任务,对班主任工作有独特体会。中级班主任应熟知所在学段的各个年级的班主任工作要求,能出色地完成班主任工作任务,对班主任工作有独特认识,有担任本学段各个年级班主任的经历。高级班主任应熟悉所在学段的各个年级的班主任工作要求,有自己的班主任工作特色,对班主任工作的理论探讨做出有效尝试,至少有两次担任本学段各个年级班主任的经历。特级班主任应熟知各个学段每个年级的班主任

---

① 王立华:《班主任工作作为主业探析》,《班主任之友》(中学版)2010 年第 1 期。

工作要求，具备较高的班主任工作艺术，班主任的个性化经验有一定的影响力，对班主任工作理论的探讨有突出贡献，有多次担任本学段各个年级班主任的经历。

第三，搭建班主任专业成长平台。一是搭建"基本功大赛""创新论坛"等竞赛、展示平台，以赛促建、以赛促训、以赛促研。近年来，随着班主任专业发展日益受到重视，加强班主任队伍专业化建设的举措不断推出，组织开展班主任"基本功大赛"就是其中的一项重要内容。自2004年起，天津市南开区每两年举办一次全区班主任技能大赛，并举办全区班主任征文活动，优秀文章收录进《优秀教育案例集》和《优秀教育活动案例选》，同时定期举办专题讲座，全面提高班主任专业素质。江苏省南通市建立了班主任专业发展的班会课评比、班主任教师教育论文比赛以及班主任基本功大赛做法。从2010年起，广东省教育厅多次组织了中小学班主任基本功技能大赛。广东省教育厅、广东省总工会要求各级教育行政部门、工会组织本区域的班主任广泛参与，比赛中分学段，有综合奖和单项奖，获得大赛小学组、中学组、中职组第一名的选手由主办单位组织考察，经考察综合评定为第一名的选手由广东省总工会授予"广东省五一劳动奖章"称号。班主任基本功的比赛，很多省市县都在组织。

2012年起，长三角地区（上海、江苏、浙江、安徽三省一市）教育行政部门开展中小学班主任基本功比赛，截至2023年已举办了11届。来自上海、江苏、浙江和安徽四省市的中小学班主任同台竞技，共同探讨如何提高中小学班主任的素养。该比赛聚焦班主任设计主题教育活动的能力，考察掌握、运用相关政策和德育原理加强中小学生思想道德教育的能力，提升班主任建班育人的基本功。比赛的主要内容包括基础理论知识测试、主题班会方案设计、教育故事演讲和模拟情景问答四个方面，考察班主任在学生教育和班级建设方面所具有的素质和能力。《教育部2016年工作要点》中指出："促进中小学班主任工作经验交流，推动区域性班主任工作共同体建设。"

近年来，长三角、京津冀、珠三角等区域开展的中小学班主任基本功大赛，为班主任提供了展示交流平台。2021年教育部印发《关于开展2021年全国中小学班主任基本功和思政课教师教学基本功展示交流活动的通知》（教基司函〔2021〕29号），在全国范围内大力推进班主任的队伍建设，为班主任的专业化发展创设更好的制度环境。

2021年，教育部组织开展了全国中小学班主任基本功和思政课教师教学基本功展示交流活动。该项活动每两年举行一次。2022年，在省级遴选推荐的基础上，经专家评审、综合评定和网上公示，确定清华大学附属小学赵丽娜等200名班主任的展示交流活动案例为典型经验，并精选部分典型经验在国家中小学智慧教育平台（https：//ykt.eduyun.cn/）和国家教育资源公共服务平台（https：//www.eduyun.cn/）进行交流展示。要求各地结合工作实际，通过专题培训、展示交流、集中研讨等方式，做好典型经验宣传推广工作，培育骨干队伍，带动广大中小学班主任整体提升综合素质、专业水平和育人能力，切实加强学校德育工作，促进中小学生德智体美劳全面发展。

2023年4月，教育部印发通知部署开展第二届全国中小学班主任基本功和思政课教师教学基本功展示交流活动。班主任基本功展示参加人员为普通中小学校从事班主任工作5年及以上的在编在岗班主任，展示内容包括育人故事、带班育人方略和主题班会三部分。班主任基本功比赛已成为班主任专业发展的重要助推器。[1]

二是引导班主任积极开展课题研究。各地还高度重视班主任工作的科研价值。比如宁波市奉化区教育科研部门一方面单列"中小学德育"专项研究课题，加强班主任工作的重点、难点和热点问题的研究，提出对策方法，用科研成果引领全区德育工作成效不断提升；另一方面鼓励班主任积极申报德育课题，为班主任专业论文撰写和课题研究的开展提供服务，搭建平台，切实增强中小学班主任的科研意识和科研能力，引导班主任以科研的状态来开展工作，不断在反思中提高专业能力。同时，在奉化教育网、奉化教育通公众号等媒体平台，加强班主任先进理念、经验的宣传和交流。

（五）健全班主任考核激励机制

工作事杂量大，压力和风险大，成了班主任的职业痛点。为了让班主任这个"活"不再烫手，提升班主任职业获得感、职业幸福感和职业成就

---

[1] 黄正平：《班主任基本功比赛：内容、特点与价值——以长三角地区中小学班主任基本功大赛为例》，《教育科学研究》2016年第9期。

感,让教师感到班主任岗位更有奔头,让越来越多的教师愿当班主任,同时,激励班主任争先创优,让班主任都有机会出彩,让基层师德好、管理优、声望高的优秀班主任脱颖而出,加快培育班主任"领头雁",扩大优秀班主任的辐射示范作用,教育部和各级地方教育行政部门加强了班主任荣誉制度建设。

1. 建立"国家-省-市-县(区)-校"五级班主任荣誉系列评选体系

建立国家级、省级、市级、县(区)级、校级骨干班主任、特级班主任、功勋班主任荣誉系列,定期组织评审和表彰,让优秀班主任脱颖而出,注重人文关怀和精神激励,建立合理物质激励机制,增强班主任工作荣誉感。对无正当理由不服从学校统一选聘而不担任班主任的教师,当年学年度考核不得评为优秀,不得晋升职称和评优评先。

(1) 政府部门组织的优秀班主任评选

从2004年起,为了表彰班主任为中小学德育工作做出的突出贡献,进一步激发广大德育工作者的积极性、创造性,推动中小学德育工作再上新台阶,教育部开展全国中小学优秀班主任评选、表彰活动。当年,教育部授予曲莉梅等200名班主任"全国中小学优秀班主任"荣誉称号。

2006年发布的《教育部关于进一步加强中小学班主任工作的意见》(教基〔2006〕13号)规定:"各地教育行政部门和中小学校要将优秀班主任的表彰奖励纳入教师、教育工作者的表彰奖励体系之中,定期表彰优秀班主任。"

2007年,为表彰先进,进一步激发广大教师和教育工作者的积极性、创造性,推动全国各级各类学校德育和思想政治教育工作再上新台阶,教育部发布的《教育部关于表彰全国中小学优秀班主任和高校优秀辅导员等先进个人的决定》,决定授予潘维松等200名同志"全国中小学优秀班主任"荣誉称号。

2009年,教育部发布《教育部关于表彰全国中小学优秀班主任和高校优秀辅导员等先进个人的决定》(教人〔2009〕15号),授予冯勉等199名教师"全国中小学优秀班主任"荣誉称号。

2014年,教育部发布《教育部关于表彰全国中小学优秀班主任和高校优秀辅导员等先进个人的决定》(教人〔2014〕4号),授予193名教师"全国中小学优秀班主任"荣誉称号。

2019年，教育部办公厅发布的《关于做好2019年全国教育系统先进集体和先进个人评选推荐工作的预通知》中，未再要求评选国家级优秀班主任。

在中央政府的引领下，各级教育行政部门纷纷开展中小学优秀班主任评选。各地对优秀班主任的评选方式不一，有的地方单列评选，有的不单列评选。为了真正发挥优秀班主任的辐射作用，评选机制更注重对评选的优秀班主任、名班主任实行动态化管理。山东省教育厅实行省级优秀班主任动态化管理，先后发布了《山东省教育厅关于开展中小学优秀班主任和优秀德育工作者评选活动的通知》（鲁教基函〔2016〕28号）和《山东省教育厅关于公布山东省中小学优秀班主任和优秀德育工作者名单的通知》（鲁教基函〔2017〕25号），将2017年度纳入山东省中小学优秀班主任和优秀德育工作者培养管理的优秀班主任和优秀德育工作者人员进行了为期两年的管理考核，要求市县（区）校逐级考核，考核合格的认定为省级优秀班主任，不再一次评选就认定为优秀班主任。

2013年以来，成都市坚持开展"成都市优秀班主任"评选工作，每年按照班主任总量0.5%～1%的比例评选"成都市优秀班主任"，并在此基础上评选"成都市十佳班主任"。

2017年，浙江省宁波市教育系统继"十佳班主任""百名优秀班主任"之后，开展市级"名班主任"评选，首批评选10～15名市级"名班主任"。根据《宁波市首届名班主任评选办法》，市教育局对"名班主任"的申报条件，从师德、业务能力、工作业绩等几个方面，做了明确要求。该评选实行"史上最优"的奖励机制，每2～3年评选一次，获得"名班主任"称号的教师，可以享受和市级名师同等的待遇，所需经费参照名师津贴渠道开支。在岗名班主任，每3年进行一次考核，考核合格继续享有名班主任称号及待遇。根据宁波市《中小学骨干教师管理暂行办法》规定，宁波市名师每月享受1200元津贴，按每年10个月（寒暑假除外），由市教育局一次性统一发放。从2017年起，宁波市表彰担任班主任满30年的教师。市、县教育行政部门和学校构建了市、县（区、市）、学校三个层次的班主任荣誉系列评选体系，通过评选"优秀班主任""功勋班主任""最美班主任"等，提升班主任的成就感和幸福感。其中，每两年评选市级"十佳百优"班主任110名。宁波市鄞州高级中学还设立班主任文化节，搭建班主任交流和展示平台，开展德育沙龙、心育讲座等一系列活动，学生表达对班主任的感恩活动等，提升班主任的职业幸福感。①

2022年，宁波市奉化区教育局建立区、校班主任荣誉系列评选体系，并从中遴选推荐宁波市"功勋""百优"班主任。加强对"功勋、百优、春泥、优秀"班主任先进事迹宣传，营造"学优、尊优、争优、创优"的良好氛围，并录入班主任培训平台专家库，发挥其榜样激励和典型示范作用。要求学校在教师年度考核、奖励性绩效工资、职称评聘晋升、评优评先等方面，向担任班主任特别是长期担任班主任、班级管理成效显著的教师倾斜。学校应依据校情，积极探索实施担任15年、20年、25年以上班主任的激励办法，鼓励优秀教师长期担任班主任。

2023年，浙江省温州市教育局发文要求完善班主任荣誉制度，定期表彰优秀班主任，在各类综合荣誉评选中设置"优秀班主任"奖项，增加"终身班主任""班主任年度人物"等荣誉。对长期担任班主任满25年及以上的分年度、分批次给予一定金额一次性专项绩效奖励。鼓励各地各校设立"班主任节"，为担任班主任满10年、20年、30年的教师举行荣誉仪式；选出优秀班主任，开展"我的育人故事"等活动，展示班主任的人格魅力和高尚品质；学校年度考核优秀名额，在职班主任所占比例原则上不得少于1/3；积极推荐优秀班主任加入党组织，将优秀班主任列入后备干部培养范围，学校配备德育、团队干部原则上要从优秀班主任中选拔；调整提高基础性绩效工资中的班主任津贴标准。以强化激励，激发班主任前进动力。

（2）新闻媒体组织的优秀班主任评选

为了发挥优秀班主任的辐射作用，一些新闻媒体组织了一些优秀班主任评选活动。1983年，《人民日报》《光明日报》《体育报》《中国青年报》《中国教育报》《健康报》《文汇报》联合发起在全国评选"优秀班主任"的活动，教育部、卫生部、国家体委联合发文支持该活动，文中强调，该项活动对调动中小学班主任的积极性、贯彻党的教育方针、促进学生全面成长具有重要作用，希望借此机会推动教育工作发展。评选活动以县和县

---

① 樊莹、马亭亭：《制度创新加"头雁"领航　优秀班主任越来越多》，《现代金报》2022年10月14日，第A13版。

级区为单位进行，由教育部门、卫生部门、体育部门联合组成评选小组，共同领导评选工作，评定本县（区）参加全国评选的优秀班主任名单。各省（区、市）由教育厅（局）召集卫生部门、体育部门和七报驻当地记者，组成评选小组，设立办事机构，组织和指导各县（区）评选活动。凡与评选活动有关事宜，与七报联合评选办公室直接联系。

2005年，由中国教育学会中青年教育理论工作者分会、中国教育学会小学教育专业委员会、中国教育学会初中教育专业委员会、中国教育学会高中教育专业委员会、辅导员杂志社等5家单位共同发起首届"全国优秀班主任、优秀校长评选活动"，首批评选出的"全国十佳班主任"均在全国班主任工作领域有很高的专业影响力。该活动每年举办一届，始终围绕"发现优秀教师、挖掘典型事例、树立教育楷模"的主旨，充分发挥专业委员会、媒体的行业引领和主导作用，使全社会更多地了解班主任、校长的工作现状、教育成果、管理经验，也为广大班主任和校长提供了一个展示交流的平台，并成为教育行政部门表彰先进的有力补充。后来，又评选了几届"全国十佳班主任"，其均在全国班主任工作领域有较高的专业影响力。

2010年12月4日，第六届全国优秀班主任、优秀校长表彰会在北京人民大会堂举行。全国600余名优秀班主任、优秀校长代表参加了表彰会。表彰会后举行了教育发展论坛。优秀班主任、优秀校长在会上分享了经验。教育部教育发展研究中心原主任张力对学习贯彻教育发展纲要做了专题报告。作为一项社会认同度较高、教育领域影响力较强的权威性、专业性的优秀班主任、优秀校长展示品牌，此活动虽然组织了几次就停止了，但后续影响力巨大，评选出的部分优秀班主任仍旧以较高的学术影响力活跃在班主任工作领域。

2010年，河南教育报刊社主办的《教育时报》组织了"河南最具智慧力班主任评选""河南最具影响力班主任评选"活动，此后形成了系统的优秀班主任评选序列，在河南省内影响巨大。

2013年，湖北长江报刊传媒（集团）有限公司主办的《新班主任》杂志组织了湖北省"新锐班主任"的评选，截至2023年已举办八届，其评选标准是阳光、健康、敬业、睿智、博学，从策划到实施，再到最后的颁奖和高峰论坛，每次活动经历推荐或自荐、初评、复评、终评，反复筛选、斟酌，并与省内外知名德育专家与名班主任研讨，征询意见，将"新锐班主任"评选活动做成了《新班主任》杂志的品牌活动。2017年11月举办"2017年全国班主任专业化成长研讨会暨第二届新锐班主任表彰大会"，旨在通过专家领航、典型引路、全员参与等方式，提升班主任队伍的业务素养和管理水平。总之，通过大力宣传优秀班主任先进事迹，着力营造全社会尊师重教的良好风尚，以实现"学有良教"为方向，切实加强班主任队伍建设。

2. 建立班主任考核评价机制

一是加强班主任工作的过程管理，建立班主任工作档案，动态掌握班主任工作情况。比如宁波市奉化区教育局要求学校加强班主任工作的过程管理，定期考核班主任工作，建立班主任工作档案，记录班主任工作成长轨迹和绩效评价。二是形成"以学生发展为本"的科学评价机制，将班主任工作列为教师年度考核和职称晋升、岗位聘任的重要依据。三是侧重管理方法和工作效能评估。打破偏重工作量的评估机制，引导班主任学习和掌握先进班级管理方法，在班级管理工作中创新工作思路，提高工作效能。四是健全任课教师和学生相结合的评价机制。定期对班级管理情况展开问卷调查，完善问卷形式和内容，侧重对学生凝聚力和素质以及日常规范的考察，引导任课教师和学生对班级管理建言献策，激发其参与班级管理的积极性和潜能。2018年，宁波市海曙区在第二届中小学骨干班主任选拔过程中，将原先单一的评选模式，拓展为"测+评"模式。以担任班主任年限为节点分类评选，对小学担任班主任未满20年，初中担任班主任未满15年的采用"测+评"模式；小学担任班主任满20年，初中担任班主任满15年的采用"评"的模式。让不同年龄的班主任都有机会展示个人能力和实绩，鼓励教师长期担任班主任。这种"测+评"模式，让优秀班主任脱颖而出，能加快培育全区班主任"领头雁"。五是实行互评和自评有机结合，更加注重班主任自我评价，建立民主、协商、共建的评价制度，促进班主任专业成长。六是规范评价结果的使用。比如宁波市奉化区规定，将班主任工作年限、工作绩效作为教师年度考核和职务评审晋升的重要内容，与各类先进推荐、荣誉称号的授予挂钩。七是明确处罚办法。奉化区还规定，对不履行班主任职责，玩忽职守给工作造成不良影响的，要给予诫勉谈话、降低考核等级、调离班主任岗位、解聘等处理，对违反《关于进一步加强中小学教师师德师风建设的实施意见》的班主任，实行师德"一票否决制"。

3. 健全班主任工作督导评估机制

教育行政和督导部门要对各校班主任队伍建设工作进行监督、指导、检查和评估，将班主任队伍建设列入督查督导工作的重点内容，并将结果作为学校综合考核评价、学校领导干部奖惩任免的重要参考，确保各项政策措施落实到位。2007年天津市教委颁行的《天津市中小学班主任工作评估方案》提出，要健全班主任工作检查评估制度，定期或不定期地对班主任工作进行检查评估，促进班主任工作落实到每个教学班。同时，通过检查评估，总结经验、发现问题，促进班主任工作的规范开展。此外，对在班主任工作中做出突出成绩的教师予以表彰，以鼓励教师愿当、能当、乐当班主任。各校要通过其他有效激励机制鼓励教师担任班主任，使班主任岗位成为教师羡慕并争相担任的工作岗位。2022年浙江省宁波市奉化区发文要求将班主任队伍建设列入学校教育督查督导工作的重点内容，并将结果作为学校综合考核评价、学校领导干部奖惩任免的重要参考，确保各项政策措施落实到位，真正取得实效。

（六）注重发挥优秀班主任的辐射引领作用

为了发挥优秀班主任的辐射作用，为提升区域中小学班主任的专业化水平，探索新形势下班主任队伍建设的新途径、新方法，各地省级教育行政部门及下级教育行政部门积极启动了名班主任工作室建设工程，建设以"省-市-县-校"名班主任工作室为主要依托的班主任实训基地，通过名班主任带徒弟制，充分发挥名班主任的辐射作用，通过导师带徒、论坛沙龙、工作研讨、科研创新、课题立项等途径引领班主任专业成长，发挥骨干班主任的引领辐射作用，使班主任实现"抱团专业成长"，培育出更多名优骨干班主任，带动和促进班主任队伍专业水平的总体提升，引领班主任队伍整体专业发展。各地出台《中小学名班主任工作室管理考核办法》，定期考核名优班主任工作室工作开展情况。

1. 省级名班主任工作室

河南省、广东省、江苏省、上海市等省市建设省级名班主任工作室。2018年，河南省启动了中小学班主任素养提升工程，成立河南省中小学班主任研究中心，开展名班主任工作室建设活动。自此，河南省教育厅每年遴选 50 名河南省名班主任工作室主持人，按照每个名班主任工作室不低于 5 万元的标准提供经费资助，地方教育行政部门也给予适当的经费保障。经费主要用于名班主任工作室的教育研究、学术研讨与交流、图书资料购置、办公设备购置、经验成果的宣传推介等。河南省教育厅遴选省名班主任工作室的程序如下。第一，工作室创建方案审核。对工作室创建方案的科学性、合理性和可执行性进行全面审核。第二，组织班主任能力考试（笔试）。考试内容为班主任基本知识（德育、教育学、心理学、班级管理、家庭教育等相关知识）、主题班会设计能力和组织沟通能力等。第三，工作室创建思路演讲。演讲主题为"假如给我一个工作室"，重点讲自己对名班主任工作室的认识、规划和实施措施。第四，现场答辩。班级管理案例的现场答辩。

2. 市县级的名班主任工作室

各地也建立了市县校级名班主任工作室，取得了丰硕的成果。这种形式的名班主任工作室，因为活动地域较小、工作室成员相对集中、活动成本较低等优势，备受市县教育行政部门、一线班主任的欢迎。温州市 2023 年实现名班主任工作室全覆盖。市、县、校级名班主任成立名班主任工作室，做到全市中小学名班主任工作室全覆盖，依托各级工作室研修活动，充分发挥"名班主任"的专业引领示范作用。近年来，宁波以建设市、县（区、市）两级名班主任工作室为重点，鼓励中小学校建立校级名班主任工作室。截至 2022 年 10 月，宁波市建设市级名班主任工作室 14 个、县级名班主任工作室 96 个，349 所中小学校建立了校级名班主任工作室，覆盖小学、初中、普高、中职学段。2019 年，全市成功创建第二批浙江省中小学名班主任工作室 9 个。无锡市创建德育名师工作室。

3. 班主任成长共同体

一些对班主任工作颇有研究的班主任教师，也自发组织班主任专业成长共同体，在区域班主任专业化建设中发挥了巨大的辐射作用。比如，2021 年 4 月，宁波市北仑区在原名班主任工作室的基础上，成立了区级"班主任发展联盟"，该联盟吸收了优秀班主任、新秀班主任、青年班主任加入，组建集教研、培训、引领等于一体的班主任成长基地，促进班主任专业素养提升，为班主任队伍建设提供了新的实践路径。湖北省的郑立平老师组织的"心语"班主任成长团队、河南省的秦望老师主持的"8+1"工作室、山东省的王立华老师组织的"梨花院落"工作室等班主任工作室,成了广大班主任专业成长的良好平台,这些民间名班主任工作室出版了一些颇接地气的研究成果,引起了广大班主任的关注,一些教育专业刊物还介绍了其运作经验。

总之,近年来,一些地方政府开始构建促进班主任专业发展的支持性制度,如通过全面实施班主任资格准入制、选聘制,班主任研修制度,班主任职称评审与职称晋升制度,畅通专业发展通道,健全班主任激励机制,提升班主任待遇,增强班主任岗位吸引力。同时,通过搭建班主任专业成长平台、拓宽班主任专业发展空间、合理减少工作量等方式让班主任在专业上更有认同感、事业上更有成就感、社会上更有荣誉感,吸引更多教师走上班主任岗位,让班主任真正成为学校中最优秀、奉献最大、待遇最好的群体,让班主任成为大家羡慕的工作岗位。只有这样,才能将班主任专业化从理念转化为基层学校和班主任的自觉实践,班主任专业化才能真正实现。

三 班主任专业化推进的现实困境

班主任是一个规模庞大的职业群体,在班级管理、家校沟通、学校德育等方面发挥了重要作用。但越来越多的教师认为"班主任难干",甚至视其为"烫手山芋",想方设法逃避这个角色。教师不愿当班主任,主要是因为班主任的事情太多、责任太大(特别是安全责任)、负担重、精神压力太大。"班级难管""学生心理问题""家长误解与不配合""各项评比检查""媒体夸大式宣传""学生成绩"是造成班主任工作压力大的主要因素。虽然,目前对班主任有一定的补贴,但这个补贴并不高,与班主任的工作付出不成正比。因此,要解决"班主任难找"的问题,提高做班主任的积极性,必须把脉班主任"痛点",通过政策创新、制度破冰、加强机制建设,吸引更多教师走上班主任岗位,让班主任成为大家羡慕的工作岗位。

目前,尽管班主任工作的主业地位开始得以体现,但还没有全方位的落实。这突出体现在班主任队伍的整体专业素质不高。由于班主任没有严格的任职标准,或者说虽有标准但执行力度不够,一些不具备任职资格的教师也在担任班主任,造成教师人人都可以担任班主任的刻板印象。目前,在是否担任班主任的问题上,存在"不宜做""不愿做""不会做"的"三不"现象。由于自身素质不理想，有些人不宜做班主任；由于缺乏担任班主任的意识，有些人认为当班主任投入过多会影响自己的生活，做不好，还会被追责，对班主任工作缺乏应有的热情；由于缺乏完成班主任工作的知识和技能，有些人不会做班主任工作。很多人由于工作需要被安排从事班主任工作，既没有做好前期的思想准备，又没有经过专门的班主任专业知识、技能培训。这种种现象的普遍存在，导致中小学班主任工作长期处于非专业化状态。

此外，《教育部关于进一步加强中小学班主任工作的意见》与《中小学班主任工作规定》对班主任的工作职责界定不清晰，难以确定班主任的岗位归属。鲜见有省、市、县（区）三级把这些政策精神细化到当地的班主任工作职责界定中。由于没有中观层面的政策依据，中小学班主任工作职责边界不能准确界定，班主任的工作量过大。"上面千条线，下面一根针。"班主任要对学校的每一个职能科室负责，无论哪个科室的"神经"动一动，班主任都要"抖一抖"。班主任的工作职责界定不清，本该由学校各个职能科室负责的一些学生管理职责便"名正言顺"地让渡到班主任身上，班主任无形之中就多了一些"附加职责"和工作任务，让班主任在工作中既要承担主业，又要担负这些边缘工作，疲于应付，使为教师"减负"首先是为班主任"减负"，这成为近年来学校管理中的突出问题。另外，由于相关的教育法制建设进程缓慢，相关教育法规不能明确界定班主任的教育惩戒权，班主任工作任务重、工作压力大，但办法不多、工作环境不佳，再加上由于一些教育行政部门"怕事"不作为，不敢承担一些责任，引发一些素质低下的家长的"校闹"。广大班主任在完成正常工作时，承担了很大的职业风险，事实上处于弱势地位。班主任的工作量较大、风险较高，这是广大教师不愿意做班主任的重要原因。

美国学者库恩认为，"范式"作为一种共同信念，规定着某项研究的发展方向和途径，并决定着共同体成员的形而上学信念和价值标准。用库恩的"范式"理论来关注当前的中小学班主任工作，就会发现，中国传统意义上的中小学班主任工作是一种资格业余、职能履行随意、无群体工作效益的教育范式。而2006年、2009年，教育部接连出台了两份规定，对中小学班主任工作的很多问题重新进行了明确界定。此后，中小学班主任工作则是一种价值追求定位明确、学科专业自主、实践岗位专业化的新的教育范式，从"业余班主任工作"走向"班主任专业化"。这样，班主任的地位正逐渐高于以往的社会学意义上的不专业、半专业，接近专业。这是中国中小学班主任工作范式的一次重大转型。

然而，当前中小学班主任的专业化毕竟处于一种发展的中间状态，要完成班主任工作范式的真正转型，需要借助很多力量，而"班主任专业化"就成了推动中国中小学班主任工作范式转型的基本力量。完成由"业余班主任工作"向"班主任专业化"的范式转型有两个基本标志：广大班主任认同并建构起班主任专业化的理念体系；广大班主任的实践行为与班主任专业化的观念相吻合。班主任专业化范式转型的完成，不像自然科学领域的范式转型那样呈线性态势，即以一种范式取代另一种范式，而是会出现两种范式并存，班主任专业化范式中仍保留"业余班主任工作"范式的一些合理因素等特殊现象。

毫无疑问，班主任不是任何一个人都能胜任的专业性岗位，班主任专业化也不是自然而然就能实现的。因此，必须加强新时期中小学班主任工作研究，要从体现时代特点和班主任的专业特性的角度，探索班主任专业化建设的特点和规律，并针对当前班主任专业化所面临的困境，大力推进班主任专业化进程。

（一）班主任专业化的现实困境

班主任的专业性体现为全面育人的综合性，这种综合性与现代学校教育中分科教学的制度设计存在一些结构性的矛盾和冲突，给班主任专业化发展带来一些阻碍。近年来，班主任专业发展越来越得到重视，但也存在一些突出问题。

1. 班主任工作职责过多、任务过杂过重

1952年，教育部印发的《中学暂行规程（草案）》强调，班主任在履行工作职责时的角色是"指导员"。1978年印发的《全日制中学暂行工作条例（试行草案）》明确提出，班主任应该在其他教师的帮助下，对班级学生进行思想政治教育。[①] 1993年以后，国家颁布的一系列文件强化了班主任作为德育工作者的角色定位，特别强调班主任是实施学校德育的重要骨干

[①] 《中国教育年鉴》编辑部编《中国教育年鉴 1949—1981》，中国大百科全书出版社，1984。

力量。而对学科教师的育人职责较少提及。2009年，教育部印发的《中小学班主任工作规定》指出，班主任要"全面了解班级内的每一个学生，深入分析学生思想、心理、学习、生活状况。关心爱护全体学生，平等对待每一个学生，尊重学生人格。采取多种方式与学生沟通，有针对性地进行思想道德教育，促进学生德智体美全面发展……"班主任是学生全面健康成长的人生导师。一名班主任要同时面对几十名学生，如要切实执行，其工作量之大，所耗费的精力之多，可以想见。同时还规定，班主任不仅是班集体的组织者、教育者和指导者，还要负责相关教学工作，负责家庭、社区、社会之间的教育联系与沟通。这样，班主任似乎要扛起学校教育的全部责任。此外，还有很多来自上级主管部门和其他政府给班主任摊派的许多临时性的教育之外的工作任务，如各种类型名目繁多的检查迎评工作、下发通知等。此外，班主任还要担任繁重的教学任务，且多数情况下，班主任常常担任主科教学。可见，班主任制度设计从设立之初的班主任统管教书育人，在完成教学工作的同时做好学生管理工作，发展到后来成为中小学德育工作的主要实施者，不断强化了班主任作为德育工作者的角色。班主任的岗位职责除了对学生的全面发展负责外，更要对上负责，不仅要面对一个班级的全体学生、任课教师和家长，还要沟通社区和社会，履行学校基层管理者的角色，服从并服务于学校管理工作。国家制度层面对班主任工作内容的规定可谓事无巨细，其工作职责和范围涵盖了学校工作的方方面面。这些工作，常常让班主任疲于应付，使班主任无心也无力关心自己的专业化。

2. 全员育人沦为班主任一人负责

为了充分调动教师担任班主任的积极性，许多学校出台了相应的激励举措，一方面加强了对班主任岗位职责要求；另一方面加大了对班主任的激励力度。在当前学校绩效工资制度的背景下，这些激励措施可谓是"杯水车薪"，不仅不能激发和调动班主任的工作积极性，反而把班主任置于一种孤立无援的状态：多拿钱所以要多做事；学科教师自然而然地推卸其在班级教育和管理中的责任，全力教书而忽视了育人。2009年教育部印发的《中小学班主任工作规定》提出，"班主任是中小学的重要岗位，从事班主任工作是中小学教师的重要职责。教师担任班主任期间应将班主任工作作为主业"。从专业化的角度对班主任提出了明确要求，即班主任是区别于学科教师的另外一个专业，班主任的角色从德育工作者演变为一个专业或主业。按照学校工作分工，学科教师负责教学工作，班主任负责学生全面教育，专业主义的逻辑把学科专业片面地理解为学科知识与技能，忽略或弱化了学科自身的教育性，以及学科教师的育人意识和育人能力。它与管理主义片面强调班主任作为德育工作者和基层管理者的制度逻辑一起，导致了教书与育人，学科教师与班主任的角色分离。而学科教师的育人功能则渐渐被忽视，育人意识不断弱化，全面关心教育学生的责任偏移到班主任一方，教师全员育人理念在实践中实际成为班主任一人育人。制度层面对班主任作为德育工作者角色的不断强化，导致学科教师只管教书、推卸育人责任的现象普遍存在，一旦遇到偶发事项，特别是学生违纪和意外事故，往往是习惯性地通知和转交给班主任处理，学科教师自己则缺失了作为教师的育人责任，班主任在多数情况下都无法得到学科教师的协助，使班级教育和管理沦为班主任一个人的"独角戏"，班主任常常面临着孤立无援和随时准备担任"救火队员"的尴尬处境，难以形成教师集体和班级教育合力，使班主任工作陷入一种制度性困境，进而大大削弱了学校教育的育人功能。随着班主任制度的逐步完善，班主任只能当起了"维持会长"的角色，班主任手机24小时开机待命"救火""灭火"，模糊了上下班的时间概念，工作常感力不从心，身体长期处在疲惫不堪的体力透支状态，班级管理创新和自身的专业成长常常是有心无力，以至于根本没有时间进行专业学习、研究和提升。

3. 管理角色定位阻碍了班主任专业成长

从制度设计的角度来看，无论是在时间上还是空间安排上，班主任都被固化为学校基层管理人员，班主任作为基层管理者的制度设计与班主任专业发展的要求之间形成了悖论。社会发展以及学生身心发展的需要客观上要求班主任不断走向专业化，不断提升自己带班育人的意识和能力。而现实生活中班主任在日益精细化的管理制度之下却难以真正实现自主专业发展。管理主义取向极大地增加了班主任的工作负担，束缚了班主任自身的专业发展主体性的发挥，成为班主任专业发展的制度性困境。现有的班主任制度更多地把班主任变成了一个重要的管理岗位，将班主任日益建构成了学校管理制度的简单执行者。在很多学校管理者看来，班主任工作不需要创造性，只要能维持好教育教学秩序，服从和执行学校的各项规定就行。对于班主任专业发展而言，约束性制度胜过支持性制度。同时，学校层面日渐精细化的管理加重了班主任的工作负担，占据了班主任自主学习、研究与自我反思的时间，进而在很大程度上抑制了班主任专业发展的主动性和创造性，一定程度上阻碍了班主任专业化水平的提升。

4. 社会舆论环境增加了班主任的职业压力

很多时候，教育工作者常常感受到来自社会的特别关注，同时又是常常不被理解和信任的。在疫情之后，由于社会经济处在恢复期，一般人的就业难度加大。而教师有寒暑期，且从表面上看，教师不仅工资有保障，而且职业体面光鲜，社会公众认为教师职业特别幸福，因而在"仇富"心态、"见不得别人好"的心态支配下，容易用近乎苛求的目光来看待教师和学校教育工作。特别是随着大众传媒的迅速发展，自媒体越来越普及。新一代家长的受教育程度日渐提升，社会少子化催生了普通家庭对孩子教育的强烈关注。自媒体中的教育事件往往容易引发全网的关注。很多媒体为了追求所谓的"新闻价值"，吸引大众的眼球，博取流量，经常在没有对事情真相进行详细调查、追踪的情况下，就对教育工作者的所谓"无德"行为进行大肆渲染，使教育工作者陷入莫名的恐慌之中。一有风吹草动，就动辄上纲上线，在网络上进行口诛笔伐，教师的社会形象受损。由此，社会对教师特别是对班主任工作的专业性的要求就日渐提高。

而班主任处在学生教育的第一线，班主任工作事关教育公平等社会伦理问题，更容易引发社会的关注。一些不真实的信息或者一些信息的夸大性宣传在社交媒体上大肆传播，不仅损坏了班主任的形象，还给班主任的生活、工作带来诸多困扰。在班级授课制的情况下，由于资源有限，一名班主任面对几十名学习程度不一、个体差异较大的学生，工作中难免出现众口难调的困境。尤其是新手班主任还常常因为经验不足、教学方法不成熟备受家长的质疑。但受家长教育认知水平的限制，一些家长认为把孩子交给班主任就可以撒手不管，出了事却又向班主任问责。班主任事多、头绪杂，工作任务重，工作时间长，很难做到面面俱到，工作常感到如履薄冰，其中的辛酸更是无法言语。然而，班主任不是圣人，他们在教育教学过程中也难免会出现差错，对个别学生照顾不周，他们也需要社会各界的理解、信任、宽容和支持。①

面对社会对班主任专业化的要求越来越高。班主任学科教师和班级主任教师的双重身份，使他们面临着来自学科教学和班级教育工作越来越细致的专业要求。许多教师越来越难以胜任班主任这一专业岗位，导致畏难情绪和职业压力普遍滋生。可见，制约班主任专业化发展的最大困境是超负荷的工作压力。很多教师于是选择性地逃避做班主任。大多数教师担任班主任是学校的强制性安排。

5. 班主任没有专业发展自主权

第一，中小学班主任任免缺乏统一的专业标准。班主任任命具有随意性。很多中小学只是把班主任作为一项任务、工作，在选聘班主任时，更多是从教学考虑，而对班主任的专业知识则考虑不多，认为适合就行，无形中使班主任工作成为"兼职"，没有把它作为一个"专门化"的岗位来对待。

第二，班主任在工作中缺乏专业自主权。班主任拥有多大专业自主权是衡量班主任专业发展水平的一个重要指标。班主任的专业知识要得到充分发挥，需要应有的专业自主权、领导权和诠释权，在自己的学业类别范围内自己做主，不受任何非专业人员的干扰与支配。但是，在当今的学校管理中，班主任却往往失去了这些基本的专业权利。在目前学校管理中存在标准化思维和形式主义倾向。一方面，班主任每天不得不投入大量的时间和精力于各种"应付型"的事务上；另一方面，学校大搞标准化管理，在一定程度上挫伤了班主任工作的创新性，不利于年轻班主任专业成长。很多学校管理者认为，班主任工作只需要循规蹈矩地服从和执行学校的"套路"或领导的"创意"去做事就行了，不需要什么创新，对班主任的管理十分教条和死板，如让班主任全天候地守着学生，美其名曰"圈养"。优秀班主任常不按领导"规定动作"出牌，在工作中的各种创意一般是领导不喜欢的，为校方所不容也不愿接纳的，更别提推广了，他们担心反证了其"套路"和"创意"的错误和荒唐。因此，优秀班主任的"创意"会受到学校领导层的打压。普通教师一般是不可能成为教育家的，根源就在于其不可以按照自己的"创意"去工作，否则，可能受到打击。在被动执行

---

① 包志梅：《资源整合：班主任专业化的外部支持系统》，《教育科学研究》2017年第10期。

的情况下，班主任难以实现自身的专业发展。

第三，繁杂的事务管理限制了班主任的专业发展。在中小学，班主任管理范围庞杂，包括学生学习、生活、体育、卫生、行为习惯的养成、品德教育，学校各部门布置的工作，协调家长、学生、教师的关系，沟通社区、社会与学校的教育事务，等等。随着学校层级化、精细化管理的不断深入，从班主任专业发展的角度提供的外部培训、实践、参加教育科研的机会则少之又少。学校管理者从狭隘的学校现实工作角度，认为班主任参加这些专业培训研修活动，会影响学校正常秩序，进而设置各种障碍，导致一线班主任外出参加培训研修的机会缺失。同时，班主任要接受学校的各种绩效考评。为了工作生活，班主任只能放弃自己的专业发展，丧失专业发展的自主权。

第四，班主任自我专业发展意愿和动机不足。从班主任专业化的发展现状来看，随着班主任专业化诉求的不断提高，学校育人工作的全部责任专属于班主任一人，教书和育人成为两个不同类型的专业诉求。班主任作为学科教师与班主任的双重身份，不得不遵从于两种不同的专业发展逻辑。相较于学科教师的专业发展而言，班主任的专业发展普遍存在制度性缺失，例如，缺少与学科发展相对应的职称评选制度、专业晋级制度等。目前，班主任专业化发展仍停留在教育主管部门下达的各种培训任务的层面，班主任普遍缺失自我专业发展的内在需求，班主任自身的专业化发展的内驱力不足，专业水平还有待进一步提高，离办人民满意的教育的普遍诉求还有不小的距离。制度性的缺失使得班主任在专业发展道路上步履艰难。

四 新时代班主任专业化推进范式转型

在新时代，要通过舆论引导、待遇保障、表彰激励、制度建设、过程管理等"五措并举"，进一步推进班主任队伍专业化建设，培养出一支信得过、靠得住、做得好、善沟通、乐奉献的"五好"班主任队伍，全面提升学校立德树人的教育质量。

（一）加强学科建设，重视班主任基础理论研究

进入21世纪以后，高质量的教育对班主任工作提出了新的更高的专业化要求。在新一轮的基础教育改革过程中，班主任工作性质与地位、班主

任工作传统的继承与创新、班主任工作职责与内容的变迁、班主任制的改革与完善、班主任工作的未来发展趋势等都需要从全新的系统视野做深入的理论探讨。此外，对于班主任的核心素养，诸如师德要求、教育理论和教育能力的专业化，都需要从管理学、社会学、心理学、哲学、生态学、文化学的视角开展研究，包括批判性研究和建设性研究等，加强基于数据统计和证据材料的实证研究和质性研究以及实验研究的力度，开展多层次、多类型的教育实验，不断产出一些接地气的研究成果，以为班主任工作的专业化实践提供有力的理论支撑。当前，亟须开展如下研究。一是加强班主任制改革实践研究。开展我国中小学班主任制改革史研究，进行理论总结和提升。从全国范围系统梳理影响较大的班主任制改革，研究这些改革的指导思想是什么？改革过程及成效如何？其成功的经验和失败的教训是什么？二是要加强班主任制改革的理论研究。研究各项班主任制改革的理论基础（教育学、社会学、心理学和管理学），探究其理论基础的科学性和合理性，为班主任制变革夯实基础。三是加强班主任制改革体系研究。目前，班主任制改革体系研究尚未建立，特别是还没有对班主任制改革的方法论、内容、评价体系进行系统研究。此外，要系统研究国外中小学学生管理的先进教育理念和方法，加大推介借鉴力度。

（二）赋予专业形象，让班主任走专业化发展之路

首先，落实双向选择，增加班主任专业自主权。[①] 到目前为止，在班主任的选聘过程中，班主任自身极少有"话语权"。大多数学校的班主任是由学校领导通过行政手段强制任命的。迫于学校管理体制的权威，教师基本上只能被动"服从"学校的安排，硬着头皮做班主任。问题还不在于此，学校为了有效地控制班主任，制定了严苛的班主任管理制度，包括班主任的学期工作计划、内容和方案，甚至每一天、每一周的具体工作都被学校严格规定。由于班主任在学校中的重要地位，学校一般极少在学期中派班主任外出参加各种培训、研修活动，班主任没有专业自主权，只能机械地执行学校规定的各项工作，无心也无力进行班主任工作创新和追求自身的专业成长。"班主任制"要走向完善，必须赋予班主任专业自主权，即允许

---

① 杜时忠：《"班主任制"走向何方?》，《教育学术月刊》2016年第11期。

班主任在适当的范围里，有权决定自己工作的理念、内容、进度、方法和特色，有外出研修提升的机会，而不受学校规定的内容严格而全面的限制。

其次，班主任应立足岗位发展，在实践中提升专业素养。在专业道德上，完成从教育事业的奉献者到师生生命质量的提升者的转型；在专业知识上，完成从知识体系的完善者到知识体系的拓宽者的转型；在专业能力上，完成从教育研究的跟随者到教育研究的实践者和先行者的转型；在专业文化上，完成从教育理论的消费者到教育理论的创生者的转型；在专业智慧上，完成从教育智慧的守望者到教育智慧的生发者的转型。而在具体实践中，班主任应该从自己的教育理念的形成与丰富、教育原则的确定与坚守、教育内容的开发与整合、教育策略的选取与提炼、良好的工作习惯的养成与坚持等五个维度来全面提升自己的专业水准，赋予自己专业形象。

（三）健全班主任专业化发展的外部支持

班主任专业化发展的困境，除了班主任自身的专业发展因素外，还有外部的社会支持系统不完善。如果不能给班主任提供相应内外部专业支持，班主任工作的开展和班主任专业化发展将是举步维艰的。班主任专业发展需要制度为其提供空间和时间保障，需要提供专业发展的内外部支持系统。因此，建构班主任专业化的内外部支持系统刻不容缓。

班主任专业化的外部支持系统主要是由对班主任及其工作有重要影响作用的群体及制度所组成的社会支持系统。班主任工作社会支持系统的建构是基于目前班主任工作困境，意在创设一个有利于促进班主任专业成长的外部环境，切实减轻其工作压力，提升工作质量。从班主任的工作现状来看，班主任专业化的外部支持系统的建构要分别从政府、学校、家庭、社会四个维度进行资源整合，基于班主任需要而给予支持的需求。具体包括：一是政府政策制度建设维度，制定和落实促进班主任专业发展的政策和制度；二是学校维度，学校领导的人文关怀与制度支持，班主任与科任教师、心理健康教育教师之间的教育协作；三是家庭维度，学生家长的理解、信任与协助，来自班主任家人的尊重、关心与体谅；四是社会维度，社会舆论的正面引导以及社会组织的专业化支持。

1. 制度建设维度

影响班主任专业化的因素是多方面的，但制度建设是带有根本性、长期性和稳定性的举措。因此，要加强制度建设，为班主任工作的专业化提供基本保障。按照《中小学班主任工作规定》，各学校要在班主任培养、培训、考核、奖惩等方面制定相应的配套政策和实施办法，确保班主任的专业化发展。国家层面要加强制度建设。建立中小学班主任专业化的培训制度、任职资格制度以及激励制度等。一是班主任培训制度。包括岗前培训和职后培训。二是班主任任职资格制度。全面考核班主任的职业道德、教育教学能力、班级管理能力、心理健康教育能力等。考核合格后，颁发班主任任职资格证书，才能持证上岗。三是班主任激励制度。比如担任班主任期间，可享受较高的班主任工作津贴；教师职务晋升、评优必须有担任班主任的工作经历，班主任在职称评审、职务晋升等方面优先。四是班主任工作评价制度。科学、合理的班主任评价体系有助于促进班主任的专业化发展。五是班主任专业标准。要参照教师专业标准，研究各级学校班主任工作的原则要求和行为要求，制定班主任工作的专业标准，按照标准考核班主任工作。六是班主任薪酬制度。获得稳定而丰厚的经济收入是专业人员不断追求专业发展的基本物质保障，也是吸引更多优秀人才加入这个行业并致力于不断提高专业水准、建立严格的职业伦理规范、提高职业权威和社会地位的基础。因此，合理的薪酬制度是班主任不断追求专业发展和实现职业价值的一种有效激励，体现了社会对班主任工作及其专业性的重视和尊重程度以及班主任的主体价值和人格尊严。

2. 学校维度

班主任成"烫手山芋"，动辄被要求"承担全责"，教师有苦难言，避之不及。因此，学校要更多地关爱班主任，给班主任更多实惠；同时，最大限度地减少流于形式的各项专业外的活动，减轻班主任过重的工作负担，将班主任从日常烦琐的班务中解脱出来。

第一，学校人文关怀。学校人文关怀包括物质层面、精神层面和行动层面的关心和支持。在物质层面，学校要改善班主任工作奖励与薪酬办法，提高班主任津贴与福利待遇。在精神层面，学校领导不仅要从口头上，而且要从思想上认同班主任工作的重要意义。在行动层面，学校要切实关心班主任的工作和生活，动员相关育人主体、部门帮助班主任解决其工作与生活中的困难和问题，改变中小学班主任工作物质待遇低、精神鼓励少的状态，让班主任教师可以体面且有尊严的工作和生活。

第二,学校制度支持。在制度上,学校要建立健全有利于促进班主任专业化的制度体系,真正给班主任予以实质上的支持。一是建立健全班主任校本研修制度,组织形式多样的校本培训活动。通过组织班主任自主研修、小组研修、专题培训以及主题沙龙论坛等校本研修活动,组建学习共同体,它由教育专家、各学科研训员、学校管理者、新入职的教师、成长期的教师、成熟期的骨干教师组成。这个学习共同体是异质组合,都拥有分享研训的话语权;建立专业自信,获得专业成长所必需的勇气、激情和智慧,引导班主任逐渐掌握班级管理与指导的领导艺术,每位参加者都能基于原有水平得到提升,促进班主任专业化持续性发展。二是要完善家委会制度,促进家校协同育人。构建家校教育团队,组织家长以合适的方式参与班级教育与管理,形成家校教育合力,使家委会成为班主任班级教育和管理的一支重要支持力量。三是构建班主任职称评审制度。通过借鉴中小学教师职称评审办法建立班主任职称序列,明确各职级津贴标准与任务要求,激发班主任自我发展意识和专业化追求,提高班主任工作积极性。[①]

第三,学校管理体制改革。整合学校职能部门,合理划分职能分工。学校有许多职能部门,如教务处、学工处等,职能多有交叉,以至于在给班主任安排工作时会出现无序、多头安排等问题,在解决班主任遇到的问题时会出现推诿、无作为等现象。因此,应该通过大部制改革,整合各职能部门工作,将职能相近的部门进行整合,由一个部门统一进行管理,同时,合理划分各职能部门的工作。最大限度地避免职能交叉与多头领导,给班主任做减法,把班主任从当前琐碎的事务中解脱出来,提高工作效率。

第四,引领教师协同育人。科任教师和班主任一样,都是学生健康成长的引路人,都肩负管理育人、服务育人和教育育人的职责,应当积极参与班级的管理,与班主任形成合力,提升人才培养质量。比如南京外国语学校仙林分校从2006年起实施班级教育小组集体负责制,为科任教师参与班级管理提供通道,引导班主任与科任教师共同管理班级,调动了全体教师教书育人的积极性。同时,心理健康教育教师协助疏导也极为重要。近年来,学生心理问题日渐突出。然而,班主任并不是专业的心理辅导教师,面对学生较为严重的心理问题时,需要专业人员提供更加专业的心理疏导。

---

① 姚篮:《中小学班主任专业化发展的必要性和对策》,《教学与管理》2014年第22期。

因此，学校要配齐心理咨询室和专业的心理健康教育教师，构建心理问题严重学生的心理干预机制。学校的心理咨询室要常态化地对学生开放，定期对班主任进行心理疏导，排解班主任的身心压力。

3. 家庭维度

一是家长对班主任理解、信任与支持。一般情况下，班主任要面对班级里来自社会各阶层的几十位家长，他们的文化修养、经济条件、家庭教育方法以及对教育的认知各不相同，这决定了家校沟通具有相当的复杂性。因此，要通过设立家委会、打造家长讲堂、实施学校开放日、聘请家长督导员等形式，引导家长参与学校和班级的教育和管理。首先，让家长明白育人工作是学校和家庭双方的事，家长要做好家庭教育工作，积极参与家校合作，共同促进学生发展。其次，让家长参与班级教育活动，了解班级教育现状，理解班主任工作的繁重与艰辛，以及教师的工作难处，学会换位思考；信任、支持班主任工作。

二是班主任家庭对班主任的关心与体谅。班主任工作任务繁重，工作时间无界限，常常因教育学生却亏欠了家人。班主任工作离不开家人默默的付出。首先，认同班主任的职业价值。家人对班主任职业意义的尊重和认同，能够激发班主任工作的动力。其次，体谅班主任工作艰辛。班主任工作虽然平凡却高尚而富有挑战性。班主任需要早出晚归，陪伴家人的时间较少。因此，来自家人的理解和体谅至关重要。最后，关心班主任的身心健康。班主任因为工作任务重、压力大，身心常常处于亚健康状态，家人的关心与支持和温馨充满理解的家庭氛围能给班主任带来良好的心灵慰藉。

4. 社会维度

一是进一步优化社会舆论环境。当前，微信、微博和QQ等社交软件和抖音等自媒体发展十分迅速，这在给班主任管理班级带来了不少便利的同时，也给班主任带来许多外界的压力。首先，要引导大众传媒，加大对班主任的工作对于全面推进素质教育、加强未成年人思想道德建设的重要意义的宣传，增强社会公众对班主任工作的理解和广泛认同。其次，要客观地报道一些教育事件，加强社会舆论对班主任工作的正向引导，为班主任工作营造一个良好的、宽松的社会舆论氛围，引导社会舆论给予班主任工作广泛支持。最后，应加大对教育工作者的正面报道力度。宣传和树立大爱无疆、爱岗奉献的班主任精神，营造尊重、理解、感恩班主任的和谐氛围。通过国家、省、市、区、校级媒体平台加强优秀班主任先进理念、先进事迹的宣传和交流，刊出优秀班主任宣传系列，发挥其榜样激励和典型示范作用，通过树立、宣传先进班主任工作典型，引领班主任敬业精业乐业，勤于奉献，不断提升专业化水平，增强班主任职业荣誉感和自豪感，切实调动班主任工作的积极性、主动性、创造性，营造以争当班主任为荣，人人都想做班主任的良好氛围，为提高学校德育水平和教育质量提供保证。

二是社会专业组织的专业化支持。关于班主任的专业性社会组织，如中国教育学会、各省（区、市）的班主任专业委员会等都是致力于班主任研究并为班主任发展提供支持的重要促进者。应倡导各地成立省、市、县三级班主任专业发展指导委员会，指导组织开展课题研究、教育写作、教学观摩等班主任专项教研活动。有计划、分批次培养具有高度事业心和较大发展潜力的中青年班主任。积极搭建班主任展示平台。定期组织班主任论坛、班主任沙龙、班会课展评、教育故事脱口秀等专业研讨会，开展各层级"班主任基本功大赛"、"班主任班会优质课比赛"和"先进班集体评选"等班主任工作相关活动。此外，专业化的社会组织要切实推动班主任精神关怀、学术研究、培训研修等，使班主任付出有回报、努力有方向、发展有通道。同时，在马克思主义的指导下，把丰富的班主任工作实践经验，上升为系统化、科学化的理论，从而更好地指导班主任工作实践。通过搭建班主任成长平台，拓宽班主任发展途径，增强班主任岗位吸引力，让班主任在专业上更有认同感、事业上更有成就感、社会上更有荣誉感。

（四）激发专业情意，激活班主任专业化发展的内生动力

班主任专业地位的确立和社会地位的提高，尽管与国家的重视以及社会的信赖有关，但仅靠待遇改善和声誉提高是不够的。班主任只有自己行动起来，努力拓展专业知识和提升专业技能，使自己从经验型的班主任向研究型的班主任发展，不断提升自己的专业发展程度，真正成为训练有素的不可替代的专业性角色，才能从根本上改变班主任的职业形象，提高社会地位，使班主任工作成为令人羡慕的职业。也并不是有了外部支持，教师就愿意做班主任，真正的动力来自班主任内心的自我支持，广大中小学教师要把担任班主任作为教书育人应尽的职责，积极主动承担这一光荣任

务。只有形成内外合力，班主任专业化才能成为可能。班主任专业化既是一个奋斗目标，也是一个持续过程，更是一种价值追求，需要教育行政部门和学校的外在支持与制度设计，也需要班主任的内在自觉与自主发展。

1. 加强理论学习，让理念引领班主任专业化自主发展

班集体建设与管理是一项极其复杂、专业性很强的工作，不仅需要先进的教育观念的引领和班主任人格力量的支撑，更需要班主任的教育智慧和与时俱进的专业能力。在信息化时代，身处急剧变化的社会环境之中，班主任要提高自己的专业地位，唯有树立终身学习的思想和教育科研意识，改变专家学者搞科研，班主任搞实践的传统观念。只有不断加强学习，才能跟上时代的步伐。理论学习的真正发生，既需要班主任内在的动机，也需要学校的制度引导，可以采取专家引领与自主研修相结合的策略。聘请教育理论和教育实践专家到校内开展专题讲座，与班主任面对面交流。让班主任学习各种新的教育理念和方法，提高理论素养。与教育实践专家的交流，能给班主任工作思路和方法提供借鉴。自主研修即班主任积极主动地对班主任工作的规律、技能进行主动探索，不断开展实践反思，将理论不断运用实践，在实践中不断完善与丰富。自主研修有三个有效途径。一是理论研修。阅读钻研德育理论，提高专业修养。二是课题引领。通过课题研究，促使班主任在实践中反思理论，探索规律，加快专业成长。三是实践反思。通过写反思、手记、论文，内化理论认知，提升班主任的自我效能感。

2. 加强过程管理，让规范引领班主任专业化自主发展

通过学校管理规范引导班主任自主专业发展，即发挥"管理育人"的功能，鼓励班主任充分发挥个人特色管理班级。

一是增强育人意识。学校要引导班主任加强学习，认识班主任工作的重要意义，热爱教育事业，树立大爱无疆、爱岗奉献的班主任精神，营造尊重、理解、感恩班主任的和谐氛围，增强班主任的从业自豪感。脚踏实地、持之以恒。激励班主任努力进取，树立创新意识，主动把握学生的认知规律和心理特点，发挥学生的主体作用，树立育人意识，尊重学生、爱护学生、信任学生、理解学生，以自己的言行身教来影响学生。树立平等意识，引导学生在尊重中学会做人、学会学习、学会生活。

二是制定班级管理规划。班级规划是班级管理的起点。要求班主任制

定班级管理规划，明确在规定的学期内的班级发展目标及工作计划、工作方法，这是促进班主任管理水平提高的有效举措。

三是制定学生培养规划。学生培养规划的制定、实施、调整，可以呈现班主任的理论修养和实践操作能力，也是衡量班主任自主发展水平的一个重要指标。学生培养规划包括群体培养规划和个体培养规划。群体培养规划针对班级学生整体特点，个体培养规划则侧重于关注个体差异，有针对性地制定出培养目标。班级管理要围绕规划，适时调整。

四是制定自主发展规划。自主发展规划是班主任个人专业自主发展计划。根据班主任个人的自主发展规划，学校可以为其提供多种形式的帮助，搭建各种成长平台，增进班主任自主发展的认同感和效能感，激励更多教师加入班主任队伍。

3. 加强制度建设，激励班主任专业化自主发展

班主任专业化不是一蹴而就的，而是一个不断发展、持续提高的过程。这既要靠教育行政部门和学校搭建平台，更要建立和健全相关保障制度，关键是要班主任自身努力。有效的激励是最有效的管理方式。因此，必须加强制度建设，全面实施班主任准入制，健全班主任成长发展机制，优化班主任队伍结构，完善班主任待遇提升保障机制，增强班主任岗位吸引力，让机制激励班主任专业自主成长，让班主任在岗位上更有幸福感、事业上更有成就感、社会上更有荣誉感。

一是建立班主任职级管理制度体系。开展初级、中级、高级、特级班主任评选，将班主任工作年限、班主任岗位能力、班级管理工作绩效等作为班主任职级评聘、考核和激励的主要依据，三年一周期评聘，并实施梯级管理。各级班主任，每月享受相应津贴。

二是构建班主任专业成长体系。开展"名班主任""骨干班主任""新秀班主任"评选，建立区级教坛新秀、骨干、名班主任—市级教坛新秀、骨干、名班主任—省级教坛新秀、特级班主任晋级通道，打通教师学科专业发展和班主任专业发展职业"双通道"。

三是建立班主任荣誉系列评选体系。构建"国家-省-市-县-校"五级班主任荣誉系列评选体系。

四是建立全覆盖、分层次、科学合理的培训教研体系。让各类班主任均能找到合适培训项目，实现班主任全员定期轮训。

五是建立名班主任工作室建设体系。形成以"省-市-县-校"名班主任工作室建设系列为主要依托的班主任实训基地,通过名班主任带徒弟制,使班主任实现"抱团专业成长",培育出更多名优骨干班主任,引领班主任队伍整体专业发展。

六是建立科学合理的考核评价机制。《中小学班主任工作规定》提出:"学校建立班主任工作档案,定期组织对班主任的考核工作。"目前,中小学对班主任评价标准的单一化,易使班主任更加关注学生的分数、排名,而忽视班级管理的科学化和艺术化,不利于促进班主任专业化的发展。

其一,着眼多元评价,增进班主任自主发展效能。建立以班级目标管理、学生行为动态考核为中心的班主任考评制度,在评价上应采取多元标准,不能把学生的学习成绩作为衡量班主任工作的唯一标准,而是从专业知识、专业道德、专业发展上实施多元评价。将学生日常评比、班级竞赛、班级工作规划、总结、论文、个案等多项内容纳入考核范围。

其二,关注过程评价,提高班主任自主发展潜能。实施发展性班主任评价,注重班主任工作过程评价,不搞终结性的结果评价,用发展的眼光评价班主任,通过评价过程让班主任知道自己专业发展的长处与不足,明确发展方向,调动班主任专业发展的积极性、主动性和创造性,建设有梯度、有活力的班主任队伍。

其三,突出主体评价,激发班主任自主发展动力。目前的班主任评价往往都是"自上而下"的,由德育处、教导处的行政领导完成,缺少了班主任这个评价主体。班主任缺乏主动的参与权、执行权和选择权、评价权。这种评价机制吞噬了班主任专业化发展的热情。要让班主任参与评价全过程,包括标准制定、过程实施、结果评定等环节。每个班主任都是评价的主体与客体,关注教育过程,反思专业发展,在评价中有发言权,在专业化发展上才有热情,关注教育过程,反思专业发展,才会思考自己的专业发展目标、努力方向和应采取的举措等,逐渐走上专业化发展之路。[1]

总之,班主任是一种专业性的、主业性的工作岗位,班主任需要经过专门的培养,才能成为具有先进的教育理念、专业道德、专业情意、专业知识、专业技能的专业工作者。班主任的专业化发展是一个目标,是一种

---

[1] 陈佑光:《班主任专业化自主发展探析》,《教书育人》2014年第14期。

追求，也是一项事业。①班主任的专业化要求班主任具有恒久的内在专业发展动力，在工作实践中不断反思内省，不断追求职业道德高尚，知识结构完整，个性品质良善，然后"顿悟"出教育思想，提升专业化发展水平。只有构建内外班主任专业发展支持系统，促其形成专业角色意识，激发工作热情与责任感，激励不断提高专业水平，实现自我超越，才能培养出一支师德高尚、教育理念先进、职业形象良好、知识结构完备的、心理素质健全的优秀班主任群体。

第二节 班主任专业化理论的提出与深化

班主任专业化理论自提出以来，其发展并非一帆风顺。班主任专业化理论的提出基于20世纪80年代教师专业化的问题。班主任属于教师群体，教师专业化理论研究的发展，为班主任专业化的提出提供了思想和理论来源。班主任专业化概念从2002年提出后到接受，并大行其道，经历了一个曲折的过程。其中也经历了一些学者的质疑，班华教授把对班主任专业化问题的认识概括为"提出、疑虑、认可、深化"四个阶段。因此，班主任专业化发展大体经历了"提出—质疑—接受—深化"几个阶段。

一 班主任专业化理念提出的背景

学术界一般认为，"班主任专业化"的理念是在2002年10月18~20日于天津市大港区举行的"全国第十一届班集体建设理论研讨会"上，由首都师范大学王海燕教授首先提出的。与会者通过讨论，决定将2003年11月在柳州举行的"全国第十二届班集体建设理论研讨会"的大会主题确定为"班集体建设与班主任专业化发展"，这表明班主任专业化的命题开始受到学术界的关注。在"全国第十二届班集体建设理论研讨会"的"代表论坛"上，与会的天津代表从理论和实际相结合的角度阐明了"班主任专业化"的目的、意义及实施策略，受到参会代表的好评。②

---

① 黄正平：《班主任专业化：应然取向和现实诉求——解读教育部〈关于进一步加强中小学班主任工作的意见〉》，《人民教育》2006年第19期。
② 兆丰年：《加强班主任专业化建设 促进班主任专业发展——天津市贯彻〈教育部关于进一步加强中小学班主任工作的意见〉工作情况一览》，《天津教育》2007年第2期。

然而,"班主任专业化"理念提出后,并没有立即为社会所接受,实际上,不少人对这一提法是存疑的。有人认为,班主任专业化的提法不妥。因为现实中存在"班主任人人可为的现象",似乎每位教师都能当班主任,班主任的教育劳动没有什么专业性可言,不需要经过专业培训即可胜任。还有人认为,班主任专业化的提法为时过早,当前班主任工作还达不到专业化的水平,还谈不上"专业"。

2003年10月,柳州市教育局在漓江出版社出版了《班主任专业化的理论与实践》一书,集中总结了一段时期内柳州市对班主任专业化的研究结果。柳州市的班主任专业化建设影响由此以专著的方式推向全国,引发了全国范围内的"班主任专业化"理论探讨,对推动人们认识、研究班主任专业化问题起到重要作用。

2004年,《人民教育》总编辑傅国亮与任小艾共同策划在第15、16期合刊推出了《中小学班主任专业化》专辑,并在全国范围内发行,明确地提出了"班主任专业化"的理念。班华教授等专家、柳州市教育局、一些一线班主任教师纷纷撰文从不同角度对班主任专业化进行探讨。其中,班华在《专业化:班主任持续发展的过程》等文中对班主任专业化的概念厘定、制度建构、操作规程的形成等进行了概略式的论述。这些研究进一步深化了人们对班主任专业化的认识,推进了全国范围内班主任专业化的研究,也表明了班主任开始由"准专业化"或"半专业化"走向专业化。

此后,各种有关班主任专业化的学术研讨活动不断出现,对班主任专业化研究的发展和深化起了重要的推进作用。2005~2006年,南京师范大学教育科学研究院连续举办三期全国班主任专业化研修班,开创了全国班主任专业化培训的先河。南京师范大学教育科学研究院还在天津、浙江温岭举办几次全国班集体建设研讨会。2005年4月16~18日,《人民教育》编辑部在浙江省桐乡市举行了"全国班主任工作与班主任专业化论坛",来自全国各地的1000余名中小学班主任参加。这次论坛因其规格高、影响大,对推进班主任专业化研究起了很大的促进作用。这些培训和学术活动扩大了班主任专业化理念的影响,促进了班主任专业化的研究,班主任专业化的理论探讨从此出现了方兴未艾的局面。

2006年,《教育部关于进一步加强中小学班主任工作的意见》首次明确指出,"班主任岗位是具有较高素质和人格要求的重要专业性岗位",表明班主任专业化已经得到中央政府的认可。从此，各级教育行政部门将促进班主任专业化作为班主任队伍建设的一项重要任务和目标要求。

此后，围绕班主任专业化问题的研讨出版了一系列相关"读本"和著作。教育部教育科学"十一五"规划项目，将"班主任专业化"列入了研究课题。中国教育学会也批复了由任小艾主持的"十一五"全国科研规划重点课题"班主任专业化"，并将其作为"十二五"重点课题。全国20多所知名中小学参与研究。这表明，班主任专业化的实践与理论研究取得重要进展。

这一时期，有关"班主任专业化"的理论性文章不断涌现，《人民教育》《班主任之友》《天津教育》《班主任》等期刊相继发表了一系列高质量的学术论文。班华的《专业化：班主任持续发展的过程》、冯建军的《班主任专业化初论》、王立华的《班主任专业化的困境与实践路径》等一些理论成果还被中国人民大学复印报刊资料中心编辑的《中小学学校管理》或列入索引，或全文转载，引起了学术界的关注。而一些研究班主任专业化的专著也不断面世，如黄正平主编的《专业化视野中的小学班主任》、上海市班主任带头人瞿平工作室著的《走向专业化的班主任》等，受到了广大中小学班主任的热烈欢迎。鉴于当时班主任工作改革的需要，2016年，华东师范大学李家成教授发文，明确提出研制班主任工作专业标准的建议，以专业标准规范、引导和保障班主任工作，并提出设计草案，以期引起更多关注与研究。[①]

在这些理论探讨中，学界对班主任专业化逐渐达成共识。一般认为，班主任专业化是一种认识，更是一种自觉追求的目标，也是个体发展的过程。班主任专业化的逻辑起点、内涵外延、实施框架等，越来越获得学术界的共识。

第一，班主任专业化类似于教师专业化。包括任教学科的专业化，教育理论、教育能力的专业化（含教育学理论、心理学理论、青少年心理发展理论等理论修养与教育艺术）以及对教师道德的要求。这是教师专业化

---

① 李家成：《对班主任工作专业标准研制的建议》，《班主任之友》（中学版）2016年第5期。

与班主任专业化的共同内容。①

第二，明确了班主任专业化的特殊性。有学者认为，班主任专业化的内涵要比一般教师更加丰富，对班主任专业化标准定得也肯定更高，这就决定了班主任专业化的特殊性主要表现在以下几个方面：从班主任专业理念来看，班主任应该拥有先进的学生观和德育观，正确理解学生的待完成性；从班主任专业知识方面来看，班主任比一般科任教师要具有更广泛的教育学、心理学和管理学知识；从班主任专业能力方面来看，班主任要对班集体进行建设与管理，因此，其组织管理能力，研究学生能力，沟通学生家庭、社会、社区等能力要求相对于科任教师要高，并要具备相关的组织管理和教育技能；从教育科研的范围方面来看，班主任的研究领域比一般教师的研究领域要广泛，班主任既应研究教学领域的问题，更要研究班级德育和班集体建设与管理过程中遇到的问题。②

第三，提出了不同的班主任专业化途径。班主任专业化发展是一个时代性的命题，需要探索切实可行的班主任专业化的新途径。刘堤仿提出，班主任专业发展需要班主任掌握行动研究的理论、方法，在实践中对自己的工作进行理性思考，实现从实践者到研究者的角色转变。③ 梁根全提出，创建新机制来实现班主任专业化：构建领导管理机制、创新培训培养机制、厘定评价激励机制。④ 黄正平提出，加强班主任能力建设是推进班主任专业化，提高班级管理水平的关键。⑤ 上海市普陀区教科院的陈镇虎进行了"现代班集体建设与班主任专业化发展的研究与探索"的课题研究，提出应建立区级骨干班主任专业化培养机制和"区级首席班主任"聘评机制等，促进班主任的专业化建设。

综观这一发展时期班主任工作的研究，班主任工作的理论建设成绩斐然，一些相关学科的研究成果及新的教育观念都被吸收到了班主任工作理论探讨中，在研究方法上，采用了思辨与实证、定性与定量的研究方法。

---

① 陈娟：《跋涉于专业化之途——T校班主任的叙事探究》，硕士学位论文，南京师范大学，2006。
② 冯建军：《班主任专业化初论》，《教师之友》2005年第8期。
③ 刘堤仿：《班主任专业化自主发展行动研究》，《班主之友》2006年第3期。
④ 梁根全：《创新机制 推动班主任专业化发展——班主任专业化建设机制创新的实践与探索》，《人民教育》2004年第Z3期。
⑤ 黄正平：《能力建设：班主任专业化 De 关键》，《班主任之友》2006年第2期。

二　班主任专业化的内涵

在《现代汉语词典》中，对"专业"的定义是：高等学校的一个系里或中等专业学校里，根据科学分工或生产部门的分工把学业分成的门类；产业部门中根据产品生产的不同过程而分成的各业务部门；专门从事的某种工作或职业。《辞海》中将"专业"一词划归到了教育卷，解释为"在教育上，指高等学校或中等专业学校根据社会专业分工的需要设立的学业类别。各专业的教学计划，体现本专业的培养目标和要求"。可见，"专业"至少有两层含义。广义的专业是指职业，即某一职业区别于其他职业的特定劳动特点，特定职业需要经过专门的教育和训练，以获得专门的知识和技能，方能胜任，如教育专业、医疗专业、工程技术专业等；狭义的专业特指高等教育中的专业，是依据社会专业分工和特定的培养目标，由高等学校设置的基本教育单位或教育基本组织形式。高等教育中的专业有很强的职业导向性和学科依赖性，其出发点是培养各级各类专门人才，满足社会上不同职业和岗位的需求；同时，专业的构成是以一定的学科知识体系为基础的，专业的发展离不开学科整体水平的提高。有学者认为，关于专业标准，尽管有所差异，但一般都强调这几个方面：其一，有专门的知识体系；其二，有较长时期的专业训练；其三，有专门的职业道德；其四，具有专业上的自主权；其五，有专业资格的限制和认定专业的组织；其六，需要持续的在职成长和终身学习；其七，有较高的社会声望和经济地位。[1]叶澜教授认为，一种职业成为专业至少有三个方面的规定：一是具备专业理论知识作依据，有专门的技能作保障；二是承担着重要的社会责任；三是在本行业内具有专业性的自主权。[2] 专业化是一个社会学的概念，是指一个普通的职业群体在一定时期内，不断提高自身从业能力，不断争取专业地位，逐渐符合专业标准，进而成为专门职业并获得相应专业地位的过程。可见，专业化是一个专业不断发展的动态过程，也指一个专业的性质和发展处于什么水平和状况。[3] 不同的专业有不同的专业标准。一般来说，专业

---

[1] 冯建军：《班主任专业化初论》，《教师之友》2005 年第 8 期。
[2] 叶澜：《新世纪教师专业素养初探》，《教育研究与实验》1998 年第 1 期。
[3] 齐学红、黄玲：《建构与重构：专业化视域下的班主任制度建设》，《教育科学研究》2019 年第 12 期。

标准包括专门的知识和技能、职业道德，必须经过长期的专业训练才能达到一定的条件和要求等。班主任专业化是教育发展的必然要求。

（一）班主任专业化是一种特殊类型的教师专业化

教师专业化是国际教师教育的发展潮流和趋势。班主任在学生健康成长中的地位与作用日益受到重视，班主任工作也发展成一项专业性很强的工作。班主任的专业性源于一般教师劳动的专业性，又应高于一般教师劳动的专业性，是教师专业发展的深化和扩展。班主任专业化是教师专业化的一个重要方面，是教师专业化的发展和深化，是特殊类型的专业化。因此，相对于教师专业化而言，班主任工作是一个更微观、更特殊的领域。班主任专业化以教师专业化为基础，但其内涵要比教师专业化更加丰富，要求更加进一步提升。班主任专业化是班主任在教师专业标准的基础上，除了掌握一般科任教师必须具备的教学技能之外，经过长期的学习和锻炼，逐步掌握学校德育与班主任工作的相关理论知识，习得一定的班级教育管理能力和班集体建设能力，提高自身理论素养、师德水准、管理技能和社会地位，有效履职尽责的动态发展过程。班主任专业化，既是教育系统外部社会因对教育不断提升的需求而对班主任工作的专业化所提出的诉求，又是班主任内在的专业发展需求。因此，班主任专业化是教师专业化的题中之义，是教师专业化向纵深发展的必然结果。

1. 班主任专业化是一个没有止境的持续发展的过程

专业化是一个社会学的概念，也是一个专业不断发展的动态过程。[①] 不同的专业有不同的标准，一般来说，专业标准包括专门的知识和技能、职业道德，必须经过长期的专业训练才能达到一定的条件和要求等。班主任专业化既是班主任实现自我发展的内在需要，也是促进学生全面发展、个性发展的外在需求。班主任的专业成长即班主任专业化。班主任专业成长的目标与内容是其在专业素养方面的目标要求。

班主任专业化的目标是从经验型班主任到专业型班主任，从自发的教育者到自主的教育者再到自觉的教育者，从感性到理性、从实践到理论再

---

① 齐学红、黄玲：《建构与重构：专业化视域下的班主任制度建设》，《教育科学研究》2019年第12期。

到实践,以提高班主任的教育成效。

班主任专业成长目标可以概括为:从新手班主任到经验型班主任再到专业型班主任。班主任专业化内容可以概括为教育理念、师德水平、专业知识与技能等方面。[1]

班主任专业化可以划分为以下三个阶段:一是规范化发展阶段——成为一名合格的班主任,能基本胜任班主任工作,进行班级日常管理;二是个性化发展阶段——形成带班特色,能够熟练掌握班主任工作技巧,并能根据班级学生特点,带出特色班集体,开展班级特色文化建设等;三是核心化辐射阶段——成为具有一定辐射影响力的知名班主任,如成为省、市、区、校级名班主任工作室主持人,通过带班实践,提炼出相关理论,辐射带动更多的班主任专业学习,开展班主任专业化研修。[2]

2. 班主任专业化素养

尽管班主任专业化的研究取得了一些成果,但一些基本问题也有待澄清,突出体现为到目前还没有确定班主任的素质结构。一个岗位的工作人员的素质结构明确了,才能确定其专业化的内容和发展方向。应该明确界定,哪些是核心素质(必须具备,且要精深)、哪些是一般素质(熟悉每一种素质要求)、哪些是边缘素质(了解这些素质结构,遇上学生的一些疑难成长偏差后,能知道寻求哪些专业力量)。

一些学者在论述班主任的素质结构时,对班主任的专业素质要求大都带有浓厚的理想主义色彩:在意识上呼唤班主任师德高尚,教育理念先进;在实践中要求班主任应"无所不知",最好"无所不能",面对学生出现的成长偏差时能"包打天下"。这样平行列出的富有理想化色彩的、覆盖全面的专业素质结构,一般的中小学班主任不容易具备,像心理咨询就连一些专职的社会工作者穷其一生的研究、实践,也不一定能完全"弄明白",怎么能要求班主任立马具备,并且达到专业人员的素养。

班主任专业化不是一般教师的专业化,而是一种特殊的教师专业化。班主任专业化有其特定的目标追求和内容的持续发展过程。班主任专业化

---

[1] 班华:《与班主任朋友谈班主任(十六)对班主任专业化的理解》,《班主任》2011年第11期。
[2] 李燕晖、解保:《中小学班主任专业化及其实现路径》,《教育文汇》2023年第4期。

的要求和内容是多方面的。作为特殊类型的教师，班主任专业化是教师专业化的特殊方面，主要是由其教育劳动的特殊性决定的。班主任的职责是组织、教育、管理班级，促进学生德智体全面发展。班主任教育劳动的主要的目的是育人，教育劳动的主要内容或者说实质是关怀学生的精神生活、促进学生的精神成长。从外在的教育活动层次看，班主任的工作是组织、教育、管理班级学生，班主任是班级体的组织者、教育者、管理者；从内在的深层次看，班主任教育是促进学生精神发展的育人育德的精神劳动。

班主任应该具有三个方面的专业素养，也就是班主任专业化的内容：班主任的专业道德、专业知识、专业能力。其中，班主任的专业道德是核心，包括教育理念、专业精神和师德修养；班主任的专业知识是基础，班主任的专业能力是目标。这具体表现在以下几方面。

（1）具备先进的教育理念

班主任要能高效地完成育人工作必须掌握专业知识，其中包括专业理论知识和岗位实践知识。前者包括进行德育需要掌握的"德育论"和"心育论"的知识，要进行科学有效的班级管理需要掌握的"管理理论"知识。后者是指班主任在工作实践中积累的经验性知识。班主任必须掌握系统的教育理论，这些理论应该包括德育原则、班主任工作原则以及发展性班级教育理论、优秀的教育实践经验，并在此基础上形成先进的教育理念。作为学生人生路上的引路人，班主任要有针对性地开展教育，必须树立教育公平原则，贯彻以人为本、平等尊重、生命关怀、因材施教、促进学生全面发展等更高层次的理念和追求，推动素质教育全面落实，摒弃功利化、狭窄化、孤立化的教育价值观。[①]

（2）具备崇高的专业精神

专业精神是指班主任在践行教师职业道德规范的过程中，本着对全班学生德智体美全面可持续发展的一种高度负责的专业理想，而逐步形成的对自我自觉超越和朝着专业化目标拼搏进取的精神境界。它是在充分认识班主任工作的意义和价值的基础上的一种思想境界上不懈追求自主专业发展的心理状态，体现了教师对班主任职责及专业发展方向的理解，是班主

---

① 刘莉、任强：《专业化：中小学班主任发展的必由之路——解读教育部〈中小学班主任工作规定〉》，《内蒙古师范大学学报》（教育科学版）2009年第10期。

任专业志向和专业情感的统一,是一种对教育事业取得成就的向往,体现为班主任履职尽责的事业心和责任感。专业精神是班主任提高自身专业素养的精神支柱和内部动力,是班主任专业素养中的核心要素。

(3) 学会精神关怀

哲学家雅斯贝尔斯认为:"教育过程首先是一个精神成长过程。"班主任的教育劳动具有特殊性。精神关怀是班主任专业劳动的核心内容。班华认为,班主任工作的主要目的是从思想上引导学生、教育学生,关注学生精神生活和心理健康,促进学生在德智体等方面得到全面的发展。因此,对学生的精神关怀是班主任教育劳动的核心内容。[①] 班主任关心学生的全面发展,其中关心学生的精神生活和精神发展是其职责的核心部分。班主任主要是从事以心育心,以德育德,以人格育人格的精神劳动。班主任是学生主要的精神关怀者,精神关怀主要是关怀学生的心理生活、道德情操、审美情趣等方面及其成长与发展,即关怀他们的精神生活质量和精神成长,关怀他们当下精神生活状况和未来的精神发展情况。精神关怀内容广泛,关心、理解、尊重、信任是关怀情感的基本表现,是学生基本的精神需求,也是班主任专业劳动的基本内容,学会关心、理解、尊重、信任学生是对班主任专业化的必然要求。精神关怀是双向的。作为精神关怀者,班主任掌握与学生的心灵沟通艺术十分重要,这是教育艺术,也是教育智慧,是一种缄默性知识,需要不断学习教育理论,反思教育实践,不断去意会和领悟。

(4) 具有高尚的师德

班主任的师德是教师职业道德,是班主任面向班级学生实施育人、育心专业劳动时所遵循的道德准则,是班主任必需的专业素养。班主任专业劳动的特殊性决定了其道德更有特殊意义。就劳动内容而言,班主任的专业劳动主要是引导、帮助、促进学生德行成长,对学生实施道德教育。就教育形式而言,班主任主要是通过班集体实施教育。班主任的师德不仅是实施教育的条件,还作为教育过程要素、教育资源发挥作用。在道德教育中,班主任有组织、启发、引导学生感受、体验、理解、领悟、践行道德的任务,班主任的教育过程是道德生活过程。班主任的人格、德行、知识

---

① 班华:《专业化:班主任持续发展的过程》,《人民教育》2004年第Z3期。

是学生道德学习的目标，是学生学习做人的榜样。因此，班主任的人格总是自觉或不自觉、直接或间接地影响着学生，给予学生正面的、积极的或者是负面的、消极的道德影响。班主任的师德，是人格化的教育内容，是直接的教育资源。班主任的教育过程是师生共同的道德生活过程，也是班主任做人的过程。因此，班主任要以身作则，与学生共同参与教育过程，进行师生相互教育与自我教育，实现教学相长、品德共进。育人先育己。班主任应掌握道德教育的原理方法和具有必要的教师道德，这都应当是其专业化的重要方面。班主任应当具有符合现实需要的良好道德，能够关心、理解、尊重、信任学生，并对学生成长负责，这要求班主任应当在道德上不断进取，严于自律，承认自己的不足，保持真挚的情感，能够与学生进行心灵沟通，引导道德教育活动，与学生实施相互教育与自我教育，实现教学相长。[1] 鉴于班主任岗位是具有较高综合素质和人格要求的重要专业性岗位。因此，班主任的专业发展需要从知识本位、能力本位到人格本位，不断完善人格应该成为新时代班主任专业发展的新追求。

（5）具有班级建设能力

专业能力是班主任专业素养的重要组成部分和关键能力。具有组织、教育、管理班级的知识和能力是班主任专业化的重要要求。班主任在履职尽责的过程中，能够进行班级建设，保证班级教育中各子系统的有效运作，充分发挥其教育功能，是其专业劳动的基本功，是班主任特有的专业化的重要内容。这具体包括以下能力的提高：了解研究学生的能力；班级建设与组织管理能力，包括形成班级建设目标的能力、建设真的学生集体的能力、促进学生个性发展的能力、策划与组织班级教育活动的能力、优化班级文化的能力、人性化班级管理能力、协调各种教育力量形成班级教育合力的能力、处理偶发事件的应变能力、实施发展性评价的能力、工作反思能力、教育科研能力等。这些能力相互联系，是班主任应具备的主要教育能力，也是班主任班级教育的基本功。

我们认为，班主任的专业化应是学科性与教育性、学术性与师范性、学科专业知识能力与道德教育专业知识能力的统一。应按照不同的分类指标从八个方面来界定班主任的素养结构：基于社会活动场域、基于人生经

---

[1] 班华：《师德与班主任专业发展》，《人民教育》2008年第11期。

历、基于学科背景、基于实践角色、基于工作内容、基于知识功能、基于能力的服务对象、基于优秀班主任的个案分析。[①] 班主任专业化需要专业理论的支撑。班主任专业化的理论从何而来呢？一方面源自班主任个人对带班实践经验的总结反思，如带班过程中探索的成功经验或失败教训、向其他班主任学习等；另一方面源自对班主任相关理论的学习和理解，如阅读班主任工作方面的相关书籍，参加班主任培训后的总结反思。专业化的班主任要实现以下转变：一是在专业知识和能力上，从"单一型"向"复合型"方向发展；二是在劳动形态上，从"经验型"向"研究型、创新型、智慧型"方向发展。[②]

（二）班主任专业化是教育发展的必然趋势

经济全球化、价值多元化、信息网络化、教育民主化给班主任工作带来了诸多新的挑战。在新的形势下，立德树人根本任务对班主任工作的专业性提出了新的、更高的要求。近几年来，随着教育高度内卷，我国中小学生心理健康问题检出率和情绪障碍发病率持续上升，家长期待学校能够提供丰富的教育资源和科学的家庭教育指导。原有的班主任职能越来越难以满足新形势下学生成长和发展的需求。由于愿意当、适合当、会当班主任的教师数量不足，一些新手教师被迫匆匆走上班主任岗位，他们既不了解孩子，也不熟悉当今的家长，班主任队伍的年轻化带来了缺少经验、耐心不够、威信不高等问题，其耗费极大心力和时间也未必能达到预期效果；一些班主任虽工作多年，却仅依赖旧经验和自我经历带班、管学生，忽略了信息化时代下不断变化的孩子成长环境和现实需求。在繁重的工作负担和巨大的工作压力下，班主任疲于应付，其工作质量与社会要求还有不小的差距。为此，在新形势下探索班主任专业化发展是必要的且紧迫的。

1. 班级教育的专业性对班主任工作提出了专业性的要求

班主任专业化是由班主任工作的性质、特点和职责、任务决定的。

第一，班主任工作的繁重性需要班主任工作的专业性。促进学生德智

---

① 王立华：《班主任素养结构界定的问题与突破路径（下）》，《河南教育》（基教版）2019年第10期。
② 李燕晖、解保：《中小学班主任专业化及其实现路径》，《教育文汇》2023年第4期。

体全面发展,是所有教师包括班主任的根本职责。但班主任作为班级教育的主任教师,既要承担教学工作,还要投入大量的时间和精力开展班级教育和管理工作,做学生的人生导师。2009年颁布的《中小学班主任工作规定》指出,班主任要"全面了解班级内每一个学生,深入分析学生思想、心理、学习、生活状况。关心爱护全体学生,平等对待每一个学生,尊重学生人格。采取多种方式与学生沟通,有针对性地进行思想道德教育,促进学生德智体美全面发展";要"认真做好班级的日常管理工作,维护班级良好秩序,培养学生的规则意识、责任意识和集体荣誉感,营造民主和谐、团结互助、健康向上的集体氛围。指导班委会和团队工作"。与一般教师相比,班主任承担着更为艰巨和繁重的育人责任,需要付出更多的精力和辛劳,班主任加班是常态,且工作不分课内课外、校内校外,既需要付出时间、精力和汗水,又需要具有较高的专业知识和专业智慧。

第二,班主任工作的复杂性需要专业的班主任予以应对。学校教育的各项工作,都与班主任有关系。学校各个职能部门,都可以直接指挥班主任,"上面千根线,下面一根针"。班主任的角色地位决定了他的工作有着与非班主任教师教学工作不同的特殊性,班主任是一个与科任教师所肩负使命不同的特殊类型的教师。他承担着更多的教育责任,是学校实施德育的主要教师。班主任教育劳动的主要的目的是育人,即促进学生的精神发展。班主任的教育劳动是一种专业性的复杂劳动。班主任既要教育、管理、指导本班学生,全面关心学生的思想、学习、劳动、生活、体育和文娱,促进学生德智体美全面发展;还要"组织、指导开展班会、团队会(日)、文体娱乐、社会实践、春(秋)游等形式多样的班级活动,注重调动学生的积极性和主动性,并做好安全防护工作"。此外,还要统一协调本班教师,形成教师集体;还要负责与学生家庭、社区、社会沟通,形成教育合力。班主任工作作为培养人的复杂性劳动,不专业就没有科学性可言。

第三,班主任工作的艰难性需要专业的班主任予以纾解。在信息化时代,新生一代子女生活条件优越、接收信息渠道多,他们的性格特点各异,心理品质千差万别,很多学生心理脆弱又敏感,增加了教师教育管理学生的难度。班主任承担着育德工作重任,要助力学生将道德知识转化为道德认知和道德信念,激发道德情感,引导道德践行。与科任教师相比,班主任承担的工作任务更多、工作要求更高、难度更大。而从教育工具来看,班主任工作最重要的教育手段是自己的人格、知识、才能、情感、意志等。班主任是一项非常细致、复杂、艰巨的育人工作，需要付出极大的爱心、耐心和责任心，更需要专业技能和专业智慧来应对。班主任劳动的艰难性要求班主任工作走向专业化。

  第四，班主任工作成效的长期性需要班主任工作的专业性。培养人的过程是一个相当长的过程。学生身心发展，特别是良好品德的形成和发展是一个长期的过程，不可能一蹴而就。中小学阶段是人生成长的关键期和奠基期。由于缺少生活经验、独立生活能力，学生需要班主任来担当生活和学习指导，为之排忧解难。班主任承担了学生主要的育人责任。班主任工作直接关系到学生的健康成长。班主任对学生的影响也是长期的，不仅在任期内会对学生产生影响，而且在学生未来的生命成长中也会发挥作用，有的甚至会对学生产生终身的影响。因此，必须通过提升班主任工作的专业性来增加教育工作的科学性，以为学生长远发展奠基。

  班主任工作的繁重性、复杂性、艰难性、长期性决定了班主任工作必须从副业成为主业，要求班主任必须全身心地投入。因此，不是任何人都能胜任班主任工作、感受到班主任劳动的价值、习得班级教育智慧，也不是任何一个班主任都能体验到班主任劳动的快乐和幸福。班主任工作既是一种主业，又是一种专业，是一项复杂性很强的专业性劳动，需要班主任逐渐地走向专业化。

  2. 新时代班主任工作面临的新挑战要求班主任工作走向专业化

  当前，班级授课制仍是学校教育的主要形式，它在学生的身心发展、人格教育、智能拓展上将发挥越来越大的作用。然而，在新时代，随着教育民主化思潮的逐渐普及，新一代家长的受教育水平普遍提高，加之社会少子化催生的家长对孩子教育的强烈关注，家长对班级教育生态化、民主化的要求越来越高，如现在的学生与家长有"双独"现象，学生和家长都是独生子女，家庭结构和以往不大相同，家长的教育理念也发生了很大的变化。家长对孩子在个性表现、机会平等、安全等方面的要求日渐提高。尽管同龄性原则仍将是班级设置首先要关注的生理学、心理学依据，但随着社会对提高学生在校学习生活质量的关注，催生了班级教育的个性化、民主化以及因材施教的要求。这对班主任的专业性提出了更高的要求。

  班级教育的组织形式日趋多样化。随着教育个性化时代的到来，智能化、线上与线下相结合的未来教育的组织形式将更加丰富多样，如学校将更多地考虑按学生的兴趣、现有能力编班，固定的班级可能会改为富有弹性的学级编班；班级编制将趋于小型化；走班制、分层制等更加开放的教育组织形式也将日渐增多，以让每个学生个体都能得到发展。班主任工作的内容日趋多元化。在新时代，学生的教育将不再局限于学校之内，走进社区、社会、云端受教育的机会不断增多。因此，班主任的工作内容将不再局限在学校之内的教育事务，很多来自社会、社区、家庭的教育和非教育事务也充斥在当代班主任工作之中。

班主任工作信息化要求日趋提升。随着信息技术的不断普及，网络自媒体等现代信息技术手段不断涌现，班主任工作方式日趋向信息化方向发展。班主任必须熟练使用"家校通""班级网页""电子信箱""微信公众号""班级微信群"等信息化工具。由于这些工作方式方便、快捷、易操作，原有的谈话、书信联系、家访等工作方式受到很大的冲击，有些甚至会被淡化运用，这给新时代的班主任工作增加了一些挑战。

班主任工作的挑战日渐增多。在信息时代，学生获取信息和接受教育的渠道、机会增多，加之在一些领域，学生的接受能力比成年人强，很多学生掌握的信息将比班主任更系统、更丰富，这对班主任的现代信息素养以及工作方式和方法提出了新的更高的要求。另外，在流量为王的时代，网络传播的信息良莠不齐，一些不良信息所蕴含的社会阴暗面对学生的负面影响也随之涌来，班主任在开展学生德育教育时所面临的难题层出不穷，对班主任工作及其专业素养提出了新的挑战。

3. 班主任专业化是改变班主任工作现状的迫切需要

长期以来，广大中小学班主任在一线教书育人的岗位上兢兢业业、无私奉献，付出了大量的心血和精力，为促进学生健康成长做了大量教育和管理工作，做出了不可或缺的重要贡献。然而，随着新时代学生教育复杂性以及由此导致的育人难度的提升，教育工作的科学化和精细化要求日渐提高，班主任责任重、工作量大、工作细碎，需要付出很多看不见的劳动，工作很辛苦但报酬低，且班主任工作心理压力大，使班主任职位成了"烫手的山芋"，很多教师避之唯恐不及，每年选聘班主任成为很多学校的管理难题。

但不可否认的是，少数班主任由于教育理念落后、工作方式粗暴、角色认知错位,在教育工作中存在一些"反教育"的行为,对学生身心发展造成了不同程度的伤害,给班主任工作信誉蒙上了阴影,班主任工作陷入某种尴尬境地。班主任被视为"人人能为"的、不具有专门学问的附带性的工作。在现实生活中,一些教师在是否担任班主任的问题上,存在"三不"现象,即"不宜做""不会做""不愿做"。其中,"不宜做"主要是素质和觉悟问题,一些教师既不具备基本的班级教育和管理能力,也认识不到班主任工作的重要职业价值,因而对班主任工作缺乏应有的热爱和激情,担任班主任主要是出于班主任津贴和评职称需要班主任经历的考虑。"不愿做"是态度问题,有些教师认为现在的学生大多是独生子女,难管理,家长难缠,风险大,责任大,负担重,做班主任工作很辛苦,很多时候是吃力不讨好,两头受气是常事。因此,做班主任是付出与收益极不对等的事。"不会做"是水平问题。能够上好课却当不好班主任的教师并不少见。部分教师虽然能够胜任教学工作,但看不到班级教育和管理是有别于教学的专业性劳动,既缺乏当班主任的能力,也缺乏主动学习班主任专业知识和技能的积极性,因而不会管理班级,更不会组织班级活动,不会对学生进行精神关怀,不会对学生做深入细致的思想教育工作,不会培养组建班干部团队,不会协调家长作为积极的教育力量形成教育合力,在学生中没有威信,虽然工作也很辛苦忙碌,付出了体力、脑力和精力,但仍得不到学生、家长及学校的认可,班级育人效果不佳,自己也常感苦恼和无奈。班主任工作成效不佳,其根本原因是不懂也不会做班主任,不知道如何才能当好班主任。可见,班主任工作绝对不是人人都能做的,更不是人人都能做好的,班主任应当是一种专业性的岗位。基于此,班主任专业化就不仅是一个理论问题,还是现实需要。因为一个教师不合格,影响的是班级学生一门学科的学习成绩;一个班主任不合格,影响的是一个班级学生的健康成长和未来。因此,必须通过班主任专业化,提升班主任的整体专业素质,进而提升班主任工作的专业化和科学化水平,改变班主任工作现状。

综上所述,班主任是班级工作的组织者、班集体建设的指导者、中小学生健康成长的引领者,是中小学思想道德教育的骨干力量,是学生健康成长的"重要他人",是加强和改进未成年人思想道德建设、全面实施素质教育的重要力量。但长期以来由于专业训练严重不足,班主任在班级教育管理实践中没有表现出必要的专业精神和专业能力,甚至存在诸多问题。

在社会各界对教育要求日渐提高的时代,对班主任工作质量和效能也提出了更高的要求,这要求班主任工作日趋专业化。班主任是专业工作者,这种认识已经为越来越多的人所接受,教育行政部门也在大力推进班主任专业化。

三 班主任专业化理论的发展

中小学班主任工作涉及教育学、心理学、管理学等学科领域的知识,需要班主任综合运用多种学科知识来解决工作中的问题。随着理论与实践研究的不断深入,中小学班主任学已逐渐从学校管理学中分化出来,吸收心理学、统计学、卫生学等多种学科知识,确定了自己的研究对象、规律、过程、原则和方法,形成独具特色的一门新兴边缘学科。随着学科建设的不断加强,中小学班主任工作方面的教材不断问世,逐渐成为师范院校在校生及中小学班主任工作者的必修内容。班主任专业化是一种必然趋势已成业内共识。

(一)研究成果学术性显著增强

首先,一些知名学者投身班主任工作研究。班主任工作实践、班主任工作经验的积累与理论的概括已有较长时间的探索,这为其走向专业化奠定了理论基础。1990年,南京师范大学教育系的高学贵编著的《班级教育学》正式出版,张焕庭先生为其作的序中提出,"班级教育学是教育科学中的一门新兴的学科"。该著作的问世代表着班主任专业研究迈出了新的一步。尽管当前班主任和班级教育的专业理论发展水平还不高,但其总的趋势是在不断向前发展的。2004年,南京师范大学教育科学学院班华教授发表了文章——《专业化:班主任持续发展的过程》,由此拉开了班主任专业化理论研究的序幕。以班华教授、齐学红教授、王宁教授为骨干的南京师范大学班主任研究中心发表了不少有质量的研究成果,研究成果不仅丰富,也有深度。2012年,教育科学出版社出版了陈桂生的专著《聚焦班主任——"班主任制"透视》,对班主任工作制的前世、今生与未来,做了详尽的论述。[1]

---

[1] 陈桂生:《聚焦班主任——"班主任制"透视》,教育科学出版社,2012。

其次，班主任工作理论研究专著纷纷出版。比如，南京师范大学出版社从1995年起就依托学校的学科优势，积极参与班主任工作的理论与实践研究，是全国最早出版班主任系列读物的出版社。1997~1999年陆续推出了《班主任文库》三辑20余册。2006年，南京师范大学出版社推出了由班华教授任总主编的《中小学班主任培训教材》，有《小学班主任》《初中班主任》《高中班主任》《职业学校班主任》《班级德育理论与操作》《班级心理健康教育理论与操作》《班级活动设计与组织》7分册，该套教材由高校专家会同基础教育一线具有多年班主任理论研究经验的工作者以及有实际工作经验且有写作经验的优秀班主任联合编写。教材被全国多个省份列为班主任培训教材，深受广大中小学班主任的欢迎。

最后，一些一线班主任积极投身班主任工作理论研究，并取得了研究成果。比如江苏省的陈宇出版了《班主任工作十讲》《班主任工作思维导图》《你能做最好的班主任》等著作，并在《班主任》《班主任之友》开设了专栏。山东临沂八中的王立华热衷于班主任工作基本问题的研究，不仅发表的《实践对接：班主任工作理论应用的范式转型》《班主任工作作为主业探析》《中小学班主任工作改革三十年的回顾与展望》等文章受关注程度较高，出版的《回归生命——一位班主任的生命教育实践》《会做研究，班主任就赢了！》等著作同样广受欢迎。还有张万祥的"班主任丛书"。这些研究成果既有理论色彩，又有极强的可操作性。

（二）班主任专业期刊质量提升

一是专题研究班主任工作的《班主任之友》《班主任》等期刊办刊质量不断提高。这两家刊物聚焦班主任工作的基本问题、班主任专业化等，通过论文、专辑、连载、笔会等形式推出了一大批有影响力的研究成果。二是一些报刊的"班主任版"也在中小学班主任中引起广泛关注。比如，《江苏教育》（班主任版）很有特色，内容鲜活；《中国教师报》《现代教育报》《山东教育报》等报纸的"班主任版"也定时出版，内容丰富。三是有关班主任的新刊物产生。这一时期，又出现了《新班主任》《中小学班主任》两种专业研究期刊。《新班主任》原名为《湖北教育》（班主任版），2012年创刊，后经国家新闻出版广电总局批准，由湖北长江出版传媒股份有限公司主管，湖北长江报刊传媒（集团）有限公司主办，是面向国内外公开发行的教育期刊。《中小学班主任》在 2017 年 2 月经国家新闻出版广电总局批准，正式面向国内外公开发行，主管单位为上海世纪出版（集团）有限公司，主办单位为上海科技教育出版社有限公司。

（三）班主任学术论坛方兴未艾

一些学术论坛的研究成果不仅在国内影响大，有些学术论坛甚至走向了世界。《班主任之友》杂志社每年组织的班主任笔会，吸引了大量的研究者、优秀班主任参加。2012 年 5 月 23～24 日，由《班主任之友》杂志社承办，湖北第二师范学院与美国肯尼索州立大学联合主办，长江班主任研究中心、《班主任之友》杂志社承办的"2012 班级管理与班主任专业成长国际研讨会"在武汉举行。从 2014 年起，《班主任之友》杂志社、《班主任》杂志社、华中科技大学、湖北第二师范学院、华东师范大学、南京师范大学等单位发起了"中国班主任研究"圆桌论坛，定位于小规模、研究性、专业性的班主任工作高端学术交流论坛。圆桌论坛的参与者主要为大学从事班主任研究的专业研究人员和相关研究所、研究机构的专业研究人员。后来，一些国外的教育学研究者也参与进来，影响力越来越大。在 2016 年 6 月于华东师范大学举办的第四届"中国班主任研究"圆桌论坛上，来自新西兰、澳大利亚、美国、乌克兰、冰岛、瑞典等国的学者与国内学者一起，认真探讨了中国班主任工作对于学生发展、学校变革、家校合作的重要意义。他们还将"中国班主任研究"圆桌论坛综述发表于《教育科学研究》《班主任之友》等杂志，并将一些优秀成果结集出版了，如《中国班主任研究》（第 1 辑）、《中国班主任研究》（第 2 辑）。2016 年 11 月 19～20 日，第一届"全媒体时代的新班级与新德育"全国学术研讨会暨江西省教育学会班主任专业委员会成立大会在江西师范大学瑶湖新校区隆重召开。大会由江西省教育学会主办，江西师范大学初等教育学院和教育学院联合承办，江西省教育科学研究所协办，特邀了来自山东、广东、湖北、台湾、江西等省份的 10 余位专家做学术讲座。

（四）班主任实验研究逐步开展

在班主任工作实践范式转型的过程中，研究者、实践者持久深入地进行了一系列的班主任改革实验，形成了一系列影响深远的班主任工作实践经验和研究成果。中小学班主任工作的实验研究特点突出体现在实验的广泛性、实验层次的多样性、实验类型的多样性等方面。这些改革实验的深入开展，有力地推动了中小学班主任工作的发展，对中小学班主任工作实践范式的重新建构起到了巨大的促进作用。在实验中，逐步形成了以魏书生的自主教育、丁榕的爱的教育、李镇西的民主教育、万玮的震撼教育、李迪的班级叙事、王立华的研究型班主任角色追寻等为代表的优秀班主任实践经验，这些经验对中小学班主任的日常工作产生了深远的影响。

（五）班主任学术团体渐趋繁荣

班主任学术团体纷纷成立，并自成体系，国家级、省级、市县级班主任学术团体逐渐成立，并依托中国教育学会、高校、各级教育科学院以及相关学者，积极开展学术活动，成为全国性的、区域性的班主任学术研究中心和学术交流平台。

全国层面的班主任学术团体的建设。2014年5月，中国教育学会班主任专业委员会成立，成为全中国450万中小学班主任的专业组织和学术之家。班主任专业委员会首任主任委员由江苏省扬州市教育科学研究院教研室主任、江苏省特级教师陈萍担任。专委会下设秘书处，秘书处设立在江苏省扬州市教育科学研究院内。主要业务为：运用现代技术，建设多维立体的班主任交流平台；开展教育科研，为教育行政部门提供意见和建议；建设专家团队，开展班主任专业化培训；研制评估标准，为中国班主任专业化发展寻求样本；定期举办学术研讨活动和学术年会，创立班集体理论与实践研究、班主任专业素养展示、班主任工作论坛、班主任实践案例和论文推荐等一系列活动。主要活动为：每年组织"班集体建设与班主任专业发展"品牌活动；召开一次学术年会；组织班主任专业化培训；组织班主任专业化课题研究；提升、总结、推广区域推进班主任专业化的经验；定期组织中小学班队课观摩与竞赛、班主任专业素养展示等；开展班主任工作论坛、班主任大讲堂等活动；组织班主任论文推荐、班队工作案例推荐等。加强各省市班主任专委会的制度建设。

省级层面的班主任学术团体的建设。一些省（区、市）发挥各自的学术优势，成立班主任学术团体。截至2022年，已在国内10多个省（区、市）建立了班主任专业委员会。2009年11月26日，"江苏省教育学会班主任专业委员会成立大会暨首届年会"在南京师范大学贻芳报告厅隆重开幕。江苏省教育学会秘书长叶水涛宣布班主任专业委员会成立，班主任专业委员会理事长齐学红宣读专业委员会章程和常务理事成员以及首届年会的主要议题。南京师范大学副校长吴康宁、上海市中小学德育研究协会会长陈步君、《班主任》杂志主编佟德以及江苏省教育厅办公室副主任吴仁林等出席开幕式并先后致辞表示祝贺。南京市鼓楼区教育局副局长储红介绍鼓楼区班主任工作先进经验。班华教授做了《谁来给班主任以精神关怀——敬畏教育 尊重教师》的大会主报告。江苏省教育学会班主任专业委员会成立后，依托南京师范大学班主任研究中心，组织了各种研究活动，在国内产生了较大的影响。

市县级层面的班主任学术团体的建设。部分市县（区）教育部门也成立了班主任学术团体。比如，2018年12月14日，延吉市教育学会班主任专业委员会成立。委员会执行会员制，第一届委员会会员共计356人。成为委员的条件为：需是延吉市各中小学班主任，撰写并提交一篇以上班级管理方面的专业论文。该委员会的成立，标志着延吉市在班主任队伍建设方面进入了一个更加专业化、科学化的发展阶段。该委员会将引领延吉市班主任积极开展课题研究、总结典型经验、提炼研究成果，并在理想信念教育、核心素养下的班集体建设、学生人生规划教育、班（团、队）会课等方面开展研究工作，不断提高延吉市教育教学质量。2015年11月24日，"四川奉节县教育学会班主任专业委员会成立暨德育工作学术报告会"在奉节中学珠海学术报告厅举行。

大学班主任学术团体的建设。在大学成立的班主任学术团体中，南京师范大学班主任研究中心成立最早，研究成果最丰富。1994年8月，南京师范大学道德教育研究所成立，下设班主任研究中心等。该中心有知名学者班华教授、齐学红教授、王宁教授等。该中心策划的"随园夜话"班主任沙龙于2008年成立，影响较大。2018年10月，该中心举行了"班级与班主任专业化的理论与实践探索——南京师范大学班主任研究中心成立24周年暨'随园夜话'班主任沙龙10周年学术论坛"，对班主任研究中心的发展历程以及班主任专业化领域的理论与实践探索进行了全面梳理和总结，进一步探讨了新形势下班主任工作的新需求、新方法和新对策。2012年，湖北第二师范学院依托《班主任之友》杂志社成立了长江班主任研究中心。

该中心定位为开展班主任理论与实践研究,面向一线中小学班主任开展班主任专业成长培训与咨询服务。

四 班主任专业化理论的深化

(一) 注重研究方式方法的改进

在班主任制的研究中,有的研究者简单呈现一个孩子发展的个案、一位班主任的个案,甚至为了现场效应,还会有很多文学式的表达和想象;有的研究者借助对国外中小学的短期考察或网络传播的一些材料,就开始对中国班主任制进行批评。这都需要我们反思研究方法的合理性。仅仅依靠研究人员多年的个人经验,仅仅依靠理论的阅读,是无法整体领略时代转型中不断形成的班主任工作中的新问题和新经验的。因此,需要科研人员不断改进研究方法,才能感受优秀的班主任所创生出的班级建设新形态中蕴含的实践智慧。鉴于班主任制研究的实践性,当前以高校教师和地方科研人员为主体的研究队伍,需要在与中小学班主任的合作之中,以主动的介入实现班主任制的创生。[①] 鉴于班主任制所涉及领域的丰富性,需要从管理学、社会学、心理学、哲学、生态学、文化学的视角开展研究。班主任制的研究人员还有必要与不同学科领域的研究人员开展合作研究。对班主任制的研究,不仅有多学科、多视角的理论研究,而且有批判性研究、建设性研究等多种方式。同时,大力加强基于证据的研究。班主任制的实施过程到底状态如何?当前的困难与障碍有哪些?学生、家长、班主任、教育领导者对于班主任制的认识、理解、评价到底如何?相关改革实验的成效如何?对于以上问题班主任制研究领域不乏相关论点,但缺乏"论据",缺乏数据积累,缺乏进一步辨别、思考和论证的基础。当前需要有更科学的调查研究、个案研究,需要有大样本、大数据的积累,需要有经得起检验的数据分析或说明。鉴于班主任制不仅是"历史"与"现实"性存在,更是要走向未来,因此需要加大实验研究力度,通过持续的教育实验研究,基于个体班主任、群体班主任、研究流派所开展的多类型的教育实验,探索班主任的未来发展走向。

---

① 李家成:《论中国"班主任制"的意蕴》,《教育学术月刊》2016年第11期。

（二）技术策略类班主任著作涌现

班主任工作理论的涌现及其作用的发挥还有赖于特定的环境、条件与氛围。为了追求刊物、书籍的发行量，少数刊物和出版社迎合一些班主任的阅读需求，出版了大量探讨方式、策略、技术手段类的书刊。这些"琳琅满目"的班主任工作著述的写作目的、写作思路，都体现了出版者、作者是在寻求班主任工作的"标准化"与"确定性"，寻求所谓科学的、带有普遍性的规律和法则。在寻求科学唯一性的一元化价值观取向支配下，班主任工作理论研究常常忽略了多元价值背景下真实、具体、丰富、情景化的班主任工作事实和问题研究。有关班主任工作的知识不是法律，也不是教条，它更多地属于现实性、具体化、情景式的知识形态，具有开放、民主、差异、冲突、对话、交流等特征。在这样的出版物的映照下，班主任都是"技术规范的实践者"，不关注甚至排斥班主任工作理论。

（三）逐渐明确理论研究的中国立场

班主任的设立是中国化的，对它的理论研究应关注特定的社会文化背景下的中国化内涵。班主任岗位的设立是国内中小学阶段班级授课制的产物，随着中小学班主任工作制的逐步成熟，班主任的职责范围、工作内容等岗位属性具备了中国化的特征，与别国的类似工作岗位有相同之处，更有着明显的区别。因此，真正对中小学班主任工作实践具有现实价值的理论研究，是从本国国情出发研究具体的班主任工作实践，并对一系列的班主任工作实践经验予以改造、总结和升华，从而"生长"出真正的原创性理论。

实践教育学着重回答的是教育"应当是什么"、"应当做什么"与"应当怎样做"的问题。这使得实践教育学与当代社会的意识形态紧密地联系在一起，直接阐述我国当下的教育价值观与教育规范。从实践教育学的这一理论视野关照中小学班主任的理论研究，就是要求中小学班主任有牢固的中国情结，进行基于中国立场、反映中国问题、汇聚中国经验、凸显中国风格的班主任工作理论研究。这与中小学班主任理论研究的应然要求是一致的。

第四章　21世纪中小学班主任制的改革

　　治理的核心是善治。学校的善治既包括教育发展理念的转变，也包括发展方式以及制度体系的变革，是学校推进现代学校治理改革过程中对其内部管理体系做出的重要调整。学校内部治理涉及多个主体，其善治主要体现在构建学校与学生、教师与学生、管理干部与学生的新型关系，实现各利益相关者通过沟通、交流、合作建立相互信任、彼此依赖、积极合作的新治理体系，最终形成全员、全程、全方位的共同育人的新模式。自班级授课制诞生以来，班级成为学校教育的基本单位，并在学校教育中发挥着不可替代的重要作用。作为班级教育的首席教师，班主任自然承担了班级核心领导者的角色，其重要性是不言而喻的。班主任的工作成效直接关系到学校的德育效果和学生的发展前景。一支优秀的班主任队伍直接影响学校的教育质量和办学水平。自1952年确立以来，中小学班主任制为我国教育事业发展做出了重要贡献。班主任管理与培养制度创新是提高班主任工作效能，促进班主任专业发展的重要途径。近年来，随着我国基础教育改革不断深入推进，我国现行的班主任制的局限性也日益显现，改革势在必行。

第一节　班主任管理制度改革进展

　　中小学班主任制自1952年正式确立以来，已经走过了70多年的发展历程。然而，随着时代的发展、教育教学改革的不断深入，班主任制也暴露出越来越多的弊端，如管理主义、教育分离、权力导向和机械规训等，需要进行变革。近年来，一些地区和学校通过出台各种激励措施，如增加班主任津贴、评优评先倾斜等，探索激活班主任工作动能的策略。然而，改革效果并不乐观，班主任工作时间长、任务重、压力大，教师担任班主任的意愿低、专业发展水平不高等问题仍普遍存在。班主任管理制度改革创新是完善班主任管理工作机制，提高班主任管理效能，促进班主任专业发展的重要途径。进入21世纪，一些地区通过班主任管理与培养制度改革创新，促进班主任专业成长，在实践中取得了明显的成效，现将主要的班主任管理制度改革进展列示如下。

一 班主任持证上岗制

2006年，教育部出台《教育部关于进一步加强中小学班主任工作的意见》，要求教师必须参加岗位培训，成绩合格，方能当班主任，将班主任全员培训纳入教师培训的范畴。在此基础上，各地逐渐推出了班主任持证上岗制度。所谓"班主任持证上岗制"，是指根据教育部有关班主任全员培训的文件精神，要求凡担任中小学班主任的教师，在上岗前或上岗后半年内均需接受县级及以上教育行政部门认可的不少于30~35学时的班主任工作专题培训，成绩考核合格，颁发"中小学班主任上岗培训合格证书"，以持证上岗。

天津市2007年9月就建立了中小学班主任岗位培训制度。要求凡新担任中小学班主任的教师，在上岗前需接受34学时的专题培训，考核合格，颁发"天津市中小学班主任岗前专题培训结业证书"。从2009年开始，经过岗前培训正式上岗的班主任，还要继续接受每5年一周期的在岗培训，在岗培训每周期不少于50学时。其中，参加校本培训20学时，参加区（县）级教育行政部门组织的培训30学时。

武汉市2007年全面实施了《武汉市实施加强中小学班主任队伍建设工程方案》，探索并实施了"多层培训、资格准入、民主聘任、综合考评、合约管理"的班主任持证上岗模式，并由试点区渐进推进。[①] 河南省、青海省西宁市自2007年起，海南省自2008年起，都陆续实施了中小学班主任岗位培训制度，并逐步推行中小学班主任持证上岗制度。2008年，成华区双林小学就开始实施班主任准入制。

2015年，成都市教育局在成华区和温江区试点"班主任准入制"的基

[①] 王一凡：《中小学班主任持证上岗制的实践与反思》，《湖北教育（教育教学）》2011年第7期。

础上，进一步完善班主任准入标准，实行中小学班主任持"成都市学校心理辅导员证"上岗，以达到"挑选优秀教师当班主任，帮助班主任成长为优秀教师"的目的。担任班主任的教师必须经过"成都市学校心理辅导员"C类或以上（含A类、B类）培训，并取得资格证书，才能持证上岗。

2018年，浙江省宁波市印发的《中共宁波市委教育工委市教育局关于印发加强中小学班主任队伍建设的实施意见（试行）的通知》提出，建立班主任准入制度和选聘制度，建立健全中小学班主任任职资格标准。初任班主任一般应参加不少于48学时的班主任岗前培训，具备2年以上教育教学工作经历和担任副班主任（见习班主任、助理班主任）至少1年；初任班主任要求任职2年内取得浙江省中小学心理健康教育教师上岗资格证书（C级及以上）。要求学校要制定班主任选聘办法，鼓励思想素质好、业务水平高、奉献精神强的优秀教师担任班主任，由校长聘任。新上岗教师，应安排担任副班主任（见习班主任、助理班主任），并选派有经验的优秀班主任担任他们的指导教师。学校对教师职称评审、晋升高一级岗位，可以有一定班主任任职年限的要求。对无正当理由不服从学校统一选聘不担任班主任的教师，学校可以在当年度不优先考虑考核优秀、综合类先进、晋升职称和岗位。

2022年，浙江省宁波市奉化区教育局出台的《关于进一步加强全区中小学班主任队伍建设的实施意见（试行）》提出建立班主任准入制度。班主任应由取得教师资格、思想道德素质好、业务水平高、身心健康、乐于奉献的教师担任。初任班主任一般应满足以下三项条件：一般应不少于48学时的班主任岗前培训，岗前培训内容应包含班级建设能力、学生发展指导能力、家庭教育指导能力、心理健康教育能力、网络媒介育人能力等；一般应具备2年以上教育教学工作经历和至少1年担任副班主任（见习班主任、助理班主任）的经历；任班主任后的2年内应取得浙江省中小学心理健康教育教师上岗资格证书（C级及以上）。同时，规范班主任选聘机制。要求学校制定符合实际的班主任选聘办法，规范选聘对象、条件、程序。鼓励思想素质好、业务水平高、奉献精神强的优秀教师担任班主任，由校长聘任。班主任聘任与"区管校聘"工作有机整合，对无正当理由不服从学校统一选聘班主任工作的，学校可以直接列为落聘对象，学校不宜给予该教师当年度考核优秀、综合类先进、职称或岗位晋升。

2023年，浙江省温州市印发的《关于深化新时代中小学班主任队伍建设的实施意见》提出，要建立班主任准入制度和选聘机制。班主任原则上具有1年及以上见习班主任工作经历，由思想道德素质好、业务水平高、身心健康、乐于奉献、尊重学生的教师担任。首次担任班主任的教师要参加教育行政主管部门组织的专业培训，经考核合格，持证上岗。健全班主任选聘机制。新从事教育工作的教师必须担任1年及以上见习班主任，并作为试用期考核的必备条件和重要内容。中小学班主任由学校聘任，一年一聘。

班主任持证上岗制是班主任专业化发展的必然结果。首先，该制度旨在通过建立班主任专业化培训课程体系，实施全员培训、系统培训，全面提高班主任的履职能力。其次，制定班主任资格认证体系，实行班主任资格准入制度。通过对教师进行班主任工作的实践和理论考核，授予班主任任职资格，颁发班主任资格证书。这种班主任资格证制度有助于从班主任队伍的入口端提升班主任从业者的质量，进而提升班主任工作的专业性，从而提高班主任队伍从业者的整体素质和社会地位，增强其职业自豪感，改变"班主任人人可为"的刻板印象。

然而，目前社会对班主任工作的认可度并不高，加之班主任待遇低、学校师资短缺以及有效的班主任工作考核评价机制缺失等问题存在，多数教师不愿从事班主任工作，一些地方甚至出现了无人愿意当班主任的现象，再加上一般教师习惯了学校随意性较大的用人方式，一些教师不能用正常平和的心态来面对学校关于班主任持证上岗制度的改革，不能消解因推行班主任持证上岗制而产生的误解和矛盾。在这种情况下，推行有许多附加条件的班主任持证上岗制度，往往是强化了班主任岗位，弱化了全员育人的氛围，使这一制度"叫好不叫座"。

二 班主任职级制

长期以来，班主任只能按自己所教学科的专业系列晋升职务，班主任工作仅作为专业职务晋升的辅助材料或者是必要但不充分条件。班主任工作没有得到专业化的认定和激励，以至于大部分班主任将更多的精力投放到学科教研而非班主任工作本身，班主任的科研能力和专业化水平难以让人满意。

所谓"班主任职级制"，是指通过对班主任进行实践和理论水平的考核,以评定职级的方式对中小学班主任实施职级资格评定,进行培养和管理的制度。班主任的职级,主要是根据班主任的工作年限、班主任理论与实践的考核情况来评定的。一般分为几级几档,每个档次都规定任职的基本条件和工作完成情况等要求,并与班主任绩效工资挂钩。达到要求者,可以申请晋升高一档次或级别。

北京市崇文区（现东城区）从2005年起将班主任专业化职级分为见习、初级、中级、高级和特级五个层次。

江西省广丰县从2008年起实行班主任职级评定制。中小学班主任职级分为特级、高级、中级、初级和见习五个职级。被评为中级、高级、特级的班主任在原津贴标准基础上每月另发20元、80元、120元作为特殊津贴。在班主任工作中,如出现严重失误、造成恶劣社会影响,因工作疏忽导致本班出现重大安全事故或有乱收费、乱补课、体罚学生等严重违规行为的,取消班主任职级资格及待遇,三年内不得聘为班主任,且重新申报班主任职级时不再计算以前的任职年限。

太原市从2010年起全面实行班主任职级认定制。班主任职级分为初级、中级、高级三个级别,每个级别又从低到高分为二档和一档,共三级六档。按市教育局规定,具备基本条件、具有初级职称、班主任任期1~3年（含3年）的,可申请认定初级二档班主任;在此基础上,班主任任期3~6年（含6年）的,可申请认定初级一档班主任;已具备高级二档资格、班主任任期达15年以上并获得过省级以上荣誉的,可申请认定高级一档班主任。在学生家访、学生德育、行为习惯养成教育、心理健康教育、解决疑难问题等方面,对不同级别的班主任分别提出了不同要求。对申请高级班主任的教师,还要求具有较高的班主任科研能力,在市级以上刊物和学术会议上发表、交流过学术论文或出版过专著;能承担班主任培训的授课任务;能发挥引领示范作用,培养指导效果显著。班主任工作表现突出,成绩显著者可破格晋升职级。

2008年,成都市成华区根据班主任任职年限、班级管理建设能力以及德育科研水平等,将班主任职级分为初级、中级、高级三个层级。不同职级的班主任享受不同津贴。担任班主任后要进行考核,考核结果分优、良、合格和不合格4个等级。考核优秀可破格申报班主任职级,连续两年班级考核末位的班主任则被淘汰。因不认真履职造成重大失误或有严重师德问题者必须退出班主任岗位，三年内不能评优选模和晋升职务。成华区双林小学在探索形成"资格准入、梯度培养、职级管理、优胜劣汰、三级教研"班主任专业化建设模式后，又建立了"见习—初级—中级—高级—特级"五个层级的班主任职级制。

实行班主任职级制，首先，顺应了班主任专业化发展的潮流。班主任职级制的评定是促进班主任专业化发展的产物，能使我们从新的视角审视和关注班主任队伍的建设和专业发展问题。对调动班主任改进自身工作、加速专业成长的积极性和主动性具有重要的促进作用。

其次，职级制能有效地形成和激活班主任自我更新机制，能在一定程度上消除班主任的职业倦怠。自我更新机制是班主任专业发展最有力的保障。如今班主任成了大家争相"谦让"的角色，即便就任，也往往心存无奈。不求有功，但求无过，草草打发任期，是部分班主任的职业心态。一些班主任的全部工作，几乎就限定在使学生获得好成绩、猜题押宝、奖优罚劣等方面，不能真正落实在建设优良班集体，促进班级学生素质整体提高的根本的班主任教育目标上。以上种种"怪圈"，透视出来的是不少班主任缺乏专业成长的主观愿望和实践追求。班主任职级评定会使班主任把自己的工作和自身的专业发展作为反思的对象，着力于体验与提高。拾级而上的职级会给班主任提供专业信誉的保障和实现自身价值的满足感，会激发班主任产生自我专业发展意识和专业化追求。

最后，班主任职级制，可以通过职级落实班主任的工作待遇，能在一定程度上提高班主任的津贴标准水平；同时，班主任的职级与工作绩效挂钩，可以拉开分配的档次，打破班主任工作"干好干坏一个样"的工作绩效分配的"大锅饭"，从而真正对班主任的专业发展起到激励作用。

总而言之，班主任职级评定结果应发挥以下作用：首先，发挥激励作用，激励班主任珍惜专业信誉，强化专业追求，获得专业成长和发展；其次，发挥甄别作用，甄别班主任的发展潜质，遴选可造之才进行培养，甄别班主任的工作成效，加强班主任队伍建设；最后，发挥杠杆作用，打破"大锅饭"，拉开分配档次，高质高级、高职高酬、优职优酬，以激发班主任不断追求自身专业发展的内驱力。

通过总结各地实施班主任职级制的有益经验，实施职级评定制要取得理想的效果需要遵循以下几个原则。

一是评定职级的目的在于引导和促进,而非鉴别。职级评定的主要目的不是鉴别出班主任的优劣,评出工作质量的高低,而是重在引导和促进,引导班主任自觉地、不断致力于专业素质的提高和可持续性发展。二是评定指标要突出素质和实绩,而非资历。三是评定过程要凸显民主和公正,而非"指令"。四是评定结果必须发挥促进和示范作用。如果仅是为评而评或是视评定结果为荣誉和摆设,则达不到职级评定的目的。[①]

三 班主任带头人制

所谓"班主任带头人制",是指为了提高班主任的学术地位和社会地位,将班主任纳入区域学科带头人评审系列的选拔之中。班主任带头人是在一定范围内具有教育引领能力的研究型优秀班主任,处于专业化发展的后期。其主要特点是:具有独特的教育风格和人格魅力,德育创新实践能力,发现与解决新问题的研究能力,乐于并善于发挥教育引领、示范以及辐射作用的领导力。

2007年4月,上海市教育委员会颁布了《上海市教育委员会关于进一步加强上海市中小学班主任队伍建设的若干意见》(沪教委德〔2007〕17号),决定在上海市设立"班主任带头人"荣誉称号,将班主任纳入学科带头人评审系列,工作业绩突出的优秀班主任可破格晋升高一级职称。上海市徐汇区将班主任带头人的培养分成两个阶段。第一阶段,是班主任带头人后备人选的培养。参照班主任带头人的专业标准和发展需求对班主任带头人后备人选进行培训,引导他们向班主任带头人的方向发展,以避免选拔的随意性和行政性。第二阶段,是班主任带头人的培养。班主任带头人评选出来后,根据带头人的岗位要求和发展特点,在促进班主任带头人个人学术特色形成和完善的同时,重点对班主任带头人的教育引领、示范、辐射能力和作用的发挥进行培养。

徐汇区探索了五条主要的班主任带头人培养路径:一是教育引领下的理论学习与交流;二是实践智慧显性化的特色提炼与分享;三是团队合作下的问题研讨与解决;四是任务驱动下的自我规划和研究;五是以校为本,辐射区域的建团带教。

---

① 潘健:《实施职级评定制:班主任队伍建设的新思路》,《班主任》2004年第4期。

班主任带头人是培养与使用相结合的。在实践中，还要建立班主任带头人作用发挥机制：一是创建区域培训平台，组织班主任带头人做培训讲座，引领班主任队伍专业提升；二是创建展示交流平台，组织各级各类区域班主任带头人开展交流展示活动，为其他班主任传授优秀工作经验；三是创建校本特色平台，由班主任带头人组织班主任工作室、班主任工作坊、班主任工作咨询室、学生问题研究室等以开展班主任校本培训，引领本校班主任队伍整体专业发展。

班主任带头人不仅是一种个人荣誉称号，也是一种专业称号，既有先进性，又有专业性，还必须承担岗位职责，发挥教育引领、辐射作用，带动、帮助其他班主任专业成长，助推区域班主任队伍整体专业化水平的提升。否则，班主任带头人会沦为摆设，变为荣誉头衔，评的时候热热闹闹，评完后，就束之高阁，少有人问津，达不到制度设立的预期目的。

四　首席班主任制

所谓"首席班主任制"，是指为了提高骨干班主任的地位，加大其在学校德育活动中的决策权而推行的一项班主任管理制度。从2007年开始，湖北省兴山一中先后制定了《兴山一中首席班主任的任职条件》《兴山一中首席班主任评选及管理办法》，这些规定确定了首席班主任的任职资格及评选程序，要求获得这一称号的班主任不仅是工作的典范、岗位的标兵，而且要成为学校德育智囊团的骨干，参与研究学校德育工作的发展方向，共同为学校德育工作把脉和决策，还要承担辅导年轻班主任的任务。2008年10月10日，湖北省兴山一中首届"首席班主任"经广泛民主推选正式出炉。甘发扬、李明卫等8名优秀班主任被授予"兴山一中首席班主任"称号。学校隆重集会，为他们颁发委任证书。[①] 首席班主任制是加强班主任队伍建设、创新班主任管理制度、引领班主任专业化成长的有益尝试，可带动班主任队伍整体素质的提升，促进学校德育工作持续发展。首席班主任制的关键点是创设首席班主任发挥其作用和职能的环境，真正发挥首席班主任在学校德育决策专业方面的首席作用，而不能仅将其当作荣誉和"摆设"。

---

① 董长茂：《湖北兴山一中推行首席班主任制》，《中小学教师培训》2008年第12期。

五　班主任带教制

所谓"班主任带教制",是指为了加快新任班主任的成长速度、优化班主任队伍的整体素质、加大班主任校本培训力度、提升班主任工作质量而制定的类似于传统教师的师徒结对活动的规定。班主任带教制要求,新毕业以及外校转岗而来的、教龄在5年以内并首次担任班主任的教师,必须"拜师"一名师德高尚、教育教学经验丰富的班主任,该班主任作为指导教师进行带教。经过带教合格者方能担任班主任。带教双方要签订书面合同并经学校确认,时间一般为一年。目前,班主任带教制在上海的一些学校普遍推行。该制度的基本内容如下。

1. 带教职责

指导教师和见习班主任要共同学习带教要求,制订带教工作计划并开展带教工作。指导教师负责见习班主任的指导、培训工作。担任指导教师的班主任要把班级管理的特色与方法传授给见习班主任,充分起到示范和传、帮、带的作用,并做好相应带教材料的记载工作。凡担任班主任的青年教师和见习教师要诚恳拜师,并在师傅的带教下尽快熟悉班主任工作,努力将所学的有关教育学、心理学的基本原理,运用到班主任工作中去。

2. 带教内容

指导教师要指导见习班主任经常深入班级、宿舍,了解学生的思想动态;熟悉学校各项规章制度,督促学生认真执行学校学生行为规范及寄宿制学校规章制度,养成良好的行为习惯。指导教师要指导见习班主任初步学会做学生工作,包括与学生谈话、培养班级干部、协助班团开展活动、开家长会及主题班会、处理偶发事件等。

3. 带教方式

带教方式主要是现场示范和传、帮、带,如上海进才中学要求师傅为徒弟示范性地举行一次家长会、主题班会、班委会等。徒弟在师傅的指导下,独立举行家长会、主题班会、班委会一次,师傅要做点评。

4. 带教考核

带教工作每学期根据要求检查一次,合同期满时由学校组织考评。指导教师每月享受带教津贴。根据指导业绩,经考核达到带教工作要求的给予奖励,并颁发荣誉证书,在评职晋级或评优选模时予以优先考虑。对未达到带教要求的延长带教期限或更换结对教师。考核结果纳入教师个人业务档案。

班主任带教制,有利于加速年轻班主任专业成长,提高全校班主任的整体素质和德育工作质量。但是,师徒结对的人选搭配比较关键,如组合不好,会影响二人的合作水平,影响带教工作质量;另外,如果对本项工作的考核不科学、不严格,也容易让结对流于形式。

六 名班主任工作室制

所谓"名班主任工作室制",是指为了充分发挥骨干班主任的示范、辐射和引领作用,进一步推进班主任队伍的专业化发展,全面提升班主任队伍整体素质、提高工作水平,在一些地区设立的以"功勋"班主任或班主任带头人名字命名的、吸引广大优秀中小学班主任加入而组建的班主任成长基地,是区域中小学优秀班主任合作、交流、互动的工作平台,如"功勋班主任工作室"、"班主任带头人工作室"或"名班主任工作室"。

2008年教师节,武汉市教育局授予桂贤娣等10名班主任武汉市中小学首届"功勋班主任"称号,以他们姓名命名的10个工作室也随之成立。10个功勋班主任作为工作室负责人,每人和10所学校各一名班主任进行师徒结对,开展专题指导、互动交流等活动。市教育局将为每个工作室投入2万元运行经费,并进行2年一次的综合考核。考核不合格,将取消工作室负责人资格,成员将调整出功勋班主任工作室。同时,按有关程序吸纳符合条件、有发展潜质的新成员加入工作室。市教育局对工作室形成的优秀成果将予以推广。①

2010年,上海市教委批准成立了首批8个由优秀班主任带头人领衔的"上海市中小学班主任带头人工作室",并面向全市中小学校招收学员(在职班主任教师)。每个工作室招收学员10人左右,开展培训活动,培训时间为2011年1月至2012年12月。一般每月安排3个半天,采取工作日和双休日相结合的方式。培养目标、培训模式与内容由各工作室自主安排,

---

① 《武汉市中小学"功勋"班主任工作室管理办法》,http://www.whjy.net/ggzl/101005.shtml,最后访问日期:2012年4月6日。

学员培训结束，经工作室考核合格由上海教育行政学院颁发结业证书。[①]

组建班主任工作室，旨在发挥名班主任品牌效应，整合优势资源，积极探索新时期班主任工作策略和育人方法，打造优秀班主任团队，促进优秀班主任自我提升和班主任专业化发展，推动形成一套系统化、可复制的班主任工作经验。

建立完善的考核机制对班主任工作室作用发挥比较关键，因为班主任本身事务繁忙，工作室的班主任又来自不同的学校，是各校的业务骨干，能集中面对面地在一起学习和交流，并不是一件容易的事，需要各学校的配合和相互间的协调，诸如统一安排课表等，否则，这一工作将难以开展，研修计划难以落实，工作室会流于形式。

第二节 班主任工作制度改革进展

近年来，随着我国基础教育改革的不断深入推进，中小学办学体制、课程、教学模式、考试评价制度都已经发生了很大的变革。特别是随着现代民主管理理念逐步深入民心，我国现行的班主任负责制的班级管理体制的局限性也日益显现。

第一，班主任负责制容易导致教师集体教书与育人职能分离，降低学校教育效能。中小学生发展的特点之一是智力因素与非智力因素交互影响、协调发展，不能截然分开。而我国长期以来实行的班主任负责制，事实上导致了"任课教师负责教书""班主任负责德育"，造成了学校教学和德育工作"两张皮"的局面。科任教师通常不参与班级管理，只承担教学任务。如何在教师和学生之间建立"导学"关系，形成"教师人人是导师，学生个个受关爱"的局面，已成为提高学校教育教学质量的重要课题。

第二，班主任负责制下班主任容易成为学生管理的"独行者"，加大了班主任的工作压力。班主任负责制形成了"学生有问题找班主任"的惯性思维，科任教师由于并没有建设班集体的"角色意识"，在学生管理上过于依赖班主任，班主任成了班级工作的唯一责任人，承载了过重的工作负担

[①] 《上海市教育委员会关于开展上海市中小学班主任带头人工作室学员招收及培训工作的通知》，http://www.110.com/fagui/law_372696.html，2012年4月6日。

和心理压力。

第三，班主任负责制造成了班主任管理科任教师权限的缺乏，科任教师教学各行其是，造成班级课程教学之间难以有效整合，削弱了整体教学效果。班主任负责制下，科任教师仅负责特定课程教学，对学生的了解有一定的局限性，由于缺乏教师之间的交流平台，科任教师无法对学生个体进行全面诊断，无法对学生个体给予全面指导和个性化指导。科任教师与班主任只是松散的合作关系，极大地限制了班级所有教师的集体智慧和群体作用的发挥。

在学校教育面临全面改革的背景下，班主任制改革也势在必行。各地在班主任工作实践中，积极开展班主任制改革创新探索，取得了明显的成效，现将其主要的改革进展列示如下。

一　全员班主任制

所谓"全员班主任制"，是指为了解决班主任负担过重的问题，每班安排一名有班主任工作经验的教师任中心班主任，负责该班的总体管理工作，其他科任教师则任副班主任，各自负责管理学生某一方面工作的班级管理模式。[1] 全员班主任制是实行全员德育，实现三全育人的有效尝试。

首先，有利于教师传道、授业、解惑的合一。长期以来，每班只设一名班主任，既传道，又授业、解惑，科任教师则"专"上文化课，只授业、解惑，不传道，无形中弱化了教师的育人功能，加重了班主任的德育负担。实行全员班主任制，把学生的管理和教育工作按项目划分给每一位科任教师，促其既授业、解惑又传道，班级德育由单人实施变为群体共进，势必让每个学生得到教师更多关注，为实现"全员、全方位、全过程育人"创造条件。其次，有利于提高德育成效。全体教职工都在不同岗位上担负起育人责任，可以将德育工作做得更细致深入，提高班级教育和管理的科学性。最后，有利于培养锻炼班主任候选人。

1992年下半年，山东省招远市亲家河乡初中在全校范围内实施全员班主任制。具体做法是：每班安排一名具有班主任工作经验的骨干教师任中心班主任，负责该班的总体管理工作，其他科任教师则根据每个人的工作

---

[1]　汪丞：《班主任制的最新进展》，《上海教育科研》2012年第9期。

特点和班级等情况编排到相应班级任副班主任。按《中学德育大纲》《中学生日常行为规范》的要求，把班级学生的学习、班风、卫生管理、绿化、两操一课、休息、劳动、爱护公物等方面划分开分别由各副班主任负责，建立责任制，实行目标管理。该制度的实施收到了明显的效果，表现出了较强的德育优势。

此外，重庆双碑中学及沙坝区所有学校、浙江富春中学、富阳一中、深圳一中、台州路桥区第三中学等都在推行"全员班主任制"。有的设立"常务班主任"和"助理班主任"，有的设立"核心班主任"和"责任班主任"，等等。福建五虎山学校采取的"班级承包制"，以班主任为核心，由班主任和任课教师组成一个责权利共同体，全面负责班级学生的一切日常教育管理工作，分工合作。

实施全员班主任制，需要处理好以下几个问题。首先，在全员班主任制的环境下，各班主任之间意见达成一致非常关键。否则，会因各自的教育习惯、教育方法的差异而造成学生认知的混乱，难以形成班级教育合力，降低班级教育效能。其次，班主任间的权责明确界定也很重要。否则，易造成权责混乱。如果在执行过程中学校未讲明权责或中心班主任威信太高，而其他班主任带着学习跟班的态度，都可能造成某一位班主任包揽所有事务，而其他班主任有名无实或者争功诿过等局面。再次，要制定互相关联的考核激励机制。这是"全员班主任制"取得成效的关键。各班主任之间的工作绩效要彼此关联，平时进行量化评价。年终评比时，按平时成绩算入考核。最后，要注意发挥学生自主管理的积极性。否则，会由于班主任课间过于频繁的管理，降低学生自我管理的积极性。

二 专职班主任制

所谓"专职班主任制"，是指学校委派教师专职从事班级管理与教育工作，全职充当班主任角色。其具体职责是：维护班级课堂纪律，及时了解学生学习生活情况；做好学生思想教育工作，及时与家长沟通，向学校主管科室汇报学情，处理班级突发事件；等等。

实施专职班主任制，首先，有利于学校提升教育服务质量。由于全面贴近学生学习与生活，专职班主任能感受学生的喜怒哀乐，了解学生关注的热点问题，及时为学生释疑解惑，为提高学校教育质量奠定基础。其次，有利于教师自身素质的提高。专职班主任专事班级学生教育与管理工作，可以使学校教师教学与管理相对分开，容易促进班主任专业化成长，促进班主任专业能力的提升。专职班主任制主要是在中职学校和大学实施。

湖北省黄冈艺术学校较早实施这一制度，其具体做法如下。第一，班主任全程跟班，专职领学。专职班主任在跟班听课过程中，随时监督和掌握学生学习情况，并实施量化管理，作为班主任工作的依据。第二，全程管理、定点办公。班主任与学生同吃同住，及时了解、关心每位学生的学习和生活情况，了解其思想状况，实行"全天候、快节奏、严管理、重过程"的工作方针，坚持"八小时工作制，二十四小时负责制"的要求。第三，全面计划、整体协调全班学生学习、生活、课外活动，并与学生共同制订个体发展计划，以学生为主，并及时通知学生家长。

专职班主任制也面临着一些问题。首先，专职班主任需要管理的班级较多，往往是一名教师担任一个年级多个班或几个年级的班主任，面对1~200多名学生。工作负荷量重，责任很大，工作中难免顾此失彼。其次，专职班主任选拔标准较高。既不能是"保姆型"，也不能是专门维持纪律的"警察"式管理人员。专职班主任应具有以学生发展为本的核心教育理念；敬岗乐业、关爱学生的专业精神；以身作则，为人师表的专业道德；渊博的教育学、心理学、管理学等专业知识和较强的专业能力。而具备这些素质的人更愿意往专业上发展而非承担班主任工作。最后，对专职班主任的考核标准未量化，评价体系不够健全。专职班主任由于工作繁杂、压力大且职务上难以提升，易滋生职业倦怠感。

三 无班主任制

所谓"无班主任制"，是指各班不再设班主任一职，而是在学生自主管理的基础上，由年级辅导员教师或者班级导师组进行指导和宏观管理，以实现学生自我发展的班级管理模式。该制用"班级导师组制"来取代传统的班主任制，旨在培养学生的"主体意识和主体能力"。班级所有活动由导师组和学生共同计划，学生自主完成。教师由"管理者"变为"指导者"，教师以导师身份走进学生的情感世界，促进学生主体意识的觉醒，实现自主学习、自主管理和自我发展。这种改革尝试一经媒体传播，便引起社会广泛关注。

中小学班主任制的发展变迁

1. 辅导员制

上海市闵行中学自1999年9月起,在新的高一年级中进行"学生民主管理模式"的改革实验,取消班主任制,试行年级组辅导员制,全年级10个班共500名学生,设四位辅导员老师,其中,一位任年级组长,总管全年级事务,其他三位分别担任学习、生活和品德的辅导员。

在管理上,采用全年级辅导员条线管理的办法,取代传统的班主任包班制,使辅导员由事务型向研究型转变,主要研究影响学生的认知发展心理和道德发展心理,研究新时期影响学生身心发展的相关因素,研究学生民主管理中出现的各种问题。他们边学习、边研究、边解决日常碰到的各种问题,辅导员既需做好自己条线上的工作,又要兼管班级的具体指导,如此条、块结合,打破了班级的界限,班级之间既有竞争又有合作,有利于班干部队伍的培养。

实行全年级辅导员条线管理制,辅导员定位于指导者、辅导者、参谋者、咨询者的角色,分工指导学生自主管理委员会、心理健康教育或负责班刊、级刊、家校信息沟通等工作。担任辅导员的教师各有分工,有的负责学生自主管理委员会的指导与管理,有的负责学生的心理健康教育,有的负责家长委员会、社区教育工作的协调,有的负责学生学业指导,有的负责学生社团、学生志愿者服务队、班刊、级刊、家校信息沟通等方面的工作,有的负责艺术节、体育节、科技节、宣传活动等工作,有的负责团支部、党校、邓小平理论学习等方面的工作。[①] 辅导员对于学生日常问题的解决不是简单就事论事,而是采取多渠道的沟通方式,如个别谈话、家访、座谈、成长档案等,以此来了解学生的思想状况,通过解决问题找出共性问题。在广泛了解情况的基础上,辅导员共同探讨解决问题的方案。在解决重大问题和共性问题方面,全年级工作步调一致。

与此相对应,学生则通过全年级"学生代表大会"选出两级学生自主管理委员会成员,各班成立执行班委会,由竞选成功的执行"班主任"主持班级管理工作。各班有30%的学生担任干部,任期为一年。

实践证明,在这样的管理体制下,全校教师的教育观念有了很大的转

[①] 范国睿、英政、汪一欣:《在自主自律中主动发展——上海市闵行中学学生民主管理实践与研究的阶段性报告》,《华东师范大学学报》(教育科学版)2001年第2期。

变，不仅以学生发展为本的思想已深入人心，而且已基本形成人人都是德育工作者的氛围。同时，一支年轻的青年辅导员队伍正在形成。

2004年5月，吉林省长春一汽一中在"人人有官做，事事有人管"活动开展一年多之后，在初二年级的18个班也实施"无班主任管理"制。消息传出，犹如扔出了一枚重磅炸弹，顿时激起各种评论之声。据报道，该校在取消班主任后，增设了4位年级辅导员老师，其中1位任组长，总管全年级事务，其他3位分别担任学习、生活和品德教育辅导员。同时通过全年级学生代表大会选举出若干名"学生管理委员会"成员配合工作。各班则成立执行班委会，由竞选成功的执行班主任主持班级大局。长春一汽一中由4位辅导员教师负责全年级的学生管理工作，具体做法与闵行中学大体相同。

2. 辅导员+导师制

2003年，为了全面推进高中课程改革，深圳中学在高一年级打破班级界限，取消班级建制，同时每个班级不再设立班主任岗位，代之以"导师+辅导员"制，同时配套实施单元制和走课制。全年级20个班级被分成7个单元。每个单元配有6名导师（一名导师负责25名学生）和2名辅导员（负责对全体学生进行全面管理）。[①] 早在1985年，深圳中学就取消"班主任负责制"，代之以"年级领导小组制"，具体做法为：第一，各班不再设置班主任岗位，由6个班的教师代表和学生干部代表组成年级领导小组，领导全年级学生教育工作；第二，成立团总支委员会和学生会分会，定期讨论、研究本年级重大问题、重要活动，并密切联系和指导各班团支部、班委会工作；第三，各班班委会和团支部，全面负责本班的学生工作；第四，教师实行"值星制"，每周由2位"值星"教师协助、检查学生干部工作；教师轮流"值星"，形成人人关心学生的氛围，管教管导，与学生建立起新的师生关系。导师负责学生的生涯规划、选课指导和心理指导。导师每周与学生举行一次"导师活动日"。2023年6月，浙江多地官宣取消班主任制，实行导师制。每个班级不设班主任，设3位导师分别管理班级教学、德育和生活。首席导师由能力强、经验丰富的教师担任；副导师由任课教

[①] 何涛：《今秋读高中好似上大学 不再设班主任 没有固定教室 学生自选导师 还增设选修课》，《青年探索》2004年第2期。

师担任，一般为青年教师。其目的是让每个教师都参与德育，让每个学生都得到关注，给班主任减负。

实行无班主任制度，应处理好以下几个问题。首先，以4位年级辅导员取代了原有的18名班主任，教师的精力能否应对得过来，若难以应对应怎么调节。其次，需要在如何发挥教师的主导作用和学生的主动性之间找到平衡。再次，学生自主管理习惯的培养与形成是推行这一制度的重要基础，而这需要较长时间。最后，推行这一制度，还需要社会整体的教育行动，需要一个良好的教育内外环境。

3. 班级顾问制

传统的班主任制由于存在重视教师的主导作用，忽视学生主体作用的倾向，影响学生主动发展，压抑了学生的个性，影响了学生创造性、积极性的发挥，不利于其责任心、义务感的培养，也影响了学生独立思考能力、组织管理能力、与他人交往能力的发展，影响了教育活动的实际效果，不利于学生自我意识、民主意识的培养和个性的发展。基于上述认识，为了给学生创造一个生动活泼、主动发展的环境，北京崇文区（现东城区）前门小学于1999年提出了班级顾问制，全面取消班主任教育角色。

所谓"班级顾问制"，是指一种教师为学生出谋划策、为学生服务、协助学生进行自我管理的辅导管理方式。从班主任到班级顾问要实现三个转向：一是教师由前台组织指挥转向后台"教、扶、放"；二是教师由直接发号施令转向间接辅导、策划和服务；三是由一切活动教师说了算转向学生讨论了去办。

班级顾问制有以下三个基本特征。

其一，主体性。班级顾问制突出了学生的主体地位，使学生处于一种积极接受的状态，以实现学生道德观念社会化的转化。

其二，民主性。班级顾问是班级活动的顾问、辅导员，负责间接策划和为学生服务。对于学生的活动，班级顾问只是通过提建议的方式，提出自己的意见和方案，在方法和途径上则让学生自己做主。在计划决策中，让学生充分展示才华。

其三，全体性。班级管理人人参与，让每个学生都有锻炼的机会，都在各自的基础上得到发展，一切为了学生的全面发展。

在原来班主任工作原则的基础上，实施班级顾问制，应该遵循以下五项原则。

第一，全员参与原则。在学校实施班级顾问制的过程中，依靠教师集体的智慧，开展研究实验，逐步推广，同时创设条件，让全体学生参与班级管理，充分发挥学生的主体作用。

第二，分层递进原则。在班级管理的过程中，设置了"教、扶、放"分层递进的教育原则。低年级，以教为主；中年级，以扶为主；高年级，以放为主，放中有扶、有导。

第三，平等互动原则。班级顾问制要求师生相互尊重，形成平等和谐的氛围，建立起新型的民主平等的师生关系。

第四，启发诱导原则。与班主任最大的不同是，班级顾问不发号施令，而是尽量让学生去想、去悟，体验当家做主的自豪感、责任感和自信，在干中增长才干，学会做事、做人、学习和交友。

第五，评价激励原则。[①] 通过持续开展考核评价，激发学生自我发展的内驱力。

4. 导师、咨询师和教育顾问制

为了深入推进学校课程改革，逐步形成"人人都是班主任"的教育网络，北京十一学校不再设置行政班和班主任，而是试行导师、咨询师和教育顾问制，每一位学科教师都承担教育责任。具体而言，就是在高一学段实施导师制过渡，导师的主要职责是对学生进行人生与职业引导、心理疏导和学业指导。年级任课教师都有担任导师的任务。待学生适应高中新环境后，从"导师"角色过渡到"咨询师"角色。"咨询师"的主要职责是根据学生的个性化需求，为学生提供一对一的咨询服务，帮助学生解决个性化的需要和困惑。

为了更好帮助"问题生"成长，学校设置了"教育顾问"岗位。教育顾问由学部聘任，一般由管理和教育学生非常有经验的教师担任。学科教师作为教学班班主任，从学科教学走向学科教育。学科教师就代替了"原行政班班主任"，对学生进行学科德育。这种学生管理制度，在一定程度上破解了"班主任制"下的班主任工作困局，有助于培养学生的自主、自理能力，促进学生个性发展。

---

① 《没有班主任班级设顾问——前门小学班级管理模式改革》，《北京教育》2000年第7期。

四　全员导师制

导师制起源于 14 世纪英国牛津大学。是目前全世界大学普遍采用的一种高层次人才的培养方式。它是导师对学生的学习、品德及生活等方面进行个别指导的一种教导制度。目前，我国主要是在研究生教育和培养中采用导师制，一些大学在本科生教育中也采用导师制。国外最早在中学实施导师制的国家是美国，最初是美国中学实行学分制后为了帮助高中生选课而实行了导师制。我国在中学借鉴大学导师制的研究和实践是从 20 世纪末开始的，是针对传统班级授课制下班主任制的缺陷和中学生的心理和学习发展特点而实施的一种有效的教学辅助管理制度。目前，这种尝试已在全国的许多重点中学展开。导师制的名字虽然一样，但实质并不相同。大体来看，主要有以下几类。

一是以"全面引导、崇实引导、及时引导、因才引导"为原则的导师制。比如江苏省南京一中在 1998 年就实行了导师制。但与其他学校不同的是，其导师并不是本校的任课教师，而是以南京大学博导为核心的学术导师团、以科研人员为核心的研究性学习导师团和学军学农学商等社会实践导师团。

二是为解决大班额的学生管理问题而设导师制。河南滑县白道口镇第二初级中学是一所农村初中。它是全县规模最大的寄宿制学校。该校有 24 个教学班，师生均住校。班级规模均在 80 人以上。该校于 2003 学年上学期开始实行导师制。具体要求是以班主任为核心，班级科任教师组成导师组负责整个班级建设，每个导师既面向全体学生，又对指定的若干学生的个性、人格发展和全面素质的提高负责。在不增加校舍和师资的情况下在大班教学中实行小班化管理。

三是以"关怀留守学生"为目的的导师制。山东省肥城市仪阳中学依据本校"留守学生"的人数和性格特点，把学生分别承包给科任教师，同时明确每一位承包教师的责任和义务，明确被承包的"留守学生"在综合素质评估中应达到的目标。同时，制定导师联席会议制度，要求所有导师每月召开一次会议，商讨共性问题，对个性问题提出解决的对策，然后对症下药。浙江省长兴中学本着道德教育和学习指导的目的，把科任教师任用为导师。一般是每名导师带 5~10 名学生，找固定的时间与学生谈心，及时了解学生的思想状况,在学习时间、学习方法等方面帮助学生制订计划,建立指导学生成长的档案袋,记录所带学生成长过程中的闪光点和不足,制定学生的学习改进和发展目标,定期与学生家长联系沟通,等等。

四是全员导师制。中学全员导师制是在导师制的基础上设计的一种学生管理体制,是指班级任课教师与学生通过双向选择结成对子(一名教师可以负责几名不同层次的学生)对学生的学业、生活、心理、人生规划全方面进行指导。

2012年,山东省胶南市泊里镇中心中学积极探索和实施全员育人导师制工作,努力做到"三全育人",力争让每一位教师成为学生的导师,让每一位学生的"人生前程有人指、求学途中有人带、生活困难有人帮、成长路上有人爱",有力地促进了教师专业成长、学生全面发展和学校教育质量的提升。[1] 从2013年2月起,安徽省重点示范高中合肥六中实施导师制,重点在高一级部32个班级中1800名学生试验。[2]

2015年,宁波四中取消了传统的班主任制,推行全员成长导师制。一班三导师,体现了教师"一岗双责"的使命。宁波四中的全员成长导师制已经成为宁波市乃至浙江省的德育管理品牌。在各年级建立学部,学部主任是负责人。学部主任下设4位首席导师,形成一个5人领导小组。4位首席导师分管行政、教学、德育和生活。每个班级学生人数为40人,配有3位导师,分管学生的教学、德育和生活。每一个班的学生分成3个小组,每个小组最多十三四个学生。为了统筹管理,还从每3个班级的9位导师中选择一位协调能力强、有经验的导师担任这3个班的首席导师,重点解决教学及生活疑难问题。

为了让各个导师之间的联结度更高,改革导师考核机制,变过去只对班主任个人进行考核为对整个导师团队进行考核,重点考核一个班级3位导师的团结协作、相互支持给班级带来的整体素养的提升情况。这种一荣俱荣、一损俱损的集体评价机制,使3位导师分工有序、协作共进。《人民日报》对这种导师制的评价是:"导师制"的最大特点,是彻底取消了原有的

---

[1] 尹言艇:《全员导师制育人策略初探——以胶南市泊里镇中心中学为例》,《基础教育研究》2012年第17期。
[2] 马剑:《高中生全员导师制实践与创新》,《合肥师范学院学报》2014年第4期。

行政班班主任，管理更加细化和深化，实则是人人都是班主任，实现了全员育人。

全员导师制是不同于班主任制的一种学生管理体制。从覆盖对象上讲，它是一种全生导师制，确保每个学生至少有一位老师关注他（她）。从参与教师的学科上讲，它是全科导师制，每个高考学科教师都参加导师制，确保学生能够选择自己感兴趣的导师做自己的学科导师。从时间跨度上讲，它是全程导师制，是从初一到初三、高一到高三的一贯制导师（中间个别学生可以调整导师）。从导师责任上讲，它是全方位导师制，导师不仅指导学生学习、生活、活动、心理、个性化发展、学科规划、目标规划等方面，还可以在生涯规划等方面给予学生帮助。从参与教师来看，所有任课教师都参与管理和指导学生。教师不仅是知识的传授者、纪律的管理者、思想的疏导者、活动的组织者、成就的评价者，还是帮助学生把握自我机会的引导者、安排各种教学活动的组织者、深入有效沟通的交流者、能力的培养者。相对于其他形式的导师制，全员导师制导师的角色内容更加丰富。[①]具体而言，要做好以下工作：①师生共同制定发展学生方案；②构建学生成长记录档案；③对学习小组文化进行管理；④辅助选课和研究性学习；⑤开展家校合作；⑥导师定期沟通，进行心理疏导和生活指导。

导师制一般实行师生双向互选制，其实施步骤如下。①导师选聘。根据教师的年龄、性别、任教学科、过往经历、擅长方面、兴趣爱好、教育理念、工作成果等因素进行分类和网上个人信息公示。每位导师上传照片和录制一个自我推介视频作为补充信息。②师生初步互选。学生选择1~2名导师。教师对学生进行笔试或面试，抑或二者皆进行。③师生多轮互选制。最终确定师生组合方式并予以公示。开学后一个月可以根据师生意愿进行"小范围调整"，之后师生关系正式确立。这种师生关系一般是三年一贯制，从而将"师生转化为师徒"。当然在学年中间有一次更换导师的机会。

导师制的产生主要是基于学生成长的需要，实施个性化教育的需要，创新教育的需要，融洽师生关系的需要，以及促进教师自主发展的需要。客观来看，取消班主任制度，实行全员成长导师制，有以下制度优势。

---

① 马剑：《高中生全员导师制实践与创新》，《合肥师范学院学报》2014年第4期。

1. 有利于减轻班主任的工作压力

班主任需要承担很多繁重的工作,除了教学任务之外,班主任需要管理班级、处理学生问题、与家长沟通、负责落实学校布置的各校工作、组建教师集体等。取消班主任制度可以减轻班主任的工作压力,让他们更加专注于教育教学工作品质的提升。

2. 有利于增强学生的自主管理能力

对学生而言,取消班主任制度可以让学生在班级管理方面拥有更大的自主权,让他们在班级管理中学会自我管理和协作,提高其领导力、自主管理能力和人际交往能力。

3. 有利于建立融洽的师生关系

实施全员成长导师制,教师定位于指导者而非管理者的角色,既能让每个孩子都受到教师的关爱,又能改善教师与学生的关系。实施全员成长导师制以后,教师和学生有时间和机会进行密切交流,可以营造融洽的师生关系,让学生更加信任教师,更容易在人格和学习上受到影响,并在导师的关爱中健康成长,从而调动教与学的双边积极性、主动性和创造性。

4. 有利于提高教师的教育教学能力

实行导师制,让教师既承担教书任务又承担育人任务,可以让教师更加专注于教育教学工作,提高教育教学专业能力,避免教育和教学两张皮现象。为了在导师的角色中体验成功,教师必须在学生的信赖中经常性地开展自我反思,更努力地完善自己,激发其专业发展的积极性、创造性,提高专业素养。

5. 有利于促进学校治理能力现代化

对学校而言,导师制营造了一个合作、开放、主动和互动式的教育教学环境,使更多教师参与德育,实施个性化教育,并促进师生、师师、生生、家校之间的积极教育互动合作,形成全员合作育人的校园文化氛围,拓宽了学校德育途径,使每一个孩子都能健康成长和全面发展,推动学校管理体制和管理模式的创新,促进学校管理的现代化,进一步巩固了学校的德育成效。

然而,实行导师制,虽然在一定程度上缓解了班主任的工作压力,但在实施过程中,也暴露出诸如学生多、导师相对少、师生开展活动的时间和地点受到一定限制等问题,还存在一定的风险和挑战,比如班级秩序混乱等。取消了班主任制度,并不意味着导师就轻松了,导师管理的学生虽然少了,学生也能够充分享受到导师的关怀,但导师需要花更多时间和精力去培养学生,因此,学校要健全导师评价与考核制度。同时,由于导师会承担更多的责任和面对更多的问题,这对教师的个人专业素质提出了较高要求,但并非人人都具备这些素养,对教师的培训显得就尤为重要。目前,国内的全员成长导师制多集中在教学辅导、德育教育方面和心理问题方面,对学生学习素养、生涯规划、能力发展的指导较少。因此,在取消班主任制度之前,需要充分评估风险和利弊,制定相应的管理措施,以确保学校的正常运转和学生的健康成长。

五 AB 班主任制

所谓"AB 班主任制",是指为了解决班主任工作负担过重的问题,根据教师年龄、性别、学科以及个性特征和管理风格,在一个班级中配备 A、B 两名班主任共同管理班级的管理模式。其中,A 班主任为核心班主任,B 班主任为副班主任。实践证明,A、B 班主任优化组合,首先,能提高班级教育的针对性和有效性。通过共同设计班级建设方案,使班主任的学科知识、性格、性别、特长与能力等在合作中优势互补,共同提高班级管理水平。其次,A、B 班主任适当分工,既可培养班主任后备力量,班主任也可以挤出更多的时间和精力开展学习、研究,加速专业成长。浙江省建德市严州中学在 2000 年开始了"AB 班主任制"的实践。其具体实施步骤如下。

第一,宣传发动:由学校大力宣传实施"AB 班主任制"的背景、目的、意义、要求,并公布实施方案等,鼓励广大教师积极参与班主任工作。

第二,双向选择:由教师本人向学校提出担任 A 或 B 班主任的申请,学校有关部门与教师双向选择;A、B 班主任之间也进行双向选择。

第三,学校考核:学校对申请担任 A、B 班主任的教师进行德、能、勤、绩等的全面考核;根据学校班级管理工作需要,确定 A、B 班主任候选人;学校公布拟任人选,征求各方意见后,确定 A、B 班主任。

第四,签订协议:学校与 A、B 班主任签订工作协议,具体明确 A、B 班主任的权利与义务关系。

第五,走马上任:A、B 班主任根据职责要求,分工管理班级工作。

第六,优胜劣汰:根据《班主任考核条例》的要求,期末对 A、B 班主任进行考核，评选优秀班主任并进行适当奖励。工作业绩突出的 B 班主任可转聘为 A 班主任，工作业绩平平的 A、B 班主任将暂时失去担任班主任的资格。

第七，总结完善：根据 A、B 班主任工作的实际需要，定期或不定期地进行 A、B 班主任的工作经验总结，提高班主任的管理水平。

2005 年，山东省高密市仁和镇在全镇小学高年级以上年级试行正副班主任制。其操作办法如下。

一是自愿申报，双向选择。每学年教职工聘任伊始，教师自愿申报担任正、副班主任工作，然后由学校依据个人水平和志愿聘任正班主任，正班主任按双向选择的原则选定本班的副班主任。为了避免"和尚多了没水吃"的现象，每班只设正、副班主任各一名，其余未被聘任为班主任的教师由个人自愿申报值勤教师岗位，在课余时间负责本班学生常规管理工作。

二是相互关联，同舟共"积"。学校把学生学习、生活、纪律等一日常规进行分解，由正、副班主任及值勤教师分工负责，事事有人管，并进行量化考核，每周一公布，期末汇总。在对正班主任的考核中，本人量化成绩占 2/3，副班主任的成绩占 1/3，在对副班主任的考核中，本人量化成绩占 2/3，正班主任的成绩占 1/3，然后按 15% 的比例计入教师本人绩效考核总成绩。考核结果与绩效成绩、绩效工资和校内职务挂钩。由于正、副班主任教师在考核中相互关联，所以双方必然在尽职尽责的同时，相互帮助，相互支持，从而实现共同提高。为了鼓励优秀教师担任正班主任，在聘任方案中规定：全校副班主任考核成绩最高相当于正班主任的 2/3，而值勤教师的考核成绩最高相当于副班主任的 2/3，既不担任正、副班主任，又不担任值勤教师的专任教师，其"教育水平"（15 分）考核为 0 分。以从制度上保证全体教师都担负起育人责任。

山东省临沂光耀实验学校尝试"班主任+辅导员"的设置形式。2016 年 9 月，该校尝试在学校 2016 级 2 班设置了班主任、辅导员两个岗位，共同完成学生行为的管理与指导。虽然在名义上是两个岗位，但在实践中，其完成的依然是班主任的工作任务。大致的职责分工为：班主任职责是除辅导员负责的工作之外的所有常规工作；维护几大中队微信群。辅导员职责是对学习成绩优秀的学生、成长态势不佳的学生等两类特殊学生进行辅导；学生就餐；少先队建设；维护几大中队 QQ 群。职责落实的基本途径如下。

第一，对方出差、请假，其中一方自动接替对方完成所有的班主任工作任务，直至对方正常上班。第二，碰头时间及地点：晨读前——教室；课间操——操场；午餐——餐厅；放学后——教室；其他时间随机联系。第三，碰头时交流的内容。①任务进展分享：当天各自负责的工作任务的完成情况，确定双方需要互相支持的内容、方式。②事件分析：公物损坏等特殊事件的分析。③学生分析。迟到的学生、不写作业的学生等特殊学生的近况分析。④出勤信息分享。交流最近是否请假、出差等信息，确认是否有任务需要对方接手。[1]

实施AB班主任制必须遵循以下原则，否则，工作成效反而还不如单班主任。

其一，正副班主任结对要遵循优化组合原则。学校在确定A、B班主任人选时，除了考虑年龄、性别、学科合理搭配之外，还要特别注意两人性格和工作方法的差异与相容度，以达到心理相容、优势互补的要求，否则，会造成班主任之间工作上的分歧，影响班级教育工作的开展。因此，在结对时，应该对双方的性别、性格、经验等做统一考量。在性别上，虽有"男女搭配，干活不累"一说，但同性要比异性好。因为同性之间更方便沟通，双方的为人处事风格更相近，副班主任今后可以更好地学以致用。在性格上，不是简单地区分外向和内向，而是按照教育心理学划分为兴奋型、活泼型、安静型与抑制型。夫妻之间更多提倡性格互补，而AB班主任结对更多强调性格相近。性格相近意味着三观相近的可能性更大，共同语言更多，更易被对方理解。在平等相处、愉快合作的前提下，双方互相尊重，坦诚沟通，发生误会和摩擦的概率大大降低，更降低了矛盾发生的可能性。

其二，明确职责划分，遵循分工合作原则。要明确A、B班主任各自的权责，A班主任全面负责班级管理工作，并负有指导B班主任的责任；B班主任在A班主任的指导下参与班级管理工作，否则，权责不明，易导致班级管理中B班主任喧宾夺主或A、B班主任互相推卸责任，出现分歧时无法统一。当然，班主任原则上和副班主任各司其职，工作各有侧重点。班主任对全局负责，副班主任对局部负责。班主任对外负责，副班主任对内负

---

[1] 王立华：《"班主任+辅导员"的设置形式的利与弊——以临沂光耀实验学校2016级2班为例》，载《第七届中国班主任圆桌论坛文集》，2017。

责。班主任是第一负责人，副班主任是第二负责人。在家长沟通方面，班主任全权负责，副班主任主要是协助。在学生管理方面，副班主任主要负责监督，做学生与班主任之间的桥梁。在日常事务中，副班主任应积极主动协助班主任。班主任临时不在岗时，副班主任要及时顶岗。

其三，捆绑考核激励原则。如果考核与评优激励机制不完善，会造成A、B班主任工作懈怠，降低班级教育成效。首先，学校把教师担任副班主任经历作为一定的工作量并折合考核，在年度班级考核中根据班级考核名次划分班主任考核名次，副班主任按适当比例获得班级考核奖。其次，在教师职称评定时，在政策允许范围内适当变通，把副班主任的经历适量充当班主任的工作经历，调动教师担任副班主任的工作积极性。

"AB班主任制"班主任有正副手之分，工作的具体划分和责任的分担过程中要谨防出现混日子和抢风头的现象。混日子主要表现在副班主任工作不积极，偷工减料，推卸责任。要想避免混日子现象，学校必须先从完善机制入手，建立健全考核机制。抢风头主要表现在班主任的威信下降，学生更倾向于与副班主任沟通，副班主任做了班主任的事。出现这种现象，很有可能是因为正副班主任职责划分不明确、双方沟通出现问题、副班主任比班主任强势等。要想避免抢风头现象，学校必须严格明确正副班主任的职责，并在师徒结对中特别关注双方的性格互补。

六　双班主任制

所谓"双班主任制"，即"搭档互补型双班主任制"，是在共同的教育目标下，由两名互补型的教师在学校指导下自愿结合，共同搭档担任一个班级的班主任，两位班主任协商分工，合作管理班级。两位班主任不分正副，在能力、年龄、经验、性格方面的形成互补，共同管理班级。双班主任制有利于促进教师之间的高效沟通和协作，提升学校的整体管理水平。在搭档互补型双班主任模式下，两位班主任互相帮助、共同分担、共同提升，琢磨改进班级工作，提高班级管理效率，也有更加充裕的时间去关爱和帮助班里的学生，在携手共进中体会职业幸福感，有利于解决班主任工作事务繁杂、强度大、压力大、职业幸福感较低、自愿担任班主任的教师越来越少的问题。双班主任制有利于搭建双班主任智慧共享、共同发展的平台，成为助推班主任队伍专业成长的有效抓手和学校全员育人的有力保障。

1999年，河南省洛阳市洛龙区第二实验小学积极探索班主任管理模式改革，尝试推行双班主任制。2013年，北京第二实验小学洛阳分校进一步提出了"搭档互补型双班主任制"。2006年，天津市红桥区为各中小学每个教学班增加了一名心理健康教育班主任。他们是持有各级证书的天津市中小学心理健康辅导教师。这样，每个教学班都有两名班主任，实行一唱一和，双人治班。两名班主任在工作内容上各有侧重。其中，心理健康教育班主任重点是学生的心理健康教育，主要是针对本班学生开展心理辅导活动，及时帮助解决日常学习生活中存在的心理问题，培养学生良好的意志品质，促进学生心理健康发展。[1]

要顺利推行搭档互补型双班主任制，需要理顺以下三个问题。

第一，激发双班主任的工作动力。在实行搭档互补型双班主任模式之初，需要两位教师尽快转换心态，他们不分正副，参与班级管理，进入管理者的角色。为此，学校通过讲座、论坛、经验分享会等多种方式，对教师进行思想和观念上的引领，让教师更直观地感受到双班主任制的优势，并使全体教师逐渐树立"团结力量大""合作共赢"等理念共识。同时，可以通过搭建展示合作风采、共享合作智慧的平台，让参与双班主任工作的教师进行经验分享，如学校定期举办"班主任智慧论坛"，对两位搭档日常的工作，如怎样分工、怎样配合、怎样互相帮助、怎样取长补短等方面进行具体指导，让教师树立当好班主任的信心。在全体教师会上，设置"夸夸我的好搭档"活动环节，倡导搭档班主任之间彼此真诚欣赏与感恩，促进情感融洽，让更多班主任产生情感共鸣。

第二，既有分工又有合作。在搭档互补型双班主任模式中，搭档的组合有以下四种形式。一是性格互补型搭档：刚柔相济，相得益彰。二是年龄互补型搭档：承前启后，开拓创新。年龄互补型搭档的形成，让老教师通过传、帮、带帮助新教师迅速成长，而新教师的工作活力和创新性，也能在一定程度上激发老教师的创新热情。新老搭配可以让班级建设稳中求新。三是能力互补型搭档：取长补短，扬长避短。两位班主任在教育教学

---

[1] 兆丰年：《加强班主任专业化建设　促进班主任专业发展——天津市贯彻〈教育部关于进一步加强中小学班主任工作的意见〉工作情况一览》，《天津教育》2007年第2期。

和班级管理工作中发挥各自所长，是相辅相成、共同提高、相互陪伴、共同成长的"优秀搭档"，提高班级管理成效，促进学生多元发展。四是异性互补型搭档：班主任是儿童成长的关键他人，相关研究表明，男、女教师对儿童的人格健康成长各有其独特的性别优势。男教师独立、自信、果断、创造性强、处事刚毅，但在心思细腻、耐心等方面中存在短板。女班主任心思细腻、有耐心，但抗压能力较弱、更易情绪化。异性双班主任制在于综合利用男女性教师的性格优势，拓展渠道服务于儿童，实现儿童社会性别的健康发展。[1]

第三，健全评价激励机制，促进教育合力。在搭档互补型双班主任模式中，两位班主任协同作战才能更好地推进班级管理工作。因此，要构建完善的评价激励机制，促进两位班主任协同育人。首先，要将双班主任制度与绩效工资联动。教师担任班主任，将在工作量中予以体现，以充分调动教师参与班级管理工作的积极性与主动性。其次，实施双班主任"捆绑"考核机制。一是学校以班级的量化考评和管理成效作为两名搭档班主任工作的评优标准。二是注重过程性评价。每周的"明星班级评选"、每月的"班主任考核"，从班级日常管理工作的各个方面进行全面评价，并与期末的"优秀班集体""优秀班主任"评价机制联动。三是注重发展性评价。评价以正向评价为主，通过精准诊断以发现班主任在班级管理中存在的问题，并提出有效的、可行的工作改进建议。[2] 总之，通过注重过程管理、工作细节和痕迹的追踪及工作实效的问效及评价，以保障搭档互补型双班主任模式的顺利实施，形成全员育人的校园文化。

七 学生助理班主任制

所谓"学生助理班主任制"，是指在教师的指导下，学生自我管理的班级管理模式。助理班主任可以是学生群体中的优秀个人，也可以是学生小组形式的团体。一般而言，在中小学最好以小组形式实施，而在中职及高校则以个人为主。助理班主任不是班主任的代言人，也不是班干部的管理

---

[1] 王立硕：《小学设立异性双班主任制的探讨》，《教学与管理》（小学版）2016年第2期。
[2] 张胜辉：《"双班主任制"：搭档互补提升班主任职业效能感》，《中小学管理》2019年第9期。

者，而是班级管理的执行者，主要负责班级常规工作，充当班主任的角色。其组织方式大体有如下两种。

一是由本班学生团队担任，即在某一段时间内（通常为三周至四周），让一组学生（四人至五人）负责班级常规管理工作，充当班主任的角色。一组工作结束后，进行总结评比，另一组接替上一组的工作。几组学生轮换，使全班绝大多数同学参与班级管理，以培养学生自我管理能力。

江苏省如东高级中学自2001年以来，推行助理班主任制，其实施步骤如下。首先，鼓励学生积极参与班主任工作。班主任利用班会课时间，做一次全面动员，让学生弄清这种制度对培养锻炼自己能力的意义。课后，找同学谈心，鼓励他们积极申请参与助理班主任工作。其次，成立助理班主任小组。根据学生自愿报名情况，把报名学生分成几组，每组四人至五人，分组时注意男女、普通生与寄宿生、做过班干与没做过班干学生的搭配，力求各组学生之间各种比例的合理、均衡。再次，召开助理班主任小组会议。助理班主任小组成立后，先由该小组开会讨论工作思路及设想，由小组成员推举一位组长、两位副组长，同时，选出学习委员、劳动委员、生活委员、文娱委员等班干部，明确各自的分工和职责。班主任再召集小组成员，提出工作要求和目标，并倾听组员的建议和要求，树立他们的信心。利用班会课时间，对全班学生宣布小组分工情况，由组长向全班同学表态，对同学们提出要求和希望。最后，定期总结评比。在每小组工作期间进行两次总结评比。第一次是在一周至两周后，对一两周以来的本组工作进行总结、评价，由一名副组长进行总结，然后在班主任的主持下由全体同学打分（满分为10分），并对后一阶段该组的工作提出一些建议和要求。第二次是在该组工作期满后，由组长进行总结，仍然采用无记名投票方式进行打分，并推举两名组员为最佳助理班主任，作为学期结束评优工作的重要依据。

实践证明，学生亲自参与班主任工作，一方面能体会到班主任工作的繁杂和艰辛，因而平时会更加尊重和主动配合班主任及其他助理班主任的工作；另一方面能培养学生的管理实践能力，由于各小组之间引入了竞争机制，各组组员工作必须十分投入认真负责，班级常规管理工作能开展得有声有色。

二是由在校高年级优秀学生志愿者担任。他们在班级管理中地位高于学生干部又低于班主任教师。其主要职责是帮助新生尽快适应新学校的生活，及时有效地处理班级管理中出现的问题，并进行必要辅导，以帮助学生完成不同学段之间的过渡，营造良好的班风和学风。

2006年，广东省惠州商业学校在借鉴香港青马学院学生管理中实行的"学长制""学长启导计划"的基础上，推行"学生助理班主任"班导模式。在全校范围内公开选聘高年级优秀学生担任一年级各班的"学生助理班主任"。通过公开选拔、培训、聘用和考核，有72名"学生助理班主任"持证上岗，分别担任了2006级36个班和2007级36个班的助理班主任。受聘者大部分是校团委、校学生会、系部团总支、学生会和各学生社团的主要干部。在平常工作中，学生助理班主任采用日常跟踪制（正常上课除外），一操、一读、一晚修跟班，每天登记和汇总班级学生日常行为情况，对班级出现的异常小行为进行及时处理，较严重违纪行为及时向班主任汇报。通过他们，架起了班主任与学生之间的一座沟通的桥梁。

实施学生助理班主任制，首先，有利于提升班级建设的成效。学生助理班主任由于熟悉校园，来自学生，与学生之间没有代沟，其工作作风和方式能更加贴近学生的学习和生活实际，更有利于与学生进行交心、谈心，因势利导，达成情感上的认同，能很好地将制度管理与人文教育充分结合，达到润物细无声的教育效果。其次，能够激发学生自主参与意识，培养学生自我管理能力，营造民主的班级管理风气，增强学生的集体主义责任感。

实施学生助理班主任制，做好助理班主任的选拔工作是关键。同时，还要做好舆论宣传，公开选拔任命，此外，还要做好任期内和任期结束时的班主任工作考核。特别是班主任要时刻做好对助理班主任工作的指导和宏观调控工作，否则容易滋生以下弊端。一是容易滋生学生助理班主任的官本位思想。有些助理班主任身兼数职，甚至借助自己的职权对同学进行打压，或是对与自己意见不合的同学进行欺辱等。二是实施学生助理班主任制后，有些班主任在班级管理中过分依赖助理班主任，推卸班级管理责任。三是繁杂的班级日常管理势必占用学生大量宝贵的学习时间，在当前仍然以"分数论英雄"的年代，会影响任助理班主任学生的学业成绩，给学生造成额外的压力，使其难以平衡学业与工作的关系。四是学生助理班主任由于自身能力有限，经验不足，工作中难免出现一些问题，如有时处理问题不够理智等。

八 多任轮流连带班主任制

所谓"多任轮流连带班主任制",是指一个班级指定三名教师任班主任,采取每月轮流管理班级的管理模式。轮值班主任在轮值期间的班级管理积分会连带其他班主任,继而影响班主任津贴,以此敦促所有班主任教师搞好班级管理。传统的一任班主任制往往容易忽视任课教师的班级管理力量和智慧,班主任"唱独角戏"和班主任津贴发放对象的单一性,使得科任教师"只管教,不管导",不去了解学生,不关心班级管理事务。实施多任轮流连带班主任制,较之一任班主任制有以下制度优势。

首先,有利于形成群策群力、齐抓共管的班级管理氛围。这一制度下,将班级管理视为全体教师共同的责任,并把班级工作分担到每位教师,无须再考虑班主任负担过重的问题,课时分配上一视同仁,可克服因报酬分配不公和劳酬不协调而产生的种种心理失衡问题。

其次,有利于科任教师在班级中树立威信,从而提高学科教学质量。同时,还可以给学生渗透这样的道理:班级管理靠"法则"而非靠"人治"。

最后,有利于提高班级教育和管理的科学性和针对性。有效的班级教育需要全体科任教师通力协作,共同出谋划策,齐抓共管,方能取得成效。而多任轮流连带班主任制可以弥补这些不足。

实施多任轮流连带班主任制,必须处理好以下几个问题。

首先,要制定出班级建设阶段性目标和终段目标,以及实行目标量化的班级管理细则,规范各阶段班主任的管理行为。要明确班主任的协调职能和其他班主任的协从职能,真正做到齐抓共管,群策群力。

其次,学校要定期召开阶段目标分析会,依据班级量化管理积分权衡班主任轮流期间的班级管理成绩,轮流领班者要汇报领班期间工作情况及对后期班级管理的建议,并以书面形式上交学校和下一轮领班者,保持班级管理工作的延续性。

最后,严格考核。领班期间,班级管理协调的积分,要作为教师德、勤、能、绩工作绩效考核的重要内容,对能力较差者,应暂时淘汰出局,等其能力形成后再度上"岗"。[①]

[①] 余永福、程赞华:《多任轮流连带班主任制的班级管理》,《教书育人》2001年第9期。

目前，这一制度还处于理论研究阶段。在实践中，要做好班主任之间的搭配和考核工作。否则，这一制度在某些方面处置不当，会导致班级管理"群龙无首"，一盘散沙，甚至出现"三个和尚没水吃"，班级无人管的窘境。

九 首席班主任制

所谓"首席班主任制"，是指将同年级三个同类型相邻的班级学生组成一个班级共同体，由传统意义上的三位班主任组成班级管理共同体，学校在三位班主任中委任一名经验相对丰富的班主任担任共同体的首席班主任，统筹负责三个班的班级管理工作的制度。在班级共同体的管理过程中，共同体成员通过分工负责、整体协作，将简单重复性工作集中轮流做，技术性工作发挥各自优势分工做，复杂问题集体研讨共同做，在此基础上，实行捆绑考核，以调动班主任的主人翁意识和工作积极性，在提升班级管理质量的同时，减轻了班主任的工作负担。

浙江省衢州第一中学探索实施首席班主任制，通过组建班级管理共同体，实现分工负责、整体协作、捆绑考核，在确保班级管理质量的前提下，减轻了班主任的工作负担。在具体实践中，共同体形成了新老结对、科研互助、错时对接搭配等多种特色组合方式。[1]

（一）班主任共同体的组建步骤

第一步，学校选聘全年级各班班主任。第二步，各班班主任基于自身意愿，自主申报组成三人教育共同体。第三步，学校综合考虑班主任的性别差异、班级层次、年龄结构、人际关系、学科等因素，对各班级管理共同体进行适当的调整。第四步，对于不愿意参加共同体的班主任，学校也尊重其选择。

（二）班主任共同体的组合模式

第一，新老结对组合模式。此种班主任组合模式即由一位名优班主任

---

[1] 谌涛：《首席班主任制：协同共治，助力班级管理减负增效》，《中小学管理》2022年第6期。

与两位年轻班主任组合为管理共同体,有利于发挥老班主任的示范引领作用,促进新老班主任优势互补,加速年轻班主任的成长,提升班级管理效率。

第二,科研互助组合模式。此种班主任组合模式即由一位科研型班主任与两位经验型班主任组合为班级管理共同体。其中,科研型班主任为经验型班主任提供理论指导和写作指导,经验型班主任为科研型班主任提供实践经验,从而实现优势互补。班级管理经验丰富的教师存在科研短板,不善于总结班级管理经验,甚至因此影响职称晋升。有的老师虽然当班主任年限不长,但对班级管理颇有思考,有较强的教育科研能力,主持过多项课题且有论文发表。他们组成班级管理共同体后,可以实现优势互补、相互促进、相得益彰。班级管理经验丰富的教师可以为科研型教师提供故事案例,为科研课题提供素材。同时,科研型教师帮助管理经验丰富的教师将自身经验转化成科研成果,还可以在不同班级开展科研实践对比,科研效果突出。

第三,错时对接搭配组合模式。三位班主任可根据在校时间的个性化需求进行组合,这样每位班主任在保证每周一天全程在校管理的基础上,其他的早、晚工作时间可优化调配,实现工作和生活的兼顾。三人组成班级管理共同体,实现了早晚时间搭配互补。

(三) 班主任共同体分阶段渐进式推进程序

第一,"各自为政"阶段。共同体组建初期,三位班主任与各自联系班级属于紧密型关系,班级管理的所有工作基本由联系班主任独自完成。这段时间一般为期两周,班主任要迅速熟悉各自所联系班级的学生情况,同时让每个班级尽快适应学校统一的管理要求。

第二,"管理协同"阶段。从第三周开始,在首席班主任协调下,班主任对应的联系班级进行轮换,并在值日时负责特定时段三个班级的全面管理工作,如三个班的早自修、眼保健操、午休、班级卫生等,分时段安排一位班主任全面负责,在负责时段,值日班主任发现问题以首问负责制立即处理,并登记班级管理日志,实现"管理协同",做到一人值日、团队放心。

第三,"文化融合"阶段。在这一阶段,共同体需要从教师层面的管理协同延伸到学生层面的文化融合。此阶段可以通过组织师生共同讨论、师生共同参与文化活动、设立三个班共同的班级学生代表大会等方式实现班主任团队和三个班级学生之间的文化融合，形成师生共认的共同体文化，这也是首席班主任制落地的重要标志。

（四）首席班主任制的实施步骤

实施首席班主任制，从三个"各自为政"的班级转化为一个管理共同体，需要教师和学生在思想和行动层面打破班级概念，实现统分结合。共同体成员要统一思想，共同体内的工作有统也有分，何时、何事应该统一做，何时、何事需要分开完成，需要一定的标准和原则。对于学校和年级组统一要求的事项统一推进，共同体的表彰标准要统一、学生的个性化交流和家访分配要统一等。通过首问负责制及时发现和解决学生、家长遇到的问题，通过共同体整合举办活动实现三位班主任的分工协作，通过轮换准备主题班会让各位班主任相互配合、各展所长。与此同时，各班有自己的班委会和团支部，可以制定本班的班级公约，可以自行组织班级德育活动。此外，共同体还要历经分工负责、整体协作、捆绑考核，保障其有效实施。

第一，分工负责，保证班级管理的整体性。在首席班主任制中，三位班主任均没有固定的对应班级，他们对应联系的班级每两周轮换一次。为了保持班级管理的延续性和整体性，每天八小时以内的班级管理任务由联系本班的班主任独立负责，八小时工作之外的早晨、中午、晚上的班级管理任务由一位班主任同时管理三个班级，每周三位班主任各负责一个整天，余下的两个工作日首席班主任可根据需要分时段安排。班主任在日常工作过程中，要详细记录班级管理日志；联系班级轮换和值班班主任轮换也需要仔细记录和阅读班级日志，做好工作交接。

第二，整体协作，探寻班级管理的优化策略。实行首席班主任制的目的是减负增效，但如果团队成员之间缺乏信任、缺乏协调，就会出现工作混乱，工作任务不减反增，造成资源浪费。在班级管理共同体中，首席班主任负责明确团队成员职责，统筹协调共同体的班级管理工作，处于中心地位。针对班级管理中的严重违纪等典型或者普遍性的问题，首席班主任可以组织共同体内的班主任进行集体研讨，共商针对性的教育方案。同时，充分发挥共同体内班主任各自的特长与专业优势，分工协作化解班级管理中个性化的特殊问题。通过发挥每位班主任的优势，共同探寻班级教育和管理优化策略。要求团队成员要服从首席班主任的协调管理，成员之间要相互学习、共同研讨、主动补位、资源共享，通过整体协作，实现共同体的班级管理事务事事有人管、时时有人管，提高工作效率。

第三，捆绑考核，促进共同体成员共担共进。学校在班级考核过程中，对共同体的三位班主任进行整体考核。采用三个班的平均值与其他班级或其他共同体进行比较，三个班级的平均管理绩效即为三位班主任的管理绩效。这种班主任捆绑考核的绩效管理方式是实施首席班主任制度的前提和基础。在捆绑考核机制下，共同体内的每位班主任都要以主人翁的责任感，共同承担每一个班级的管理任务。同时，为了汇聚集体智慧，提升班级管理成效，需要三人进行统筹优化、集体研讨、协同补台。此外，鉴于首席班主任负责统筹安排班主任对三个班级的管理，其班主任津贴在原有基础上也适当提高，从而保障了首席班主任制的有效实施。

通过实施首席班主任制，组建班级管理共同体，使班主任在协同共治的基础上开展工作，一方面减轻了班主任的工作量，提升了班级管理效能，实现了班主任工作的减负增效；另一方面也缓解了学校优秀班主任不足的问题。

十　班级组制

所谓"班级组制"，即以语数外教师为核心成员，将其负责的两个班级组成班级组，然后以双向聘任的方式，吸收其他学科教师加入，形成一个所有教师都参与的学生发展的共同体。班级组由同时任教两个班的教师组成一个团队，由一人带班变成至少五位教师带班。

2011年2月21日，河南省第二实验中学正式启动班级组改革。本次改革的宗旨是解放班主任单兵作战疲惫不堪而难以顾及每一个孩子发展的困局。班级组改革以调动科任教师育人力量为主要内容。班级组内，多个班主任之间既有分工又有合作，每位教师都参与班级管理工作。

班级组成立后，教师人人都是班主任。班级组的成员分为核心成员和普通成员，核心成员原则上由两个教学班的语数外教师担任，普通成员为其他教师，核心成员不跨班级组，而普通成员则可以跨班级组。在班级组内，组长负责两个班的统筹管理工作，主要是做好学校、年级和班级之间的协调沟通工作以及协调班级组教师及其他科任教师之间的合作。

学期初，班级组组长要确定工作目标、召开工作会议、分配工作、讨论工作计划；学期中，要组织班级组教师积极参与学校和年级组的大型活动；学期末，则要带领组内教师进行工作总结、评估工作业绩。有些班级组会在每周固定时间召开例会，对一周工作进行点评。班级卫生、集会做操、考勤纪律、学生思想工作、家校沟通等，则分别由班级组成员分工协作完成。通过班级组成员集中智慧、各展所长，协作互补提升班级教育成效。

班级组的制度优势是由一人班主任变为人人都是班主任，将"班主任育人"转变为"全员育人"，从而构筑"全员育人"的教育共同体。班级组的教师共同管理学生，不仅能够集中全体教师的智慧，而且还能给予每个学生的成长以全面的关注。更重要的是，在共同体内，通过不同教师分工协作、合力共进，学生还能接受到多种类型教师的教育影响，从而使学校教育资源的教育效应得到更大程度的发挥，最大限度地提升育人成效。此外，在共同体内，两个班级之间通过开展深度的跨班级交流与合作活动，可以开创生生互教的新境界，从而实现更大范围更深层次的取长补短，共同进步。

另外，由于有班级组的制度保障，让每一位教师在班级管理中都必须也敢于"名正言顺"地开展班级管理工作，把教师都紧密地团结在一起，大家互相协作、取长补短，教师之间会经常相互提醒、相互补位，协作共进，集中了教师的智慧，这种"智慧集群"式的班级管理消弭了教师育人裂痕，提升了育人效果和教师的幸福指数，在很大程度上消除了班级管理事无巨细都堆到班主任一个人身上的弊端。

为了调动教师参与班级组改革的积极性和主动性，班级组实行双向聘任，即教师自愿加入这个团队与团队对教师的选择相结合。由班级组教师共同分担过去由班主任一个人负责的班级管理工作。班级组教师之间的分工与合作就显得格外重要。通过小组成员的精细分工，团队化运作，每一位教师都在班级组中找到了自己的位置。[1] 同时，为了保证班级组工作不虚

---

[1] 刘肖：《班级组改革：以"智慧集群"式管理破解班主任单兵作战困局——河南省第二实验中学探路班主任工作制度改革》，《中小学管理》2012年第10期。

化，避免工作上的互相推诿，班级组实行整体评价，学校的考核和评价是针对整个班级组的，以促进组内成员形成抱团工作意识。

十一　班级教育小组制

所谓"班级教育小组制"，是指由传统的班主任个人负责制变为班级教育小组集体负责制，以发挥教师集体和家长集体协同教育功能。南京外国语学校仙林分校从2006年开始取消单一的班主任负责制，在全校实行班级教育小组制，班级教育小组是班级教育的领导核心。集体领导、集体决策、集体行动是班级教育小组开展各项工作的基本要求。

（一）班级教育小组制的主要特征

一是班级教育小组成员由班主任、部分任课教师（生活教师）、学生干部代表、家长代表组成。学校所有教师全部进入班级教育小组。其中，班主任任组长，部分任课教师、生活教师为核心成员，班长、团支部书记、班级家长委员会主任为重要成员。所有任课老师都要参加某一个班级教育小组，班主任是教育小组的组长，负责召集、协调所有成员，并组织开展各种教育活动。

二是在办公形式上，改变传统的以教研组、备课组为单位的集体办公形式，实施班级教育小组核心成员（主要是教师）集中办公形式。同时加强教研组、备课组活动，以保证学科教师的业务交流和教学研讨活动的正常开展。核心成员一般3~4人，集中在同一个办公室办公。

三是决策方式是集体决策。在班主任的主持下，重要决策由班级教育小组成员集体做出，如学期工作计划、班级重要工作和活动、学期工作总结等，班级日常工作决策主要由核心成员制定。一般成员则会根据班级工作的任务特点，有选择地参与讨论、决策过程。

四是议事制度包括"日碰头、周例会、月诊断"3种形式。日碰头（核心成员每天5~10分钟）、周例会（核心成员或全体成员每周20分钟左右）、月诊断（每学期3次，每次约2小时，全体任课教师参加）要求班级教育小组核心成员每天简短碰头（一般10分钟左右），及时解决遇到的问题；每周召开一次例会（一般不超过半小时）反思、总结本周工作；每月召开一次月诊断会议，对班级每位学生进行集体诊断，并制定指导方案，分包落实到教师个体。

五是行动方式是分工负责。班级决策制定后,在班主任的领导下,由班级教育小组成员分工负责落实,如在对全班学生个体指导方案确定后,具体指导工作分工到每一位任课教师。所有任课教师既教书又育人,全班学生个体具体指导工作分包到每一位任课教师。

六是评价制度与分配制度挂钩。南外仙林分校还改革评价制度和分配制度。评价时,不仅要对教师在学科教学中的表现进行评估,还要考核教师在班级教育小组中的工作表现,并将评价制度与分配制度密切挂钩。在班级教育小组制度下,全员德育成为可能。

目前,该校的全部班级实施了班级教育小组制度,所有教师均在一个班级教育小组任职。在班级教育小组教师队伍中,有过去专管德育的班主任,分管教学工作的任课教师以及承担生活管理的生活教师。学校所有教师、生活教师全部进入了班级教育小组,有利于改变教学工作与德育工作"两张皮"的现象,有助于改变狭隘的管理主义和专业主义的局限,将育人意识和能力纳入对全体教师的要求中,有利于实现全员育人的目标。所有教师既教书又育人。

(二) 班级教育小组的制度优势

其一,有利于教师全面及时了解和把握学生的发展动态,对学生进行个性化指导。班级教育小组成员集中办公和例会制度,随时交流学生信息,使所有教师全面、及时了解学生的发展动态,以避免教育上的"盲人摸象"。家长代表对学生有更多了解,有利于促进家校协同。在对学生进行全面了解和诊断的基础上,可以科学制定针对每个学生的发展指导方案,并由教师全面教育、整体负责和重点指导,从而提高了教育的针对性和覆盖面,促进学生全面、个性化发展。

其二,有利于学校教师全员育人,克服"教书育人两张皮"现象。尽管学校要求所有教师要"管教管导",重视德育工作,但在班主任负责制下,任课教师的工作重心在课程教学,实际上难以兼顾育人工作。在班级教育小组制度下,使全员育人不仅必须而且成为可能。

其三,有利于班级学科教学力量整合,提升学科教学质量。在班级教育小组制度下,教师集中办公,小组例会制使教师相互间接触、交流机会增加，可以对各科教学进行有效整合，避免各学科间的协调难和发展失衡问题，提高了班级整体教学质量。

其四，有利于发挥教师集体的作用。在班级教育小组制下，所有教师在班主任统一领导下，同处在一个具有较强行政关系的集体内，有利于发挥教师集体的作用，形成教师、学生、家长协同育人的新格局。

总之，班级教育小组制实施班级教育小组成员集体决策、集体行动，能够发扬民主精神、增强师生民主管理的意识和能力，有利于发挥师生、家长的集体智慧，整合各种教育资源，为学生全面、和谐、个性化发展创设浓郁的班级文化氛围，为提高学生生命质量提供理想的平台。[①]

十二 德育导师制

所谓"德育导师制"，就是将学校德育的部分目标和任务分解到担任"德育导师"的任课教师及部分聘请的校外专业人士身上，德育导师与班主任紧密配合，既教书又育人，既管教又管导，从而形成整体合作，优化班级教师管理群的一种德育管理模式，是学校班主任工作必要而有效的补充。

从2002年3月起，浙江省长兴中学借鉴国内外大学"导师制"的经验，在浙江省率先推行了中学德育导师制。德育导师根据学生的个性差异，从思想、学习、生活、心理素质与道德品质等各方面关注学生成长，"切实把德育做到学生的心里去"。经过不断的经验总结，形成了一种"个性化、亲情化、全员化"的德育新模式，并在全国范围内形成了较大的影响。浙江省长兴中学的德育导师制由三个部分组成。

1. 班级德育工作小组制度

作为德育导师制的准备阶段，学校在高一第一学期推行班级德育工作小组制度。班级德育工作小组的成员由该班1~2名任课教师组成，其主要职责是协助班主任进行班级卫生监督、住校生管理、班级文化建设等班级管理工作，并熟悉其他的班级事务性工作，熟悉班内学生情况，充当准导师或者预备导师的角色。班级德育工作小组制的建立，使班级管理不再是班主任孤军奋战。

[①] 齐学红、钱铁锋：《建立班级教育小组制度——班级管理体制改革的尝试》，《班主任之友》（小学版）2008年第8期。

2. 固定德育导师制

固定德育导师制指一名德育导师从高一第二学期开始与一名学生经过双向选择后，师生双方便确定固定的受导关系。导师对所导学生直到高三毕业全程、全面负责。在固定导师制之下，学校鼓励德育导师"随时、随地、随机"利用一切可用的教育因素和时机与学生进行交流和沟通。

3. 流动德育导师制

这是对固定德育导师制的补充。流动德育导师是面向全体学生的，旨在解决效率与公平的矛盾问题，即每周向全校学生推出10名左右的校内外的优秀德育导师，通过校园网、宣传栏、校园广播等形式公布流动德育导师的特长，供学生自主选择。学生可结合需要选择德育导师，并提前预约与其交流。学生可以自由选择契合自身发展需要的导师获得所需的教育。类似于心理咨询，需要流动德育导师具有较高的施导艺术。

随着德育导师制工作的开展，浙江省长兴中学从事学生德育的人员从原来的政教处、班主任逐渐扩大到全体教师，"人人都是德育工作者"基本上得以实现，开辟了个性化、亲情化和全员化的德育新途径，切实增强了德育工作的针对性，提高了德育实效性。教师担任德育导师后，让德育工作成为自己分内的工作，在"教书"的同时，积极地承担"育人"责任，由"经师"成长为"人师"，教书育人得到真正落实，有效促进了教师专业精神的提升。德育导师制工作还拓宽了学校德育的渠道，家庭、社会参与了"导师"工作，构筑了多维的德育网络，形成了德育工作合力，营造了全社会共同关注未成年人思想道德建设的良好氛围。[①]

第三节 班主任制改革进展的审视

工作的疲累烦扰着班主任的生命状态，而班主任的生命状态又直接影响学生的成长质量。科任教师没有相关制度规定及激励措施，学生不买账，科任教师也不愿"多管闲事"。这种管理身份上的尴尬，导致只有学科分工规定而没有管理合作要求的科任教师重教书轻育人的现象存在，其育人效

---

① 张向前、钦国强：《"把德育做到学生的心里去"——浙江省长兴市德育导师的工作方法与策略》，《思想理论教育》2007年第4期。

能未能充分发挥。很多地区有感于班主任的劳累、辛苦与低效，以及科任教师教书和育人的分割，纷纷对班主任制度进行改革。

一　班主任制改革的发展趋势

近20年的班主任制的改革，总体来看，主要围绕三个方面进行，呈现以下发展趋势：一是取消一人班主任制，建立辅导员制或导师制；二是实行团队班主任制；三是强化一人班主任制。我们判断一项改革成功与否有两个标准：一是看岗位工作人员的工作量是否减少了，即是否解决了班主任劳累的现实问题；二是看岗位应该发挥的职能是否都实现了，即班主任的职能实现问题。

1. 取消班一人主任制，建立导师制（辅导员制）

上海市闵行中学自1999学年起开展"学生民主管理模式"改革实验，取消了传统的班主任制，为全年级10个班共500名学生设置四名辅导员，其中，一人任年级组长，全面负责管理全年级的学生管理事务，其他三位辅导员则分别负责全年级学生的学习、生活和品德方面的管理和指导工作。分工指导学生自主管理委员会、心理健康教育或负责班刊、级刊、家校信息沟通等工作。2003年，深圳中学在高一年级以"导师+辅导员"制取代班主任制，与单元制、走课制一起，共同构成该校推进高中课程改革的一系列举措。全年级20个班级被分成七个单元，每个单元配有六名导师（一个导师负责25名学生）和两名辅导员，负责对学生进行全面管理。每个班级不再设班主任岗位。2004年5月，长春一汽一中在初二年级18个班取消班主任，增设了四名年级辅导员教师：一名任组长，总管全年级事务，其他三名分别担任学习、生活和品德教育辅导员。与上海闵行中学的做法如出一辙。

2. 实行团队班主任制，增加职位，多人合作

2022年，浙江省宁波市奉化区教育局为了确保班主任将工作重点和主要精力放在"研究学生、引导学生、帮助学生、建设良好班集体"等核心工作上，要求学校要积极探索构建全员班主任制、学生成长导师制或副班主任（见习班主任、助理班主任）工作制。主要有如下几种类型。

一是正副班主任制。有的学校要求所有教师都能承担正班主任或副班主任的工作，并称之为"全员班主任制"；也有的学校称为"AB班主任制"

或者"双班主任制"。

二是集体班主任制。任教同一班级的全体教师都承担班主任职责,形成以核心班主任为主的班主任集体,每个班级可能有3~4名班主任。有的学校将其称为"以班主任为核心的集体导师制"或"全员班主任制"。也有的学校让三名班主任(学业班主任、心理班主任、体育班主任)组成团队,管理一个班级。三名班主任各有分工,充分发挥自身作用,密切配合。

三是班级组班主任制。就是让同一个教师团队同时管理2~3个班级。有的是让同时任教两个班的教师组成团队,至少五位教师共同带两个班。班级组组长即首席班主任要定期召开会议,主要是确定目标、分配工作、讨论计划;召开例会沟通每周情况,还组织班级组教师参与学校和年级的大型活动;带着组内教师总结工作,评价业绩。

四是班级教育小组制。还有的学校以"班级教育小组"取代班主任的角色,各组由四名教师(作为核心,其中一人是组长)、家长代表和学生代表组成。核心班主任和责任班主任责任分工、协商合作,根据班级工作内容和教师个体特长,实行班主任分工合作制,共同完成班级教育教学任务。各班主任和各类学生通过双向选择,组成相对稳定的小组,教师针对学生的学习、思想和心理特点,进行个别或小组的辅导、激励,及时发现并解决学生的各类问题。[①]

3. 通过健全班主任培养和管理机制,强化一人班主任制

比如专职班主任制,还比如通过制度建设加强班主任的任职资格制度、选任制度、培训制度、考核激励制度、职级评审制度等,推进班主任专业化发展,以打造一支具有奉献精神、专业性强、深受学生尊敬爱戴的班主任队伍。

二 班主任制改革的深层教育理念

观念是行动的先导。各地推行的班主任制改革,无论是取消一人班主任制,还是实行团队班主任制,或者是加强一人班主任制,都是有其特定的教育理念做指导的。

[①] 史为林:《教育人本化呼唤全员班主任制》,《班主任之友》2004年第1期。

（一）"辅导员+导师制"：自主自立，自主发展

上海闵行中学推动班主任制改革，致力于让学生"在自主自律中主动发展"，学校"尽可能创设各种机会，让学生从中教育自己、锻炼自己"。辅导员扮演指导者、参谋者的角色，为学生提供一对一的指导和咨询服务。在培养学生"主人翁精神"上初见成效，有效地实现了学校育人目标。深圳中学倡导"自主学习、自主发展"的教育理念，由"导师+辅导员"制取代班主任制，由四名教师为学生提供心理、选课、生涯规划辅导，旨在提升学生自我发展规划能力；学生民主选举班干部，自主管理班级班务，旨在提升自我管理能力；设置单元制，淡化学生"班级"归属感，学生由"班级人"向"学校人"转变，为每一位学生提供更为开阔的交流、竞争和合作空间，通过加强民主性的师生、生生交往体验，激发生命活力。

实行导师制（辅导员制）替代班主任制的动因之一，就是给学生提供更专业、更细致的关心和指导，以激发学生内在的生命发展活力，促进学生自主发展，主动成就自己，给学生更开放的空间，让学生实现自主发展，培养学生满足未来社会需要的现代公民素养。在这种体制下，师生之间建立了平等关系。这种新型的师生关系以学生的自律和教师对学生的信任为基础，在教学活动中师生是合作伙伴关系。教师通过与学生平等对话，唤醒学生自主学习与发展意识，承担起自主学习的责任，拓展出更高的教育境界。

（二）"团队班主任制"：集聚智慧，协作创优

通过"班级组"的团队班主任制，弥合科任教师教书与育人的角色分裂，将"班主任育人"转变为"全员育人"。实践表明，团队班主任制有利于加强师生交往；让三位班主任分别负责学生的学业、心理和生活，对学生的教育更有针对性和及时性，成效更高。多位班主任集体协商，可以集聚智慧，分工补位，班级事务管理和集体活动组织成效更优，对学生进行分层辅导、分类激励，提高育人成效。多人合作的班主任制，可以激发每一位教师的创新活力，通过班主任论坛等形式相互交流，进而生发出教师的集体教育智慧。同时，融通学科教学和班级管理、学校系统教育改革，整体提升学校教育的品质。鉴于更多教师可以给学生提供更周到更有针对

性的个性化指导,应改变班级管理生态,超越一人班主任制可以达到的境界,系统重建学生在校生活。[1]

众所周知,学生健康成长是学校、家庭和社会共同努力的结果。因此,教育学生是学校每位成员、教育相关者的责任和义务。"团队班主任制"吸纳了更多的教育力量参与班级教育和管理,不仅极大地减轻了班主任的工作负担和压力,而且促进了教师之间、班主任与家长之间的交流合作,以教师集体育人取代班主任单打独斗。同时,将班级教育与管理及学生自主发展权还给了学生,有利于培养学生自立、自主,提高学生民主意识与能力。

(三) 逐步健全"一人班主任制",提升班主任的专业性

在当前中小学班级管理中,绝大多数学校仍采用班主任负责制。随着时代的变迁、新课程改革的推进和现代民主教育思想的发展,这一制度已融入了一些新的时代内涵。

第一,通过班主任专业化建设来完善班主任制。2006年,教育部明确提出班主任是专业,随即先后启动了"全国中小学骨干班主任培训""万名中小学班主任远程培训计划"等培训项目,各省市也实施了各种班主任培训项目,倡导班主任校本研修,实行班主任持证上岗制度,提高班主任津贴标准,多措并举促进班主任专业化水平的提高。一些学校还通过设立专职班主任提升班级教育和管理成效。

第二,通过管理制度建设提升班主任的专业性。近年来,为了充分发挥传统班主任制的育人功能,教育行政部门加强了班主任管理制度建设,创新班主任培养与管理制度体系,诸如构建班主任级任制度、班主任带头人制、首席班主任制、班主任带教制、班主任工作室制等,[2] 着力加强班主任队伍建设,激发班主任队伍的工作效能。

第三,通过班级建设变革提升班主任班级教育效能。加强班级组织建设,实行班干部制改革,推动班干部全员轮流制,让全体学生都能主动参

---

[1] 李伟胜:《"班主任制"的多种探索:深层因素与发展趋势》,《中小学管理》2012年第10期。
[2] 汪丞:《中小学班主任管理制度改革的新进展》,《教学与管理》2012年第10期。

加班级管理，把班级的管理、评价权利与责任还给学生，加强家校教育协同。通过班级建设变革，最大限度调动全体学生参与班级管理的主动性和创造性，形成"我为人人，人人为我"的班级教育服务生态，促进师生之间、生生之间深度的教育交往与合作，发挥班集体教育的效能。

三 班主任制改革的重新审视

各地开展班主任制改革，最根本的原因是班主任制存在诸多弊端，如过分强调班主任对学生发展的责任，导致班主任负担过重、压力过大，一般教师"不愿、不敢、不会"当班主任的尴尬状态，从而不利于发展学生个性等，使班主任制面临严峻的挑战。班主任制改革的根本目的是贯彻"以生为本"的教育理念，通过提高班主任的专业化发展水平，提升班级教育效能，促进学生健康成长。诚然，各项改革取得了显著的成效。然而，上述班主任制改革并没有在中国大地上大面积推广与实践，其原因是错综复杂的。其中，最主要的原因有以下几个方面。

其一，原有的班主任制并没有发生根本性改变。这些改革大多仅停留在班主任教育角色数量的变化上，而缺少对班主任制度内核特别是育人角色与工作范式进行的系统改革。

其二，改革后的班主任制度体系还不成熟，特别是各项改革制度的内涵界定、理论基础、操作流程、评价反馈等方面的理论研究存在不足，制度实施的科学性和可操作性还有待提升。比如"多任轮流连带班主任制"中，三位教师轮流做班主任，班级教育的连续性面临挑战。"班级组制"中，一个班设有多名班主任，会面临许多问题，例如班级管理职责如何科学划分，这种划分是相对固定的还是定期轮换的，如果定期轮换，频繁的职责分工会不会造成精力耗损；班主任如何协调对学生的教育影响；津贴如何发放；等等。这些问题都需要厘清。"全员导师制"倡导"教师人人都是班主任"的理念，全员参与学生的指导和管理，全方位、多层次对学生进行教育，以促进学生健康、全面发展。但该制度对导师的素养要求甚高，非一般高中教师能够达标。况且"人人都是班主任"的设想固然很好，但容易造成工作中的责任推诿现象。"团队班主任制"如何确定各班主任成员的权责边界？如何真正落实团队中每位班主任的职责？如何合理进行家长、科任教师、班主任、学生代表之间的职责分工？在增加学校薪资成本的基础上，班主任津贴如何核算？如何在实施团队考核的基础上，区分团队内部各成员的工作绩效？"专职班主任（辅导员）制"设计虽好，但真正实施需要大批专业师资，在目前学校教师编制普遍偏紧的情况下，这些师资从何而来？其专业性如何保证？"专职班主任"不兼任学科教学，如何更深入地了解学生？这些问题如果不能通过系统的制度创新得到解决，就会影响班主任制改革的实施成效。

上述班主任制改革，其不仅涉及学校教育目标的调整、管理体制变革、课程与教学改革、教育评价方式改革等，而且涉及班主任专业发展、班主任工作方式、学校办学理念、学校教育活动生态的重构，是一项极为复杂的系统工程。要求以复杂的系统思维方式来审视班主任制到底该怎样改革、以何种教育理念指导班主任制改革、如何科学合理地推进改革等问题。

班主任制改革，不能停留在班主任角色废存之争上，也不是仅在形式上对班主任教育角色进行替代，或是对班主任教育角色名称的变更，抑或是仅对原班主任制细枝末节的修补，而是要对班主任制进行系统的改革。同时，还需要学校管理体制、教学组织形式、课程与教学制度、学生管理方式、考核评价激励机制等方面同步开展改革，以为班主任制改革营造良好的环境。比如北京十一学校班主任制改革的成功，是由于学校树立了新的教育理念，有一流的师资团队且同步推进了学校多方面的改革，如学校实行走班选课制，取消行政班，教学组织形式发生变化。可见，班主任制改革的成功，需要一系列学校改革的跟进。否则，班主任制改革将举步维艰。

第五章　中小学班主任制的未来发展

班主任是学生成长的引导者,家校沟通的"润滑剂"。不得不说,中小学设置班主任有其独特的制度优势,班主任制度建设以及班主任专业化也取得了显著的成绩,如学生思想政治教育由明确的专人负责,科任教师有人来组织、沟通,能够与学生家长进行及时的沟通,等等。进而有助于形成教师集体和班级教育合力。从教育伦理来看,班主任制的根本目的是促进学生健康成长。我国部分班级的特点是班额大、重规训,导致班主任制中"管理主义"盛行。"管理主义"而非"关注生命成长"事实上成为班主任制的价值取向,班主任制中"管理主义"的价值取向,背离了教育目标。这主要表现在以下几个方面。

第一,"教""育"分离,科任教师只重教书。自班主任制确立以来,国家教育政策一再强调班主任工作的重要意义,凸显班主任在学生教育中的重要责任,但这种"强调""凸显"一方面彰显班主任工作的重要性;另一方面却极易对人的观念形成误导,即认为只有班主任才应该承担学生的教育责任,而一般科任教师只要把课上好即可。这样,科任教师"合法地"、理直气壮地只教书不育人,将"教育"整体意蕴制度性地分割。这种"教""育"分离,导致育人负担全都堆在了班主任身上,降低了学校育人效能。

第二,学校对班主任实行严格的管理,班主任丧失专业发展自主权。在重视德育的口号下,为了加强对班主任的管理,学校制定了严密的规章制度,例如,学校制订班主任工作计划、"班主任一日(周)常规"、"班级管理要点"等,要求每一位班主任都严格遵照执行;学校还严格规定班主任到岗(班)时间,每天要核查考勤,"有学生在,就要有班主任";在学校行政管理组织中,增设德育校长、德育主任、年级组长等岗位,以加强对班主任的管理。班主任成为被严格管理的对象,缺乏主体性、主动性和积极性。

第三，班主任对学生的教育以管理和规训为主，抑制了学生自主意识的发展。在班级教育和管理中，班主任对学生的规训无疑是重中之重。这种对学生的机械规训，要求学生听话、顺从，在分数至上的价值追求导向下，有些班主任，无视学生意见，制定严苛的班规和纪律标准，以"为学生好"为借口"控制"学生，比如学生任何时候都不能在班级讲话、有学生在就有班主任在、学生不能上课迟到、下课出教室甚至上厕所都要得到班主任的许可等。为了确保学生不出安全事故，班主任必须随时、随地对学生实行"无死角"式的管理。这种对学生的严格控制往往能得到学生家长的支持与配合，有的家长虽不认同，但在内卷的大环境下，往往也是"敢怒不敢言"，这样，学生被置于孤立无援的境地，只能被动接受，不利于学生人格健全发展。学校坚持"管理主义"价值取向，一方面，导致学生缺乏独立、自主的意识，不利于其身心健康发展；另一方面，导致班主任心力交瘁，普遍产生职业倦怠。

第四，一成不变的班干部制，不利于形成积极的班级教育生态。在现行的制度设计中，班级不仅是教学组织，还是学校基层的行政组织。班主任是班级组织的管理者、组织者、领导者。班主任组织、领导、管理班级最为普遍的方式是任命班干部。设置班干部岗位的确有助于减轻班主任的工作负担，提高班级管理效率。但由于班干部能够代表班主任行使权力，充当班主任"情报员""协管员"的角色，帮助教师惩戒违纪同学，便在班级教育生态中有了较高的地位。加之部分班主任"懒政"，班干部长期得不到轮换，容易助长学生"官本位"思想和习气，不利于学生民主素养的培养和教育公平的实现。

以上这些弊端使得班主任制受到越来越多的批评。似乎班主任制正在丧失其合法性基础，也有呼声要求"取消班主任"，班主任制改革的呼声日渐高涨。事实上，目前中国中小学班主任制度的改革有三类观点：一是彻底取消班主任岗位，用其他的教育角色（辅导员、导师、咨询师等）代替班主任；二是在保留原班主任的教育角色的基础上，增加新的"班主任"（科任教师、学生家长、学生等），建立"团队班主任制"；三是保持、完善"一人班主任制"，深化班级管理改革，提升班主任工作的专业性。由于基础教育改革力度不断加大，中小学班主任工作面临着前所未有的专业挑战和巨大的社会压力。那么，就非常有必要预测"班主任"岗位在中国基础教育阶段还能存在多长时间，会在什么时候消失，或者是被别的岗位取代。

第一节 班主任制继续存在的空间

基于现行班主任制存在的弊端，有人主张尽快取消班主任制。尽管"取消班主任制"满足了一定的现实需要，然而，实践证明，单纯地选用选课制、走班制、导师制或者是走班制结合班主任制和导师制，都没有大规模地被中小学使用。在基础教育领域，班主任工作越来越受到重视的事实，表明中国班主任制的存在仍具有相当的稳定性，是践行中国特色教育的必不可少的形制保障。有学者认为，中国班主任制度之所以能形成并存在，有它的必然基础，并从"价值基础：集体主义""组织基础：科层制""体系基础：制度以及配套制度""文化基础：管治防范的惯习"等四个方面，系统地论证了班主任制在中国存在的必要性与可能性。[①] 只要这些基础依然存在，班主任制就不会终结。

一 日渐完善的班主任制度体系，是班主任制存在的制度基础

70多年来，中小学班主任为基础教育落实立德树人做出了巨大的贡献。为了加强班主任队伍建设，党和各级政府颁布了一系列有关的政策、法规。在各级政府颁布的班主任文件和规定中，一方面，对中小学班主任工作在思想道德教育中的地位、作用给予了充分的肯定，对班主任在立德树人中的职责做了明确的规定；另一方面，在这些政策、法规的执行过程中，逐步建立和完善了一系列与班主任有关的制度体系与运行机制，使班主任角色制度化。进入21世纪后，具有中国特色的班主任制已经形成了相对完善的制度体系，包括班主任任职资格制度、班主任选聘制度、班主任职级制度、班主任津贴制度、班主任考核激励制度、班主任培训制度等。每一项班主任制度，都是由一系列具体"子制度"及配套政策组成的。这为班主任岗位的存在与运行提供了强大的政策支持与制度生存空间。班主任制度体系的存在，使班主任制的存在有了合理的制度基础。

---

① 杜时忠：《"班主任制"走向何方？》，《教育学术月刊》2016年第11期。

二 学校科层制管理体系，是班主任制存在的现实前提

进入21世纪后，国内中小学仍然普遍实行自上而下的科层制管理方式，学校教育组织仍以行政班、年级组、教导处、校长室等科层组织来进行条块式管理。在这种条块化的管理格局中，需要一个特殊的"一岗多责"的管理岗位：既能对学校的每一个职能科室直接负责，又能直接与每个班级、学生群体和学生个体产生直接的联系并产生足够的教育影响力。而班主任岗位能够满足这种"上面千条线，下面一根针"的现实需求。在学校的这种科层制管理格局下，班主任要对学校每一个职能科室负责，哪个科室的"神经"动一动，班主任都要抖一抖。在这种管理体制下，如果取消"班主任"这一基层轴心岗位，就会导致很多科室的工作因找不到适合的着力点，而难以直接作用于班级和学生个体身上，学校很多工作将推进困难。因此，学校管理中的科层式组织，使"班主任制"的存在具有了现实前提和组织基础。目前，大多数中小学依然使用班主任制，表明班主任制仍然具有广泛存在的合理性和必要性，有其存在的基础和空间。

三 学校教育重规训的传统，是班主任制存在的隐形文化基础

有学者认为，中国班主任制度直接建构着中国师生的学校日常生活方式与形态，即师生的学校生活形态，学生间、教师间及师生间的交往方式与形态，师生与学校、家庭、社区的合作方式。[①] 班主任制是中国情境下的一种教育制度设计，不仅建构起了学校教育体系，而且为学生终身教育体系的建构奠基。[②] 任何教育活动都是在一定的教育观念支配下展开的。有研究者认为，从历史考察和现实对比来看，基本上形成了"东西两种迥异的学生观"[③]。到底是把学生视为被教育和被管理的对象，强调严格管理和纪律约束，要求学生单向的服从管理，还是把学生当作独立个体和平等公民看待，尊重学生个体意志和权利，强调自由而不重强制，提倡学生自我管理。这两种不同的学生观，在某种程度上决定了对班主任制改革乃至班主

---

① 李家成：《论中国班主任的教育意蕴及其实现——基于中国教育的特殊性与国际对话中的教育自信》，《教育科学研究》2015年第6期。
② 李家成：《论中国"班主任制"的意蕴》，《教育学术月刊》2016年第11期。
③ 庄传超主编《学校管理基础》，华中科技大学出版社，2004。

任制存废的态度。我国教育曾长期注重知识灌输，在学生教育上，强调管理和服从，学生多被视为被动接受教育与管理的对象；在教育方式上，注重耳提面命式的说教，教师常以批评、训斥、禁止、惩罚为教育手段，认为对学生管得越严越好，要求学生严格执行教师的指令，不注意引导学生自我教育和自我管理，学生的个性差异和个性发展得不到应有的重视，致使学生缺乏自主、自立、自律的品质和独立自由的精神，缺乏自我管理和调控能力。近年来，尽管重视学生主体地位的教育理念已经普遍被人们所接受，但在全社会以分数至上的内卷日甚一日的大环境中，对学生长远发展的需要常常让位于眼前升学的现实利益需求。因此，要想从制度上和学校教育行为上进行正本清源的变革，不是一朝一夕的事，这就在很大程度上限制了学生班级教育与管理的改革进程。可见，中国班主任制具有独特的教育意蕴，在中小学阶段发挥了不可替代的教育作用，能在中国存在较长的时间。

综上所述，自从"班主任"这一岗位在中小学设立以来，虽几经演变，但总体上满足了基础教育不断发展的客观要求。因此，在传统的班级授课制以及班级教育与管理文化目前仍占主流的形势下，班主任角色依然不可或缺。从现实情况来看，对于很多学校而言，取消班主任还会存在不少困难，社会与家长的接受度也还有待提升。取消班主任不可盲动，即便要取消班主任，也要从课程设置、班级组织形式以及师资配备等方面系统规划，稳妥推进，真正有利于教育改革和学生发展。

第二节　班主任制的未来发展方向

"班主任制"将走向何方？随着基础教育改革不断深化，如果班主任制上述三个基础还存在，则班主任制就有可能继续存在，否则，班主任制将不可避免地走向终结。事实上，鉴于班主任制存在的弊端，社会各界对班主任制改革的呼声越来越强烈，一些地区和学校对班主任制进行了改革探索，部分改革取得了显著成效。由于高中、初中和小学的情况各不相同，班主任制终结或完善？不宜一概而论。

一 "高中班主任制"将逐步走向终结

2014年9月3日,《国务院关于深化考试招生制度改革的实施意见》出台,高考制度的改革,打破了高中固定的行政班,开始实行走班制。因为每个考生选择科目不一定相同,即使选择同一科目其学习程度和学习目的也不相同。这样,固定的行政班将不复存在,取而代之的是大量临时的教学班级。既然固定班级不复存在,班主任就没有继续存在的组织基础。传统班主任的工作,一部分将转由专业人士承担,如心理咨询、生涯规划等;另一部分将转由所有科任教师承担,如课堂管理、教育指导等。高中将真正践行"学科育人""全员育人"。学校每一位教师都承担起"育人"责任,分担原来由班主任担任的教育职责。

没有了班主任,如何对学生进行教育和指导?一些学校探索实行"走班制"和"导师制"等替代性制度,成效也十分明显。2009年,北京十一学校在实行分层教学、走班选课制改革的同时,取消了行政班和班主任,实施导师制,成了"无班主任学校"。《人民日报》报道显示,2011年,分级分类课程、走班选课在北京十一学校高一年级全面实施:无论是语文、外语、历史、政治,还是数学、物理、化学、生物,学生都需根据自己的实际水平和学习需求来选择不同层级、不同类别的课程。每个学生都有一张自己的课表,到归属于各个教师的学科教室去上课,每个教学班的同学都可能不一样。走班制下,行政班、班主任都不再设置了。老师没有自己的办公室,所有教师都分到各个教室,及时为学生提供咨询指导服务。任课老师重点关注学生的学习,咨询师为学生的规划提供帮助,教育顾问、自习管理等教师为学生全面成长提供专业化指导。

2015年9月,浙江宁波四中取消班主任制,改设"成长导师"。在"七选三"新高考模式下,原有的行政班被打散。为了对走班制模式下的学生进行有效管理,该校采取了小组化"成长导师制",全方位指导每位学生。随之,浙江有十几所学校推行"无班级管理试点",取消班主任,将学生分成学习小组,以"指导员"替代之。

改革实践证明,取消班主任制产生了诸多不错的教育效果:首先,能拉近师生关系,让每个教师都体验更加完整的既教书又育人的过程,有利于促进其专业成长;其次,有助于激发学生自我管理与自我服务意识,锻炼学生个人和群体的自治能力，培养自主发展能力；最后，能给学生提供有差异性的、有针对性的教育指导服务，有利于实现因材施教。

二 初中、小学的班主任制可能消亡，抑或更加完善[①]

（一）初中、小学班主任制可能会逐步走向消亡[②]

2023年6月，浙江省官宣全面取消中小学班主任制，每班设立三位导师，分别管理教学、德育和生活。这表明，当具备条件时，初中和小学的班主任制度也可能逐步消亡，这些条件表现如下。

第一，课程改革成效显著时，班主任制会被取消。班主任制消失的配套制度改革诸如走班制、选课制以及教师的课程开发能力等，需要新一轮的改革深入和优化。只有等到课程改革能满足每一位学生的选课要求，行政班的绝大多数管理功用消失，班主任的绝大多数学生行为管理与指导职能会由其他教师或社会专业力量分担时，班主任会以新的形象出现，班主任制可能会被取消。

第二，小班化教学真正落实时，班主任制会被取消。21世纪初期，班额过大是基础教育中的普遍现象。目前，小班化教学只是部分发达城市、一些高收费民办学校和部分乡村学校由于生源不足而采取的方法。当教育投入到位，校园不再拥挤、师资不再匮乏、教育教学设施配备齐全，小班化教学切实普遍实施时，班主任的绝大多数职能会由其他教师或社会专业力量分担。那时，班主任制可能会被取消。

第三，专业师资配备充足时，班主任制会被取消。进入21世纪后，中小学普遍缺乏专业的心理健康教育咨询者、人生规划指导者。有朝一日，这两种师资的专业资格取得非常完备，且取得专业资格的专业人员数量能满足中小学教育发展需要时，学生指导成为这些专业人士的工作，而不再委托给班主任，班主任的现有部分职能会由其他教师或社会专业力量分担，班主任制可能会被取消。

第四，教师专业化真正实现时，班主任制会被取消。尽管素质教育正

[①] 杜时忠：《"班主任"走向何方？》，《教育学术月刊》2016年第11期。
[②] 王立华：《班主任岗位的现状与去向》，《教育时报》2014年1月29日，第3版。

在全面落实、新一轮课程改革正在全面推进，但部分的中小学教师仍然只管教学，不管育人。只有当中小学教师的素养真正进入专业化境界，教师专业素养普遍提升，每个教师既有学科教学能力，又有教育指导学生的能力，能全面地履行教育教学职责时，班主任制才可能会被取消。

第五，学校实现扁平化管理时，班主任制会被取消。21世纪初期，中小学学校管理追求扁平化的趋向越来越明显。但是，科层制仍是大多数学校的管理形制。只有学校管理真正实现了扁平化，每一个管理者能直接和学生面对面地交往、互动时，班主任的现有部分管理职能会由其他教师或社会专业力量分担，那时班主任会以新的形象出现，班主任制才可能会被取消。

第六，家长教育水平普遍优化时，班主任制会被取消。当通过各种途径有效地提高了家长的家庭教育水平，并达到一定程度，家长能科学地给自己的孩子提供到位的家庭教育时；当社区力量真正参与到学校教育中来，并与学校教育、家庭教育相互支撑，"三位一体"发挥教育作用时。那时，班主任会以新的形象出现，班主任制才可能会被取消。

（二）初中、小学班主任可能会更加完善

毋庸置疑，当前中小学班主任制存在不少弊端，受到社会乃至班主任群体的广泛批评，社会各界改革甚至取消班主任制的呼声四起。但也要看到，目前支撑班主任制的组织基础、文化基础和制度基础并没有完全消失，相反，大部分仍然具有生命力，随着国家对班主任制度建设步伐的加快，只要对其中不适应的部分进行改革，初中、小学班主任制可能会更加完善。

班主任制未来将在继承中寻求发展、创新。随着教育个性化要求日渐提高，班级教育的组织形式更加丰富多样。班主任工作的内容日趋多元化。班主任工作的方式日趋信息化。班主任工作的水平要求日趋专业化。随着构建高质量的教育体系日渐成为教育发展的主流追求，将对班主任的专业素养提出新的、更高的要求。这对班主任的专业素养提出了巨大挑战，要求班主任工作的水平日趋专业化。[①]

如果要保留班主任制度，我们要如何对班主任制度进行改革，从而改

---

① 王立华、李增兰：《我国中小学班主任工作的历史考察与当代发展》，《当代教育科学》2007年第Z2期。

中小学班主任制的发展变迁

变班主任的工作状态，使之不再成为学校德育中孤军奋战的一员，将班主任从繁重的纷繁复杂的事务和压力下解脱出来？对于班主任职能而言，如何进行改革？哪些需要保留和完善？如何改革更适合当前中小学教育的现状？以上问题的解决必须重新审视班主任的职能定位，理顺班主任的工作机制，从中找到班主任制改革的方向。

近年来，国家层面通过颁布政策法规，加强了班主任制度建设，要求各地积极加大改革实践力度，先后建立了班主任任职资格制度、班主任选聘制度、班主任津贴制度、班主任培训制度、班主任职级制度、班主任荣誉制度体系，确定了班主任专业地位，极大地提升了班主任的获得感，畅通和拓宽了班主任的专业发展通道和路径，提高了班主任的薪酬待遇，增强了班主任的成就感和荣誉感，极大地调动了教师担任班主任的积极性。当然，班主任工作中还存在一些体制和机制上的问题，需要进一步推进其改革。

第一，明确职能定位，切实为班主任减负。中小学班主任工作暂行规定中将班主任定位为德育工作者，但班主任显然无法承担起全部的德育责任。因此，要在全员育人的视野下，重新审视班主任职责，厘清班主任岗位的责任权利，合理划分德育责任，明确班主任适合承担的职能，分离班主任岗位很多的附加职能，切实为班主任工作减负。

第二，增加班主任的专业自主权，促进班主任专业成长。如果连教师的专业自主权都得不到保障，又由谁来培养现代公民呢？因此，要尊重班主任在班级教育和管理中的专业自主权，允许班主任在适当范围内，选择和决定自己的班级工作理念、内容和方法，而不受学校规定限制，鼓励创新。给班主任外出进修和教研的机会，通过搭建平台，如举办班主任沙龙、班主任基本功大赛，助力班主任专业成长；通过推广班主任职级制，畅通班主任的专业发展通道；落实班主任双向选择，激发班主任工作的积极性，赋予班主任职业尊严；学校管理要有民主风气。

第三，赋予班主任组织权力，促进教师集体建设。鼓励建立团队班主任制度，班级全体教师都是班主任，赋予主任班主任组织权力，提高教师的主动合作育人意识。通过完善考核评价激励机制，强化科任教师班级管理责任与班级归属感，真正实现教师"人人都是班主任""人人都是德育工作者"。

第四，通过班干部制改革，培养学生自我管理意识和能力。当前，部分学生既缺乏自治的精神，也缺乏自治的能力。通过实行"干部轮换制"，推行学生的民主、自治，激发学生学习生活的主动性，从培养能力入手养成自治精神，强调了学生自治重在学习精神与养成习惯，更强调了学生民主精神与公民意识培养的重要性。班主任从创造环境和培养能力两方面入手尝试引导学生自我管理，为班主任工作减负。

第五，进一步提高班主任的薪酬待遇和健全班主任荣誉制度体系，通过激励机制建设，让班主任有更强的职业获得感。

当然，班主任制改革，必须以学校教育的系统改革为前提，从而让班主任制更加完善。班级授课制，在我国当前仍是主流教学组织形式。班级授课制最大的局限性就是难以照顾学生的个体差异。统一的教学内容、要求、进度和方法，难以适合每个学生的具体情况，特别是很难兼顾学习优秀和学习上存在困难的学生的不同要求。与班级授课制相适应的班主任工作制，在我国的长期实践中，取得了明显的教育效益。班主任制改革，必须在坚持以班级授课为教学的基本组织形式的基础上，注意发挥个别化教学的优势，将集体教育与个别教育相结合，将统一授课和分类指导相结合，不断提升班级教育的效能。

附录一　班干部制的发展历程及走向[*]

班级是学校教育的基层单位，是学生成长的重要场域。班干部是班级中担任一定职务、负责一定管理工作的学生骨干，是班主任实施班务管理不可或缺的重要助手。班干部的选拔与培养，是中小学班集体建设中不可忽视的重要环节。中华人民共和国成立以来，我国中小学班级管理一直实行班干部制度。70多年的实践表明，该制度在减少班主任和任课教师非教学性事务工作量、提高班级管理效率、锻炼和提升班干部的个人综合素质和能力、带动全班同学共同进步等方面发挥了重要作用。[①] 研究表明，担任班干部对学生学习成绩有促进作用。[②] 中国青少年研究中心调查发现，担任班干部的学生走入社会后，成才率明显高过未担任过班干部的学生。担任班干部是一种重要的经历和体验。然而，班干部长期被优等生"垄断"及其引发的教育公平问题，日渐受到社会各界的普遍关注，甚至引发了班干部制的存废之争，如童话大王郑渊洁就指出，让小学孩子代替老师管理同龄人，会使学生从小就产生等级观念。《广州日报》曾组织官微调查，45%的网友呼吁取消班干部制度。因此，社会各界强烈呼吁改革班干部制，优化选拔过程，扩大和提升其岗位教育成效。各地也在传统任命制的基础上，积极推进班干部制改革。试行了选举制、双轨制、轮换制、轮流制等几种形式。由于这几种班干部制在不同地区、不同学校、不同班级都同时存在，厘清班干部制度的发展历程，辨析各项班干部制的优点和不足，对探究新时代班干部制的未来发展趋势、营造健康的班级教育生态、促进教育公平、

---

[*] 该文发表于《教学与管理》2023年第3期。
[①] 曾杰华、刘良华：《担任班干部与学生学业成绩的相关性的调查》，《当代教育与文化》2011年第4期。
[②] 柯政、李昶洁：《班干部身份对学习机会获得的影响——基于4026位初中生的倾向值匹配法研究》，《教育研究》2020年第5期。

提高教育成效具有重要的理论价值和实践意义。

第一节　我国中小学班干部制的发展历程

班干部制，是指班干部选拔组成制度。在教育史上，夸美纽斯首次在《大教学论》提及班干部制，他指出，教师可将学生分为若干小组，比如10人一组，"每组由一个学生去管理，管理的学生又由上一级管理"，这样教师的工作可以减轻。这是班干部制的最初雏形。在"泛智学校"的论述中，夸美纽斯要求把同班的学生以10人为一组，"并且每组派一名'组长'，封以'检察员'、'指导员'或'教育员'的头衔，选年龄最大、才能出众或特别勤勉的学生担任，或由已经读过本年级并已知道学习什么内容的人担任，以便能更容易地帮助班主任教师"。其中规定了组长的职责：第一，观察是否全体组内成员都按时进教室和各就各位；第二，督促每一个人学他所该学的；第三，如果发现谁能力较差或较迟钝，不能赶上别人，就应帮助这位同学或告诉教师。总之，他应保护自己这10个人，像保护托付给他的羊群一般，带领他们、在勤勉和德行上做出好榜样，在其他方面，举止也应是教师认真的助理和其他组热心的竞争者。如果他不尽心履行自己的职责，则应解除他的组长职务。且应公开解除，使别人引以为戒。[①]

在《创建纪律严明的学校的准则》一文中，夸美纽斯提出："每个班级也应该像个小国家，要有自己的由正、副十人长组成的委员会，其主席是第一小组的十人长。"其主要任务是管理班级上课时的纪律和调解分歧。为了使学生更用心学习，教师可以从本班挑选几个最有才能、学习勤奋的学生做自己的助手。助手的多少视当年的学生人数而定，一般每10人挑一个。为使班级一切工作顺利进行，教师可从即将升级的学生中选留十人长。因为他们学完了该年级所有的课程，熟悉课程的全部内容，他们能给教师应有的帮助，并作为教师的助手在升入该年级的新生中发挥作用。但是被任命的学生不能在违反他们意愿的情况下派他们去担任这项职务。鉴于他们的工作是无报酬的，也有别于其他同学，他们应该被称为教师的助手。所以在某个年级尽了这种义务的学生，不再在其他年级留任十人长，而应该让他们及时地升入下一个

[①] 夸美纽斯：《夸美纽斯教育论著选》，任宝祥等译，人民教育出版社，1990。

中小学班主任制的发展变迁

年级，直至最高年级。尽管不能强迫，但可以要求每个班级的十人长每周至少在教室集中一次，讨论一下有没有什么地方出现了破坏纪律的现象。如果他们发现有这种情况，那么或者他们自己去纠正，或者规劝有越轨行为的同学自己改正。还应调解他们之间出现的分歧。如果有解决不了的问题，就应该求助于教师解决。

作为班级授课制的奠基人，夸美纽斯对班干部的组成、功能、职责和奖惩等方面的规定，奠定了班干部制的雏形。不难看出，其出发点主要是让班干部作为教师的助手，协助进行班级管理，维持上课纪律和教室清洁，更强调的是班干部制的工具价值，对于班干部制对学生个体成长的教育价值，则未提及。

我国"班干部"这一称谓最早源自苏联。为了加强集体主义教育，强化组织在管理中的作用，苏联先后于1918年和1922年成立共产主义青年团和少年先锋队组织，并在学校建立支部，中小学班级普遍设立了政治和行政两套组织。其中，政治组织由团支书、组织委员、宣传委员和干事组成，以团支书为主导；行政组织是由班长、班委委员和课代表、小组长组成，由班长主导。中学是政治组织和行政组织两套班子并行，而小学则一般是由一套班子兼任两职，即中队长兼任班长、中队委兼任班委成员、小队长即小组长（见表1）。这些协助班主任承担一定班级管理工作的学生，被称为"班干部"。[①]

表 1　中小学班干部体系

学校类别	中学		小学	
组织类型	政治组织	行政组织	政治组织	行政组织
组织名称	共青团支部	班委会	少先队中队委	班委会
核心层	团支书	班长	中队长	班长
中层	组织委员、宣传委员	班委委员	中队委	班委委员
基层	干事	课代表、小组长	小队长	课代表、小组长
特点	两套班子并设		合二为一，互相兼任	

---

① 申玉宝：《小学班干部制度的发展进程与反思》，《当代教育科学》2012年第14期。

附录一　班干部制的发展历程及走向

中华人民共和国成立以后，在第一次全国教育工作会议上，确立了"借鉴苏联教育建设先进经验"的教育发展方向。中国开始全面学习苏联的教育宗旨、教育制度、管理体制和教育理论。以凯洛夫的《教育学》引进为开端，马卡连柯、赞可夫、克鲁普斯卡娅、苏霍姆林斯基等教育家的教育理论，特别是集体教育理论开始深深地影响着中国。苏联班干部制也因之引入我国。从总体上看，我国中小学班干部制度的发展历程大致可分为三个阶段。

起步发展阶段（1949~1965年）。新中国成立后，在"以苏为师"的教育发展方向的指引下，中小学实行年级制和班级授课制，取消民国时期训育制度和中小学普遍设置的"童子军制"，在中学增设共青团[①]，在小学增设少先队，同时，设班主任制代替级任教师制。至1952年，全国中小学普遍实行了班主任制。在班级管理上，班主任任命学习成绩好、服从性强、家庭成分好的学生骨干组成班委会，以协助班级管理。这时班干部组成主要是任命制。

曲折发展阶段（1966~1977年）。"文化大革命"时期，我国教育事业遭受了打击。中小学仿照军队建制，实行军事化编组，以学校为单位编成连，每个班级编成排，班级内小组则编成为班。少先队被取消，共青团的工作陷于停顿。红卫兵和红小兵组织取代了班干部，成为班级管理的主要力量。原班长就转任为排长，原班级内小组长就转任为班长。班干部作为教师班级管理的主要助手的功能丧失。

改革创新阶段（1978年至今）。"文革"结束后，随着我国各条战线拨乱反正迅速开展，各级各类教育秩序逐步恢复。班干部制也逐渐恢复了原制。在民主、平等等现代教育思想的影响下，为了规避传统班干部任命制的一些弊端，各地开始尝试对班干部制进行改革。改革的主要方向是在保障班干部作为班主任助手的前提下，改变班干部由教师直接指定，少数优秀学生长期"垄断"班干部职位，造成学生之间教育机会不公平的弊端，给更多学生以平等的锻炼机会，培养学生民主、平等精神，让班级管理更加民主、科学。这期间，在传统的班干部任命制在多数时候多数地区仍占

[①] 1949年4月，成立之初称为中国新民主主义青年团，1957年5月，更名为中国共产主义青年团（简称共青团）。

主流的形势下，不少学校对推进班主任制改革创新进行了可贵的探索，取得了可喜的成绩。

第二节　五种班干部制

班干部选拔制度作为学校规章制度中重要一环，为学生的学习和发展提供了岗位平台，是具有独特育人功能的隐形课程。我国中小学班干部是由政治组织和行政组织两个系列构成，具有层次化和多角色化的特征，具体包括班委会和团支部或中队委两个系列，核心层干部（班长和团支部书记或中队长）、中层干部（班委会各委员和团支部各委员或中队委各委员）、基层干部（课代表和小组长或小队长）三个层面。一般由班长、副班长、学习委员、生活委员、艺术委员、纪律委员等一系列委员，以及每门学科的学习课代表和各学习小组长组成。

改革开放以来，各地积极开展班干部制改革，先后探索实施了新的班干部选拔方式。因此，系统审视各项制度的优势和不足，是推进当前班干部制改革和发展的重要基础，事关班干部制改革的未来发展方向。

一　任命制

任命制，是指班干部团队是由班主任根据班级学生的学业成绩、日常表现以及家庭背景等因素，直接任命产生。新中国成立之初，由于奉行全面学习苏联的政策，苏联的教育理论特别是马卡连柯的集体主义教育思想开始影响中国，班级管理开始走上了集体主义教育道路。在马卡连柯的班级管理理论中，要求设立班长职位作为班主任的助手，负责管理班级纪律、卫生和财物，甚至被授权班长可以代替教师惩罚违纪同学。而班级学生必须服从班干部领导。这一时期，我国中小学班干部，往往由班主任指定，组成班委会，分工协作负责班级各项管理工作。班委会受班主任直接领导，作为班主任和学生之间联系的桥梁，与同学之间既是同学关系，又是管理者与被管理者的关系。

（一）任命制的制度优势

作为我国产生最早且影响最为深远的班干部组成制度，任命制得以长时间的存续下来，得益于它具有以下几个突出的制度优势。

第一，有利于发挥班干部的组织、监督和榜样示范作用。任命制一般指定学习成绩好、能力强、工作热情高的学生担任班干部。这样，有利于通过班干部的组织、监督，特别是发挥其"领头雁"的榜样示范作用，带动班级全体同学共同进步。

第二，有利于新班集体迅速形成。班干部是形成班集体凝聚力的核心力量。班主任接任新班级，在对学生了解程度较低的情况下，直接指定能力较强、听话且有一定威信的班级骨干作为班干部，有利于班集体迅速形成，并为班集体良性运转打下基础。

第三，有利于减轻班主任的工作负担，树立班主任的权威。对于班主任来说，任命的班干部一般是班主任比较赏识的能干学生，让他们协助班级管理，不仅有利于发挥其作为班级管理助手的作用，减轻班主任和任课教师的工作负担，而且能够充分贯彻班主任的意志，有利于树立班主任的权威，促进班主任各项活动计划的落实。

（二）任命制存在的不足

受特殊时代背景的影响，班干部制设立之初，就具有浓厚的政治色彩，事实上是"干部"一词在教育领域里的延伸。从某种意义上讲，班干部制是传统官本位文化思想的延续和教师中心论思想的产物，具有鲜明的工具性特征。

第一，容易让学生从小形成等级观念。班干部任命制最为人所诟病的是选拔标准单一，缺乏公平性。班干部作为班级"王牌教师"的助手，一般被认为是班主任的代理人和学生中的领导。这种直接任命的班干部群体会将全班同学分化为"干部阶层"和"群众阶层"。[①] 组织管理时，多采用控制手段，多数学生处于被动服从的状态。当普通学生长期处于"被管"角色时，学生容易形成等级观念和对权威的服从，不仅可能失掉自信心，形成自卑感，还容易对班干的管理产生抵触情绪，形成隔阂甚至敌对状态，不利于平等、民主及健康向上的价值观的养成。

第二，滋生了复杂的教育公平问题。任命制组成的班干部群体往往是

---

① 吴康宁：《班级中的工具性角色、表意性角色及其引导》，《教育评论》1991年第5期。

品学兼优的学生，且具有"终身制"的特征。这容易导致复杂的教育公平问题。一方面，班干部岗位长期由少数"尖子生"把控，且变动幅度不大，使占绝大多数的中等生和后进生只能在班级管理中处于被管理和被控制的地位，阻碍了他们在集体教育中的锻炼机会，这容易挫伤绝大部分学生参与班级事务管理的主动性和积极性，对于同坐一室的广大学子而言，是非常不公平的。另一方面，对于拥有大把锻炼机会的少数班干部群体而言，也存在另一种形式的不公平。其一，不易养成其健全的人格。大部分班干从小学到大学，成绩都名列前茅，是家长的骄傲、同学的偶像，长期受到教师的青睐甚至"溺爱"，容易"恃宠而骄"，产生强烈的自我认同感。而在普通同学眼中，班干部是老师的"红人"，平时相处中会对其礼让三分。由于长期在顺境中快乐成长，有些班干部便滋生了骄傲情绪，进而形成一定的优越感和"目中无人"的作风。一旦步入社会遇到困难，他们中的一些人往往就经不起挫折，抗不住压力，遭遇沉重的角色重适的压力，甚至形成严重的情绪困扰。因此，长期担任班干部并不利于学生人格健康发展。其二，容易增加班干部的学习压力。尽管班干部一般能力较强，但繁杂的班级事务还是会挤压其学习时间和精力，甚至可能会耽误功课。这实际上影响了班干部与其他同学在学习上的平等竞争权。在激烈的升学竞争压力下，无疑会加剧其学习生活压力。久而久之，会因"班委压力重"，降低工作热情，甚至提出辞职；留任的易滋生"职业"倦怠感，对工作疲于应付，"做一天和尚撞一天钟"，降低班级管理效率。教育公平是社会公平的基础，而教育过程公平则是教育公平的第三个层次。因此，推动任命制班干部制改革是推进教育过程公平的应有之义。

二 选举制

20世纪八九十年代，随着我国经济快速增长，教育在社会各个层面都发挥越来越重要的作用，教育公平问题日益凸显。教育过程参与机会的公平作为更高层次的教育机会公平，开始步入大众的视野。由于班干部与教师接触频率增多，班干部岗位的锻炼价值越来越受到家长的重视。作为一种"僧多粥少"的稀缺资源，其制度的公平性愈发受到广大教育者的关注。受国外现代民主、平等教育思想的影响，一些学校开始借鉴政治上的选举制，探索实行班干部选举制。

选举制是由班主任根据班级同学推选出的班干部候选人或者由学生自己直接参与竞选，再由同学民主投票选举产生班干部的制度。从实践情况来看，班干部选举制主要有两种形式，一种是先由班主任综合学生意见推出候选人，再由全班进行差额投票，选举产生班委会；另一种则是班主任公布班干部职数，先由学生自愿上台发表竞岗演讲，再由全班同学进行不记名投票，最后集体唱票统计票数，得票数高者担任职位。

（一）选举制的制度优势

相比于任命制，选举制最大的优势就是将班干部组成的决定权真正交还给学生，并且通过公平竞争推选出班干部，在一定程度上体现了民主、公平、公正的教育理念，有助于培养学生的民主、平等意识。具体而言，其制度优势主要表现在如下三个方面。

第一，有利于班干部顺利开展工作。由于班干部是自愿参加竞选，并由全班同学投票选出，当选的同学不仅对班级管理有浓厚兴趣，还具有牢固的群众基础，可以有效缓解"官民对立"现象，有利于其日常管理工作的顺利开展。

第二，有利于培养学生民主平等精神。选举不仅能让公认的优秀同学脱颖而出，还是一个良好的育人载体。每个学生都可以自愿参选，大家机会均等。担任班干部，必须依靠自己的学业成绩与人格魅力，通过民主选举，公平竞争，优胜劣汰。这有利于从小培养学生的民主、平等精神。

第三，有利于培养学生的自主管理能力。首先，选举本身对学生而言是一个极佳的锻炼机会。对于参加竞选的同学，通过竞选有利于培养其演讲能力，锻炼胆量、增强自信心；对于未参与竞选的同学，通过参与投票有利于培养其民主素养和能力。更重要的是，由于竞选者在竞选中会提出"施政"举措，有利于其他同学对其任职后的工作进行有针对性地监督，也便于其及时进行工作调整，提升自主管理能力。其次，有利于学生提升自身素养。学生要在选举中顺利当选，必须在平时特别是在教师看不到的时空，注重加强自身修养，否则，就难有公信力，同学就不会给他投票。最后，有利于提升学生的自主管理能力。选举产生的班干部具有较强的班级荣誉感、责任感和工作主动性，不至于长期在班主任的强权指挥下仅依赖班主任的指令开展工作，避免产生逆反心理，有利于其自主管理能力和创新能力的提升。

（二）选举制存在的不足

相对于任命制，选举制虽然能够在一定程度上体现民主平等精神，有利于培养学生的民主公平意识，但是这一制度本身仍然存在以下不足。

第一，学生受众面仍然偏少，难以顾及全体学生。由于长期形成的给优秀者投票的心理定式，竞选中独占鳌头的还是少数成绩优异、威信高、外向且能力突出的学生。对于中等生特别是后进生而言，他们还是与班干部职位无缘，事实上依旧缺乏锻炼机会。因此，选举制是以每个学生拥有平等的选举权和被选举权的形式合理性，掩盖了绝大多数学生不能入选的实质上的不公平，与教育面向全体学生的现代教育理念相悖。

第二，选举对班风要求较高。营造健康的民主竞争氛围，对选举成败至关重要。否则，由于职位"僧多粥少"，选举过程容易充斥一些拉票等过度成人化和社会化的非正常现象。部分不良竞争手段如果处置不当，可能使选举沦为幌子，行不公平不公正推选之实。这种变形走样的民主，会直接影响选举的公平性，使同学之间产生隔阂，全班分裂为几个"小帮派"，不利于班集体建设。

第三，竞选失利的同学容易产生负向情绪。既然是竞选，就会有失败者和成功者。因此，竞选会加剧学生心理上的紧张，增加其学习压力。对竞选失利者，如果班主任没有及时进行有效引导，容易挫伤其自信心，使其产生情绪障碍。一方面，竞选失利的学生可能会被同学特别是竞选成功者嘲讽而产生自卑感；另一方面，这些学生可能认为选举失利是因为受其他因素干扰而产生不公平心理，因而难以认同选举结果，甚至会对选举本身的公平性产生怀疑。这可能导致其人生观、价值观的变化，不利于其身心健康成长。

三 双轨制

班干部双轨制（或称班干部混合制）是指班干部由两种形式产生，一部分由学生竞聘选举产生，另一部分则由班主任直接指定。其中，由班主任指定的人选应该主要由中等生特别是后进生担任，且人数以占班干部总数的1/3为宜。指定人选占比过大，则不利于发挥班干部团体的榜样示范效应；占比过小又容易使指定的班干部在群体中没有相近的参照点而自惭形秽。由于前两种班干部制中，班干部一般由少数成绩优秀者把持，中等生特别是后进生往往与班干部职位无缘而缺乏锻炼机会，必须通过制度创新来弥补这些缺陷，班干部双轨制正是这种背景下的产物。

（一）双轨制的制度优势

第一，有利于兼顾教育的效率和公平。班干部制本身既有作为班主任助手的角色功能，又具有锻炼发展的价值功能。任命制更强调班干部作为助手的工具价值，通常对后进生不予考虑；选举制强调效率，优胜劣汰，后进生通常没有机会。这两种机制对中等生尤其是后进生而言，是不公平的。双轨制综合前两种制度的优势，在班干部锻炼的教育功能和其得力助手的角色功能之间找到一个契合点。一方面通过公平竞争实现"唯贤是举"，培育民主意识，保障管理效能，追求的是效率；另一方面班主任直接指定，又给在某方面有明显不足的后进生一些机会，保证这类学生拥有平等的锻炼权利，目的是兼顾公平。因此，双轨制既保障了班干部的管理效能，又涵养了教育公平，有效地兼顾了教育的公平与效率。

第二，有利于促进班集体建设。首先，双轨制可以照顾到全班各个层次的学生，使班干部的组成具有更广泛的代表性。班主任可以更容易听到各个层次学生的意见，做到兼听则明。其次，双轨制用班干部的示范带动作用，促进优等生与后进生之间的合作，倡导了平等合作的观念，避免后进生因受歧视而产生自惭形秽的怯懦心理，有利于激发其发展潜能，营造和谐的班级氛围。最后，双轨制可以促进班级负向非正式群体的改造和转化，加强班风建设。

第三，有利于促进后进生转化。一般而言，促进后进生转化，会牵扯班主任大部分班级管理精力。双轨制中，班主任直接任命一些负向非正式群体的代表性人物担任班干部职位。实践证明，这种类似于"招安"的政策，对促进后进生转化会起到良好的效果。首先，有利于提升后进生的角色期望。角色理论认为，人的态度和行为是受其在社会中的角色地位和社会角色期望所影响的。人的行为应该符合其角色身份要求，并与其所承担的角色相一致。后进生扮演班干部角色，其必须使自我角色行为与班干部角色规范相一致，因而会严格要求自己，以身作则。其次，有利于密切师生关系。后进生担任班干部，因与教师互动接触机会增多，有利于缩短师生的心理距离，改变后进生对班主任"看不起咱、偏心眼、刻意与我作对"等刻板印象，增加后进生对班主任及班集体的认同感，减少隔阂甚至消除叛逆心态。最后，有利于提升转化效果。后进生担任班干部，在原来简单对立的管理与被管理的关系中，融入了共同组织管理其他同学的任务。其作为管理团队中的一员，必须在班级管理中采取顺应与合作的态度，配合和服从管理，促使其回归和参与班集体建设，加速其向班级建设者方向的转化，减轻班级管理阻力。因此，实践证明这是班主任转化后进生的一种行之有效的手段。[1]

（二）双轨制存在的不足

第一，班干部团队的构建会更趋复杂。如何调整选举和任命的岗位范围？哪些职位由选举产生，哪些职位由教师任命？让后进生加入班干部团队，如何发挥这种制度优势实现其转化？这一系列的现实问题，需要班主任在双轨制的实施过程中进行厘清和抉择，这会增加班干部团队组建的复杂程度，增加教师工作量。

第二，对后进生班干部进行培育的任务较重。从某种意义上讲，让后进生担任班干部是一着好棋，也是一着险棋，是一柄双刃剑。如处置不好，有可能让班主任陷入被动难堪的境地。因为一个人遵循其角色期望的程度，归根结底取决于其认知和实践能力。班主任需要花大力气对指定的班干部进行精心培育，在帮助其实现角色转移之后，还需要在工作中为其创设良好的实践条件，如在岗位分工时，班主任要用之所长，避之所短。要强化其权责意识，帮助树立威信，激发其进取热情，提升其认知水平和实践能力。

第三，兼顾公平与效率仍然存在一定的挑战。怎样在保证班干部执行效率的前提下，既保证后进生享有锻炼的权利公平又兼顾班级其他学生群体机会的公平是班主任必须妥善处理的问题。班主任任命后进生为班干部，倘若没有合理的解释以赢得班级其他学生的理解，极易造成班级学生乃至

---

[1] 董海军：《班干部双轨制：后进生转化教育的新方法》，《思想·理论·教育》2004年第11期。

家长的不满，影响班级凝聚力。

四　轮换制

班干部轮换制是指全班同学通过竞选，定期轮流在班干部岗位上接受锻炼，以获得参与班级管理的机会的班干部组成形式。轮换制将竞争与轮换相结合，充分体现每个学生均等的权利与义务。轮换制是20世纪80年代末在主体主义思潮的影响下逐渐产生的。原有的班干部制使班干部选择范围小，对全班同学而言，锻炼机会少。因此，不少班主任就从增加岗位锻炼机会入手，尝试进行了班干部轮换制。在20世纪90年代，叶澜教授就开展小学班干部轮换制的实践。班干部采取选举式竞聘上岗，每学年轮换两次，主要岗位轮换比例在1/3~2/3，学生连任最多不超过两届。[1]

班干部轮换制主要有两种形式：一是局部轮换，即仅是班干部之间的职务轮换和更换部分班干部相结合；二是全面轮换，即每学期或每月由不同的班干部团队轮流承担班级管理工作。在表现形式上，即实行双班委制或三到四个班委制。每套班子的班干部组成一般采用自我推荐、公开竞选、集体投票等方式选出。不同班子轮流任职，轮换周期一般是一个月、两个月或一学期。轮换方式常分为以下几种：抓阄、抽签、竞选、按学号顺序等。同时，还辅之实行"班干部推选制""班干部评议制""班干部淘汰制"。每届期任期满后，召开班集体会议，总结此任班委在职期间的优势和不足之处，为下一任的班干部提供班级管理的经验和教训，同时对不堪胜任者予以调整。

（一）轮换制的制度优势

班干部轮换制给全班同学以同等的竞聘机会，使全班同学担任班干部的机会增多，确保班集体教育中的公平公正，受到了大部分学生和家长的拥护，并成为目前班干部制改革运用较多的一种方式。与前几种相对稳定的班干部制相比，其制度优势主要表现如下。

---

[1] 叶澜：《"新基础教育"论——关于中国学校变革的探究与认识》，教育科学出版社，2006，第312~313页。

第一，有利于培育学生班级主人翁精神，活跃班级气氛。轮换制旨在培养服务型班干部，在班级中形成一种竞争氛围，让更多学生有机会在不同岗位履职尽责，以丰富学生的角色体验。有助于通过不同组班干部成员的定期和不定期的相互交流和沟通，取长补短，开阔学生视野，丰富其处理问题的思路，增强班级凝聚力和班级管理活力。

第二，有利于培养学生民主公平意识，增强自信心和责任感。班干部定期轮换，鼓励竞争，还班干部更多的学习空间，也让每个同学都有平等的机会自主竞聘班干部，体现了人人平等、公平竞争的理念，使普通同学有参与班级管理的机会，树立信心，调动了其参与班级管理的积极性和责任感。

第三，有利于更多学生在竞争与轮换中得到锻炼，提升综合素质和能力。在职前竞选中，学生会提出许多富有创见的"施政"举措，有利于锻炼胆量，培养民主素养和创新能力；在任职期间，学生会珍惜锻炼机会，充分发挥其主观能动性，创造性地组织班务活动，锻炼其组织管理能力、沟通协调能力；在非任职期间，学生也会积极配合班干部的工作，并能指导现任班干部学习他人经验，化被动服从为主动作为，增强自我教育能力，提升其综合素质。更重要的是，班干部定期轮岗不会"一岗定终生"，每个人都有机会在自己擅长与不擅长的岗位上交叉任职，得到锻炼，增长才干，真正将班干部岗位的实质性锻炼作用落到实处。

（二）轮换制存在的不足

轮换制度由于起步较晚，且极易受到班级具体情况的影响，具体实施过程比较复杂，存在以下明显的不足。

第一，增加了班主任指导和培养班干部的压力。实行班干部轮换制，要求参与轮换的几个班干部团队都必须具备较强的班级管理能力。然而，在制度运行之初，并不是每一个班干部都具备这种能力。因此，班主任必须对这几套班子都进行相应指导和培训。与任命制相比，班主任的培训指导压力倍增。在实施过程中，对班主任的管理能力要求较高。若处理不当，极易使班主任日常管理工作变得更为烦琐和复杂，甚至造成班级运转的混乱。因此，该制度不适合对班级情况了解不深的新班主任，也不适合班集体尚未形成的新班级。

第二，尚未实现人人参与管理的目标。尽管轮换制会使参与班级管理的学生面变大，但由于需要竞争上岗，广大中等生和后进生仍然缺少锻炼机会。加上班干部轮换周期长，实际上能真正走上管理岗位的学生还是少数，远未能实现人人参与管理、个个实现自我价值的管理目标。

第三，增加了班主任的班级管理压力。班干部定期轮换，有人"上位"，必然有人"下台"。班干部必须在双重角色之间进行转换。首先，容易出现角色转换的双重错位。部分轮下来的班干部容易产生失落感，滋生不满情绪，并常把内心的不快发泄到新班干部身上，人为增加了新班干部的工作难度。如何做到上面的人高兴，下面的人乐意呢？这需要班主任做好思想动员工作。其次，班干部"轮流坐庄"，难以形成班集体组织的核心力量，有可能会降低全班学生的班级归属感和认同感，不利于班集体凝聚力的形成。最后，由于班干部有任期限制，有可能出现只顾眼前而不考虑长远的短期行为，班集体教育功能下降，背离轮换制实施的初衷。此外，如何保持前后班子施政的连续性和统一性？采用何种轮换形式？如何确定轮换比例和周期？这些问题都需要班主任根据班级具体情况来综合考量。这都需要班主任精心组织、全面指导，并给学生以充分的信任和大力的支持。

五　全员轮流制

班级管理的目标是利用班集体的集体教育形式，全面提高全班学生的整体综合素质。实行班干部轮换制，虽然有利于激发学生的民主参与意识，扩大锻炼机会的辐射面，但能得到锻炼机会的人数毕竟有限，远没有达到全员参与的程度。在新时代，如何通过制度创新，使班级中每个同学都有平等地参与到班级管理的机会，都能得到发现自我、展示自我的机会，真正将班级还给学生，落实班级教育中学生的主体地位，是学校教育改革不得不直面的问题。班干部全员轮流制就是在这种背景下应运而生的。

班干部轮流制即全员轮流制，是班干部轮换制的升级版，但二者又有明显的不同。第一，真正变"部分发展"为"全体发展"。班干部培养不能过分强调将学生培养成老师助手的工具价值，而忽视管理、制度本身的教育价值。开发每个学生的潜能，促进每个学生主动发展，应该是班主任工作的价值追求。因此，班干部制应该变仅针对班干部的"部分发展"为针对全体学生的"全体发展"。打破优等生对班干部的"垄断",降低班干部的任职条件,全体同学均能而且都必须担任一定的班级管理角色,承担班级管理的责任,给每个学生都创造平等的锻炼机会。[①] 第二,轮换周期缩短。轮换周期定为一周、两周或一个月,保证每学期每个同学至少有一次锻炼机会。第三,多岗锻炼。要求同一学生两次任职不要担任同一职务,以最大限度发挥岗位的锻炼价值。第四,相互支持,相互竞争。引入竞争激励机制,对各小组履职尽责情况进行评估,作为学生综合素质评价的重要依据。

(一) 全员轮流制的制度优势

第一,变"部分发展"为"全体发展"。全员轮流制让全班学生无论是后进生还是尖子生,都能承担一定的班级管理责任而获得均等的岗位锻炼机会,感受到集体的尊重和需要,体验成就感,真正改变了班干部岗位仅由少数精英学生长期固化的"顽疾",促进全体学生主动健康发展。

第二,变"一岗定终生"为定期异岗锻炼。在全员轮流制下,学生初次任职,尽量人岗相适,再次任职要异岗锻炼,这既能避免学生养成懈怠心态,又能弥补学生能力短板,促其综合能力持续提升。

第三,变"相互竞争"为"学习与监督"并重。不同组班干部在轮换中相互指导和学习,相互配合支持。同时,构建小组间相互监督及激励机制,确保班务管理的连续性,促进班集体建设持续进步。

总之,全员轮流制,使全班同学均有平等的参与班级管理的机会,都必须承担班级管理的责任,基本上做到人人有事做,事事有人做。从根本上改变了传统班干部体制中"少数人当官,多数人被管"的局面,每位同学都得到了发挥作用体现价值的锻炼机会。其实质是将传统的等级式班级管理模式转化为一种服务型班级治理模式,使全班同学既是享受管理服务的主体,又是提供服务的主体,两者互相统一,营造一种"我为人人,人人为我"的班级多元共治的服务型治理模式。

---

① 赵洪湖:《班级实施"小干部轮换制"的思考》,《江苏教育》(教育管理版) 2015 年第 6 期。

（二）全员轮流制的不足

首先，班干部定期轮换，班主任班干部组织难度加大。其次，不是每一个学生都具有担任班干部的能力，一旦学生能力上无法胜任，会给班级某项管理带来混乱。再次，班干部培训的任务加重。最后，该制度只有在班集体建设比较成熟时才能采用。一般而言，班主任在班集体建设的不同时期，应采用不同方式来组建班干部团队。刚接任新班级，班主任应重在深入了解学生状况，可暂定若干小助手来协助管理班务。随着对全班了解程度加深，可直接任命学生骨干组成班干部团队，注重骨干班干部培养。当班集体初步形成，班主任可采用民主选举制来重组班干部团队，重在培养全班同学的民主素养。当班集体运转成熟，班主任可以有步骤地实施全员轮流班干部制。基于上述不足，很多班主任并不愿意推行此项改革。其实，这些弊端完全是可以通过制度建设来避免的。

（三）全员轮流制的实施步骤

第一，科学设岗。为避免传统班干部岗位设置职能交叉重叠的弊端，根据班级集体生活的需要，科学设置清洁维护、设施管理、纪律管理、体育及各科学习指导等服务性岗位，做到事事有人做。所有职位无高低贵贱之分，大家定期轮换，人人有事做。

第二，思想动员。轮流制实施之初，班主任要对全班同学做细致的思想教育和动员工作，让每一位学生都明确参加班干部岗位锻炼的意义，树立"管理即服务"的责任意识，调动全班同学服务班级、履职尽责的积极性。

第三，互补分组。按照优势互补原则，将全班同学划分为若干班干部小组，每组5~7人，各组力求性格互补、男女搭配，组间能力均衡。小组中每位成员各司其职。同时，尽量将班级非正式负向群体拆分，并将原班干部分别安排进不同小组，由其带领所在小组轮流进行班级管理。一旦发现组内"内耗"，及时调整组员。

第四，设影子班委。在全员轮流制实施初期，学生并不都具备班级管理能力，故在值日班干部之外，可暂设常任班委。常任班委由前期通过指定或竞选产生的品学兼优的学生组成。在全员轮流制实施之前，他们全面履行班干部职责;在全员轮流制实施初期,他们退居幕后,主要职责转为指导和监督各值日班干部的工作,协助处理值日班干部处理不了的问题,充当"顾问团"角色,并进行考评打分。当全员轮流制运行成熟,常任班委可退出,转而将主要精力放在带领所在小组履职尽责上。

第五,加强培训指导。实施前,班主任要结合班级实际,组织全班学习日常行为规范,通过集体讨论明确各岗位职责及管理行动指南。同时,用班干部现身说法、案例分析等形式,对全班开展班级管理专题培训。在一届任期结束时,召开班级管理工作评议会,全班同学集中评议工作成效与不足,总结经验教训,分享管理智慧,明确改进方向和方法。同时,做好不同组间的工作交接,以保持班级各项管理工作的延续性。

第六,竞争性评议。由班主任、科任教师和常任班干部结合学生个人、小组自评、组间评价,对各小组履职情况定期进行综合评估打分。每一循环结束,各小组进行积分评比,评比结果及每个同学履职表现将被记载和公布,作为学生学期、年度综合考核以及评优的重要依据。通过多元发展性评价,辅之以奖优罚劣,激发全体学生良性合作与竞争意识,促进每个学生不断实现自我超越。

总之,将管理变为治理,是班级教育理念的重大变革,既能将班主任从烦琐的班级管理工作中解放出来,提高班级管理效率,又能有效地防止班级的分化,杜绝官本位等官僚主义滋生的土壤,更重要的是能培养学生的平等意识、服务意识、责任意识、协作意识、主人公意识和集体主义意识,提升每个同学的责任感和成就感,更充分地发挥每个同学的主动性和创造性,使大家更加关心、热爱班集体,有利于形成班级教育合力,增强班级教育成效。因此,班干部全员轮流制,是未来班干部制度改革和发展的一个重要方向。

第三节 班干部制的未来发展趋势

班级是一种以促进全体而非部分学生发展为本的特殊社会组织。班级建设的目标是利用班集体教育形式,促进全体学生主动全面发展。班干部制设立的初衷不是为了划分学生的优劣等级,而是着眼于班集体教育功能的发挥,培养和提升全体学生的综合素质与关键能力。作为班集体建设的重要机制，班干部制主要有两方面的功能：一是作为班主任管理助手的工具价值功能；二是对学生的培养、锻炼的教育价值功能。受特殊时代背景的影响，我国班干部制设立之初，就具有浓厚的政治色彩，事实上是"干部"一词在教育领域的延伸。从某种意义上讲，是传统官本位文化的延续和教师中心论思想的产物，具有鲜明的工具性特征。故长期以来，对班干部角色的功能定位存在误区，即过于强调其"管理"的工具性价值功能，而忽略了其"培育"的教育性价值功能。为了能协助班主任分担一些班级管理事务，班干部选拔制度设计倾向于选择优等生。故无论是任命制、选举制、双轨制还是轮换制，都实行任人唯贤的选拔标准。这实际上剥夺了大部分学生岗位成长锻炼的教育机会和权利。

杜威提出："教育就是经验的改造或改组。"[①] 没有机会，就没有体验。不亲自参与的结果就会使那些被排除在外的人逐渐丧失对集体的兴趣和关心，最终导致缺乏责任心。儿童是在合作而非竞争中促进各自共同成长的。民主主义"首先是一种联合生活方式，是一种共同交流经验的方式"[②]。"儿童不只是要成为投票人或法律服从者……必须教育儿童既能领导又能服从，他必须具有自我指导能力和指导别人的能力、管理能力、承担负责职务的能力。"[③] 学校教育就是要培养具有各种能力的、独立又善于联合的个人。我国中小学班干部长期被少数精英学生定制，使绝大部分学生长期处于只需被动服从的被管控状态，而缺少选择、参与群体活动和策划班级活动的机会以及主动建设班集体的过程，这部分学生缺失在班级建设过程中提升自我的可能，以致班级教育中公民素养基本元素和精神普遍缺失。传统班级组织结构的科层化和学生角色地位的固化，使大多数学生自小就缺乏在班级活动中亮相的机会。因长期得不到应有的关注，步入社会后极有可能磨灭其主动精神，并成为终身群众。[④] 学校教育必须关心每一位学生的成长。因为"集体的教育力量取决于每个人所具有的力量"。关心集体的教育

[①] 约翰·杜威：《民主主义与教育》，王承绪译，人民教育出版社，1990，第82页。
[②] 杜威：《民主主义与教育》，王承绪译，人民教育出版社，1990，第92页。
[③] 约翰·杜威：《明日之学校》，赵祥麟、任钟印、吴志宏译，人民教育出版社，2005，第139页。
[④] 叶澜：《"新基础教育"论——关于中国学校变革的探究与认识》，教育科学出版社，2006，第302~304页。

| 中小学班主任制的发展变迁 |

力量,"就是要关心集体中每一个成员精神上的不断充实和成长,关心人们之间各种关系的发展……"① 而杜威认为,学校有各种为学生提供"交流、合作和积极的个人成就机会"的活动。②

现代社会要求人不仅具有学习力和创新力,还须具备领导力、耐挫力以及责任感、服务意识和交往合作能力。培养未来国家公民的基本素质是学校教育不可推卸的责任。班干部岗位作为班级教育中价值引导、道德培育、性格磨砺、能力提升的重要场域,为培养学生的核心素养和关键能力创造了条件。因此,要科学定位班干部岗位角色的功能,其核心价值不是为班主任分担班级管理负担,而是作为一种教育手段和学生自主发展平台,促进全体学生主动成长和发展。因此,班干部选任就不应局限于唯贤是举,而应该让每个同学都能分享在班级管理中履职尽责的权利,定期获得多岗锻炼和多重角色体验的机会,真正体验与同伴相处与合作的积极情绪,克服自我中心的惯性思维,促进儿童个性中群性健康发展。这是培养未来国家公民素质,推进教育民主公平化的客观要求和当务之急。

从国际上看,在班级授课制下,各国都重视班级管理,并大多实行学生自主管理。因倡导人人平等,故大多没有班干部之设。有些国家如美国虽设有类似班干部岗位,但学生都有均等的机会轮流担任。③ 日本中小学设立值日班长、小组长和一些委员会,但这些并非权力性岗位,而仅是服务性职位,由全体学生轮流履职。④ 香港一些学校设立轮流值日制,每学期每生值日一周。

综观班干部制的发展历程,班干部角色由最初单纯的班主任助手,向班级管理者,再向班级服务者转化,愈发注重民主与公平,并向服务性岗位发展。在未来的班级管理中,"干部"身份将被淡化,并逐渐走向"消亡"。班干部不再是个体在班级中地位的象征或标识,而是会逐渐走下权威的高台,走向各个层次的普通学生中间,成为每个学生发展的权利和责任,

---

① 瓦·阿·苏霍姆林斯基:《让少年一代健康成长》,黄之瑞、张佩珍、姚亦飞译,教育科学出版社,1984,第222~223页。
② 约翰·杜威:《明日之学校》,赵祥麟、任钟印、吴志宏译,人民教育出版社,2005,第146页。
③ 原亮:《美国的中小学班级管理》,《教学与管理》(中学版)2005年第11期。
④ 张敏:《参观日本小学随感》,《比较教育研究》2002年第6期。

以及自我发展的教育平台。班干部不再是特权管理者，也不再是班主任的"传声筒""协管员""情报员"，而是在某段时间负责某项具体工作的管理者，更是人人都可轮流担任且必须担任的普通服务性岗位。班干部与同学的关系不再是"领导-服从者"的直线关系，而是地位平等的合作与竞争的复合关系。教师也从强势的管理者退居幕后，变为知心的引导者和解惑者，其核心价值在价值导向和策略选择上。班级不再是等级森严的科层组织，而是同学之间平等互助、合作发展、相互激励、协同成长、自主发展的教育场域。

一 未来班干部制实施遵循的原则

鉴于班主任全员轮流制的实践尚处于起步阶段，因此，在实施过程中，也要明确其基本原则，构建有效的运行机制，方能取得成效。未来班干部组成制度需遵循以下原则。

第一，能力成长与顾及全员原则。班干部队伍的建设初衷不是为了划分班级同学的优劣和等级，而是应该着眼于通过发挥班集体的教育功能，培养全班学生的综合能力特别是领导力，包括人际沟通能力、组织能力、合作能力等，促进学生全面发展。学生是班级的主体。根据马斯洛的需要层次理论，每个学生都有自我实现的需要。因此，让每个学生通过承担一定的班级管理责任，在班级中感受到尊重和需要，这对孩子成长而言是一件非常重要的事。斯宾塞则提出，管教的目的是养成能够自治的人，而不是一个要让人来管理的人。班级管理只有充分发挥学生的主体性，调动其参与班级管理，才能取得集体教育的实效。班干部制的改革是要尽量保证每位同学不管是后进生还是尖子生，都能有平等的机会参与班级管理得到锻炼，体会管理的责任和乐趣，这应是班干部制改革的目标追求。

第二，人岗相适与定期轮换原则。班主任让学生通过在不同职位履职，既要扬长避短，又要长善救失。首先，遵循人岗相适的原则。学生初次走上班干部岗位，要尽量将学生安排到符合其兴趣爱好以及所擅长领域的职位，让其淋漓尽致地发挥才干。其次，遵循定期轮岗原则。当某位学生担任某项职位较为顺手后，再次任职尽量安排其到不熟悉的职位，依次轮换，给全班学生体验不同职位的机会。通过异岗锻炼，让学生由初上岗的不适应，到通过学习、指导和培训能适应岗位要求，既能弥补学生个人能力上的短板，又能避免长期在某一职位任职而养成自大、懈怠的心态，让每个学生的能力能得到持续的锻炼和提升。

第三，相互学习与互相监督原则。一组班干部任期届满之后，另一组班干部走马上任。前任班干部既可以用他的经验去指导现任班干部，又可以学习借鉴其他组好的工作经验，全体学生都可以在相互指导、相互学习的环境下实现共同提升。同时，构建班组间相互监督体系。不同组班干部之间进行互相监督，以保持班级管理工作的连续性和一致性，促进班级工作持续进步。

二 未来班干部制的运作机制

一般而言，在班集体建设的不同时期，班主任应该根据班级实际情况，选择合适的方式，构建有效的运行机制来组建班干部团队。在接任一个新班级时，班主任不要急于组建班干部团队，而是先深入了解班级学生状况。班主任可以指定小助手来帮助管理班级。随着对全班同学了解程度的加深，可以任命一些学生骨干组成班干部队伍。当班集体初步形成，班主任可以采用民主竞选的方式组建班干部团队。同时，加强对班干部的悉心培养和指导，锻炼其组织协调能力、自主管理和自我评价能力，并注意防止学生权力滥用。当班集体已经运转成熟，班主任可以着手实施班干部全员轮流制。

第一，班主任做好全体学生的思想动员，调动每个学生参与班级管理的积极性。

第二，设立常任班干部和值日班干部。在全员轮流制实施初期，考虑到学生并不是全部都具备班级管理能力，因此，可以暂时设立影子型常任班干部和值日班干部。其中，常任班干部由前期通过竞选产生的品学兼优的学生组成。在全员轮流制实施之前，他们全面履行班干部职责；在全员轮流制实施初期，他们仍然存在但退居幕后，主要职责转为指导和监督全员轮流制下各小组班干部的工作，给值日班干部的工作状况进行考评和打分，处理值日班干部处理不了的问题，充当班干部"顾问团"的角色，承担起为新任班干部提供帮助和指导的责任。当全员轮流制运行成熟，常任班干部可退出，转而将主要精力放在带领所在小组履职上。

第三，科学合理设岗。为避免传统班干部职位职能重叠、分工不明确的弊端，值日班干部岗位设置也与传统设置不同。它是根据班级日常管理工作需要，分别设立清洁督查岗、电器设施管理岗、纪律管理岗、体育锻炼管理岗、科目学习指导岗等。相应地，可以设立清洁督查班长、电器设施管理班长、纪律班长、体育班长、各科学习班长等，这些岗位共同承担和覆盖全体班级管理工作。所有岗位无高低贵贱之分，定期轮换，真正变管理为服务。

第四，合理分组，互补搭配，及时调整。根据学生性别、能力、性格以及意愿等因素，按照优势互补的原则，划分学习小组，分组时尽量做到学生性格内向与外向、能力强与弱以及男与女的合理搭配，每组7~10人。同时，有意识地将一些非正式负向群体拆分，并将原班干部班子分别安排进不同的小组，由其带领小组轮流对班级进行管理，小组中每位成员各司其职。每组任期为一周、两周或一个月不等。一旦发现组内"内耗"，要及时调整组员搭配。

第五，做好指导和培训工作。在全员轮流制实施前，班主任要通过理论培训、班干部现身说法、案例分析等形式，对全体学生进行班级管理工作培训。在一届任期中间和任期结束时，班主任定期召开班级管理工作评议会，评议各小组工作开展情况，分享管理经验，总结教训，提出工作改进方向和目标。同时，做好工作交接，以保持班级管理工作的连续性。

第六，引入竞争激励机制。由常任班干部、科任教师和班主任结合自我评价，对每小组履职情况进行综合打分。每一个循环结束后，各小组进行积分评比，评分结果及每个同学的履职表现将被认真记载并在班会上公布，作为学生学期和年度综合评价以及评先评优的重要依据。对于履职尽职尽责、成效卓著的小组和个人，给予一定的物质或精神奖励。各小组通过相互比较、自我评价、组内互评、组间评价，奖优罚劣，激发竞争意识，从而在班内营造一种既有合作又竞争的良性氛围，不断实现自我超越。

三 班干部制的未来发展趋势

班级授课制是国际流行的班级教育形式。从国际上看，美国、加拿大、日本虽然都重视班级管理，但均没有班干部这一设置。即便设有一些类似"班干部"的角色，但这些角色是人人均可轮流担任、大家绝对平等的，其目的是培养学生的服务意识和责任意识,帮助学生更好地发展自我管理能力。[1] 日本倡导学生自我管理,实行值日班长制,有小组长和一些委员会,但都不是权力机构,而是纯粹服务性的职位,且由同学轮流担任。[2] 学生人人都是班干部,人人都有同等权利参与日常管理。中国香港的学校实行轮流值日制,每学期每人值日一周。每个孩子在学校中都能得到锻炼,获得全面的发展。综观国内外班干部制度的发展趋势,小学班干部的制度越来越注重民主和公平。班干部岗位日趋向服务性的职位发展。

21世纪的现代教育更强调"以人为本",落实学生在教育活动中的中心地位。班干部全员轮流制就给予全班学生以均等的机会参与班级事务管理,充分激发了学生的主体性、参与性和创造性,以最大限度开发学生的潜能。

从班干部制的发展历程来看,班干部的作用从起初单纯的班主任的助手,发展到班级管理者,再到班级服务者。与此相对应的是教师在班级管理中的角色,也由前台强权掌控的主角,慢慢退居幕后,从强势的管理者变为知心的引导者和解惑者的角色。真正落实学生教育主体地位,将班级管理的主动权还给学生。毕竟,现代教育管理最高境界是学生的自主管理。在未来的班级管理中,班干部会逐渐走下权威的高台,班干部不再是个人权威和个体在班级中地位的象征或标识。班干部将不再是少数成绩优异者的专利,而是会走向各个层次的学生中间;班干部不再以其高不可及的权威性身份面向全体学生,而是成为每个学生展现自我、发展自我的教育平台。担任班干部不再是一种荣誉,而是一种责任;"干部"身份将会被淡化,全体学生将不再有班干部与普通学生之分,未来的班干部制将逐渐走向"消亡"。班干部只是在某一特定时间段负责某项班级管理具体工作的班级管理服务者,而不再有高人一等的"干部"身份。学生均有同等的机会参与班级管理。班干部并不是高高在上的特权管理者,而是普普通通的服务者。全体学生要树立管理即服务的意识,人人既是班级的管理者又是班级的服务者。班干部与同学之间不再是管理者与被管理者的关系,而是平等互助、合作发展、协同进步的亲密伙伴关系。班干部在任职期内,履行班级管理职责,同时,时刻接受全班同学的集体监督。班务将不再那么神

---

[1] 原亮:《美国的中小学班级管理》,《教学与管理》(中学版)2005年第11期。
[2] 张敏:《参观日本小学随感》,《比较教育研究》2002年第6期。

秘莫测，而是通过值日班长日记等形式，走向公开化，班干部不再是教师在班级中的眼线，班级也不再是等级森严被严密控制的特殊教育场域。

总之，未来传统意义上的班干部制将走向终结，全员轮流制将真正走上历史舞台。人人既是享受管理服务的主体，又是提供管理服务的主体。人人既履行班级管理权利，又承担服务班级义务，同时还要接受"阳光监督"。这将扭转传统体制中"少数学生管理，多数学生被管"的局面，形成"我为人人，人人为我"的班级共治体系。班级建设由传统自上而下的等级式单向管理模式，走向上下左右合作沟通，全员参与的服务型多元共治模式。

取消班干部制，通过全员轮流制，让班级中的每个学生既享受班级管理的权利，又承担服务的义务，同时接受"阳光监督"，将权利关进制度的"笼子"中，树立人人为班级服务的意识，由单向管理走向多元治理，营造民主、平等、积极、向上的健康、绿色的班级教育发展生态，真正将学校建成青少年儿童健康成长的乐园，将班级建立成全体学生成长成才的重要场所，将班干部服务岗位打造成面向全体学生的教育培养锻炼的舞台。

班干部全员轮流制，让每个学生都能获得担任班干部的体验，能培养学生的责任感、自信心、沟通协调能力，让学生学会如何正确审视自己和对待他人、应对挫折，让学生树立自信，体验自尊，发展自我。全员轮流制，不仅是一个产生班干部的手段，还是培养学生民主合作精神、锻炼组织沟通协调能力的过程。既能够满足学生个体发展的需求，又有利于加强班集体建设。通过营造民主、平等、积极、向上的健康班级教育生态，培养学生平等、协作、服务意识，提升每个学生的班级主人翁责任感和成就感，真正让班级成为促进全体学生发展的重要乐园。

附录二　班主任工作法规摘编

1. 《教育部、财政部、国家劳动总局关于在全国普通中学和小学公办教师中试行班主任津贴的通知》
2. 《关于在中等专业学校、盲聋哑学校班主任中试行津贴的通知》
3. 《国家劳动总局关于技工学校试行班主任津贴的通知》
4. 《关于提高中小学班主任津贴标准和建立中小学教师超课时酬金制度的实施办法》
5. 《小学班主任工作暂行规定》
6. 《中学班主任工作暂行规定》
7. 《教育部关于进一步加强中小学班主任工作的意见的通知》
8. 《教育部办公厅关于启动实施全国中小学班主任培训计划的通知》
9. 《教育部关于印发〈中小学班主任工作规定〉的通知》
10. 《2021年全国中小学班主任基本功展示交流活动方案》

1. 教育部、财政部、国家劳动总局关于在全国普通中学和小学公办教师中试行班主任津贴的通知

文号：〔79〕教计字489号、〔79〕财事字393号、〔79〕劳总薪字163号

颁布日期：1979-11-27

执行日期：1979-11-01

时效性：现行有效

效力级别：部门规章

经国务院批准，从今年十一月一日起在全国普通中学和小学公办教师中试行班主任津贴。现将《关于普通中学和小学班主任津贴试行办法（草案）》和一九七九年两个月班主任津贴经费指标××万元一并下达，请按照

执行和妥善安排。

附：关于普通中学和小学班主任津贴试行办法（草案）

根据全日制中、小学暂行工作条例（试行草案）中对班主任工作的规定，为了鼓励教师做好班主任工作，提高教育质量，按照"各尽所能、按劳分配"和"多劳多得"的原则，经国务院批准，从今年十一月开始，在公办教师（即国家职工）中试行班主任津贴。办法如下：

一、班主任应挑选工作好、思想好、作风好，具有一定教学水平、管理学生经验和组织能力的教师担任。按照择优任用的原则，每学年经过教师评议一次，由学校领导批准。

二、班主任应履行《关于班主任工作的要求》（见附件）和完成规定的教学工作量，才能发给班主任津贴。

担任班主任的中学教师原则上每周担任两个班的语文或数学课，其它学科教师每周担任十四节课以上；担任班主任的小学教师原则上每周包教一个班的语文和数学课，或担任两个班语文或数学课，其它学科教师每周担任十八节课以上。

三、班主任津贴标准。原则上每个班（学生40人至50人）设班主任一人。根据现有学校布点、校舍条件不同，每个班学生人数有多有少，班主任工作量有大有小，班主任津贴应有所区别。津贴标准一般定为：中学每班学生人数在35人以下发5元，36人至50人，发6元，51人以上发7元；小学每班学生人数在35人以下发4元，36人至50人，发5元，51人以上发6元。每班人数在20人以下的，可酌情减发。

复式班的学生人数可按每个年级学生人数合并计算。

班主任从任命之月起，按月发给班主任津贴。免去班主任，应从不担任班主任的下月起停发津贴。

四、担任班主任的教师，教学工作量未达到要求的，按津贴标准的半数发给。但因担任其他工作任务以致教学工作量未达到要求的，津贴可不减发。

五、对工作不负责任，玩忽职守的班主任，要批评教育，甚至停发津贴；情节严重者要及时撤换。

六、班主任因事假、探亲假、学习、患病、负伤、生育及因公出差等，每月超过10天的按当月津贴标准的半数发给,超过20天的不发给津贴。

班主任因事假、探亲假、学习、患病、负伤、生育及因公外出等,而临时代理班主任工作的教师,当月工作超过10天不满20天的,按班主任津贴标准半数发给,超过20天的按全月津贴标准发给。

行政人员、教研组长兼任班主任并完成本职工作任务,应发给班主任相应津贴。

七、班主任津贴所需经费,教育部门举办的普通中学和小学,可由省、市、自治区分别在教育事业费中"中学经费"和"小学经费"项的"补助工资"目内列支。

八、其他部门办的普通中学和小学试行班主任津贴,可以参照本办法执行。所需津贴经费仍按原来规定的学校经费开支渠道,由各部门自行解决,在有关项目内列支。

九、各省、市、自治区教育局会同有关部门可参照本办法精神,因地制宜,制定具体实施细则。本办法从1979年11月1日起开始执行。

附件:关于班主任工作的要求

中、小学班主任应该拥护中国共产党,拥护社会主义,热爱祖国,忠诚党的教育事业,能胜任所任学科的教学工作,具有一定的教育管理学生的经验和组织能力,认真贯彻执行全日制中、小学暂行工作条例(试行草案)中规定的中、小学思想政治教育的根本任务,努力学习,积极工作,热爱学生,团结同志,在思想、品德、作风方面能作学生的表率。班主任工作应具体作到以下六条。

(一)热情关怀、爱护学生,负责做好本班学生的思想政治工作,教育学生遵守中、小学学生守则,努力使本班形成一个遵守纪律、团结向上、勤奋学习、朝气蓬勃的集体,使学生在德、智、体几方面都得到发展。

(二)经常与科任教师联系,了解和研究学生的思想学习情况,教育学生明确学习目的,端正学习态度,改进学习方法,学好各门功课,不断提高学习成绩。

(三)关心学生的生活和身体健康,加强生活管理,组织和指导本班学生参加文体活动,搞好清洁卫生,培养学生具有良好的生活习惯。

(四)组织领导班委会的工作,指导本班共青团、少先队开展活动。

（五）负责组织领导本班学生参加生产劳动，指导学生的课外活动，配合有关科任教师开展课外科技活动。

（六）与学生家庭和社会有关方面取得联系，加强学生的思想政治工作。

2. 关于在中等专业学校、盲聋哑学校班主任中试行津贴的通知

文号：〔1981〕教计资字049号

执行日期：1981-03-17

颁布日期：1981-03-17

时效性：现行有效

效力级别：部门规章

各省、市、自治区高教、教育厅（局）：

经征得国家劳动局同意，决定在中等专业学校（含中等师范学校）、盲聋哑学校班主任中试行津贴制度。现将《关于中等专业学校、盲聋哑学校班主任津贴试行办法》发给你们，请参照执行。班主任津贴所需经费，已列入国家今年增加的工资总额计划以内。津贴发放时间，从文到之月起执行。

附：关于中等专业学校、盲聋哑学校班主任津贴试行办法

为了鼓励中等专业学校、盲聋哑学校班主任做好本职工作，提高教学质量，加强政治思想工作，按照"按劳分配"的原则，确定在中等专业学校、盲聋哑学校班主任中试行津贴制度。办法如下：

一、班主任应挑选工作好、思想好、作风好，具有一定教学水平、管理学生经验和组织能力的教师担任。班主任按照择优任用的原则，每学年经过教师评议一次，由学校领导批准。

二、班主任应履行关于班主任工作要求（原则上参照中、小学校班主任工作要求），完成规定的教育和教学工作质量，方能发给津贴。

三、班主任津贴标准：

中等专业学校、盲聋哑学校，每班设班主任一人。

中等专业学校原则上以每40名学生为一个教学班。班主任津贴：每周任课时数在10学时以上（含10学时）的，每月7元；每周任课时数在8学时以上的，每月6元；每周任课时数在6学时以上的，每月5元。教学班人

数在40人以下和每周任课时数不足5学时的,可酌情减发。

盲聋哑学校,小学每教学班学生11人以下的,每月4元;12人至14人的,每月5元;15人以上的,每月6元。中学每教学班学生11人以下的,每月5元;12人至14人的,每月6元;5人以上的每月7元。

班主任从任命之月起,按月发给津贴。免去班主任应从不担任班主任下月起停发津贴。

四、班主任因病、事假、生育及因公出差等,每月超过10天的,按当月津贴标准的半数发给;超过20天的不发给津贴。因班主任病、事假、生育及因公外出,而临时代理班主任工作的教师和其他人员,当月工作超过10天不满20天的,按班主任津贴标准半数发给,超过20天的按全月津贴标准发给。

五、对工作不负责任,玩忽职守的班主任要批评教育,以至停发津贴;情节严重者要及时调换。

六、班主任津贴经费,在教育事业费中"中等专业学校经费"和"其他教育事业费"项目的"补助工资"目内列支。

七、各省、市、自治区高教、教育厅(局)会同劳动局(厅),可结合地区实际,因地制宜,制定具体实施细则。

3. 国家劳动总局关于技工学校试行班主任津贴的通知

[文件号]〔1980〕劳总培字78号

[颁布部门]国家劳动总局(已变更)

[颁布时间]1980-10-10

[实施时间]1980-10-10

[时效性]有效

经与财政部研究,从一九八〇年十一月起,国务院各部、委、局及所属企业举办的技工学校试行班主任津贴。现将《关于技工学校班主任职责和试行班主任津贴的暂行规定》发给你们,请按照执行。地方各部门及所属企业举办的技工学校,也可参照办理。

附:关于技工学校班主任职责和试行班主任津贴的暂行规定

技工学校根据对学生的政治思想教育和管理工作的需要,应按学生班级设立班主任。原则上每一文化、技术理论学习班设班主任一人。为了明确班主任职责，鼓励教师做好班主任工作，现就有关问题暂作如下规定：

一、按照择优任用的原则，班主任应挑选工作好、思想好、作风好，具有一定教学水平、管理学生经验和组织能力的教师兼任。必要时，也可设专职班主任。学校领导根据工作需要和群众推荐，对照班主任条件，择优任命。一般每学年任命一次。

二、班主任的职责：

1. 负责做好本班学生的思想政治工作，教育学生遵守学生守则，努力使本班形成一个遵守纪律、团结向上、勤奋学习、朝气蓬勃的集体，使学生在德育、智育、体育几方面都得到发展。

2. 经常与其他教师和学生家长联系，了解学生的思想、学习情况；教育学生明确学习目的，端正学习态度，改进学习方法，学好各门功课，不断提高学习成绩。

3. 关心学生的生活和身体健康，加强生活管理，组织和领导本班学生参加文体活动，搞好清洁卫生，培养学生具有良好的习惯。

4. 组织领导班委会的工作，指导本班共青团组织开展活动。

三、根据"按劳分配"的原则，对于兼任班主任的教师，应给予班主任津贴。津贴的发放标准如下：每周授课时数在十节以上（含十节）的班主任，每月发七元；每周授课时数八九节的班主任，每月发六元；每周授课时数六七节的班主任，每月发五元。实习教师担任班主任的，可按最高津贴标准发给。专职班主任不发给班主任津贴。

实行班主任津贴的人员，从任命担任班主任之月起，按月发给班主任津贴。免去班主任的职务时，应从不担任班主任的下月起停发班主任津贴。

四、实行班主任津贴的人员，因事假、病假、离职学习或因公出差等，每月超过十天，不足二十天者，按津贴标准的半数发给；超过二十天者不发给。

班主任由于上述种种原因暂时离职，学校领导可指定其他教师临时代理其工作。对于临时代理班主任工作的教师，当月工作超过十天，不满二十天者，按所代理的班主任的津贴标准的半数发给；超过二十天者，按津贴标准的全月数额发给。

五、对于工作不负责任，玩忽职守的班主任，要批评教育，以至停发班主任津贴；情节严重者要及时调换。

六、实行班主任津贴的人数和开支经费额，应报经上级主管部门批准。所需津贴经费，按财政部、国家劳动总局一九七八年十二月十二日《关于技工学校经费管理和开支标准的暂行规定》精神，凡属于由工交商事业费开支经费的学校，仍由工交商事业费中开支；属于由企业营业外项目开支经费的学校，仍由本企业营业外项目中开支；属于由公司经费开支的学校，仍由公司经费开支。

七、本暂行规定只适用于经过国务院有关各部、委、局和各省、市、自治区人民政府正式批准的技工学校。

4. 人事部、国家教育委员会、财政部关于印发《关于提高中小学班主任津贴标准和建立中小学教师超课时酬金制度的实施办法》的通知

人薪发〔1988〕23号

发文单位：人事部、国家教委、财政部

颁布时间：1988-12-12

《关于提高中小学班主任津贴标准和建立中小学教师超课时酬金制度的实施办法》已经国务院批准，现印发给你们，请按照执行。

一九八八年十二月十二日

附件：关于提高中小学班主任津贴标准和建立中小学教师超课时酬金制度的实施办法

根据《国务院关于提高部分专业技术人员工资的通知》（国发〔1988〕60号文件）的规定，从一九八八年第四季度起，提高中小学班主任津贴标准和建立中小学教师超课时酬金制度。具体实施办法如下：

一、中小学班主任津贴标准提高的幅度和教师超课时酬金的具体数额，均由各省、自治区、直辖市结合实际情况自行确定。

二、提高班主任津贴的范围及要求，仍按《关于在全国普通中学和小学公办教师中试行班主任津贴的通知》（〔1979〕教计字489号）、《关于在中等专业学校、盲聋哑学校班主任中试行津贴的通知》（〔1981〕教计资字049号）和《关于技工学校试行班主任津贴的通知》（〔1981〕劳总培字78号）的有关规定执行。

三、各地在建立中小学教师超课时酬金制度时，应规定教师的课时定额标准。教师在保证教学质量的前提下，授课超过课时定额的，按照本人实际超过的授课时数发给酬金。学校有自有资金的，也可从自有资金中拿出一部分。

四、提高班主任津贴标准和建立超课时酬金制度所需经费，按单位的隶属关系，分别由中央和地方财政负担。

五、中小学民办教师和企业单位所属中小学教师是否参照上述规定执行，分别由省、自治区、直辖市和企业自行决定。企业如参照执行，不得超过本地区规定的标准，不得将增加的开支列入成本。

六、各省、自治区、直辖市人民政府可根据国务院的通知和本办法，结合本地实际情况，研究制定具体实施细则，并抄送人事部、国家教育委员会、财政部备案。中央各部门及其所属单位举办的中小学、中等专业学校、技工学校，均按所在省、自治区、直辖市的实施细则执行。

5. 小学班主任工作暂行规定

（〔1988〕教初字013号　1988年8月10日国家教育委员会发布）

第一章　班主任的地位、作用及其基本任务

一、班级是学校进行教育教学活动的基本单位。班主任是班集体的组织者和指导者，是学校贯彻国家的教育方针，促进学生全面健康成长的骨干力量。他对学校教育教学计划和其他各项管理的实施，协调本班任课教师的教育工作和沟通学校与家庭、社会教育之间的联系，起着重要的作用。

二、班主任工作的基本任务是在学校校长的领导下，按照德、智、体、美全面发展的要求，开展班级工作，培养良好的班集体，全面关心、教育和管理学生，使他们的身心得到全面健康的发展，长大能够成为有理想有道德、有文化、有纪律的社会主义公民。

第二章　班主任的职责

三、按照《小学德育纲要》，联系本班的实际，进行思想品德教育，着重培养学生良好的道德品质、学习习惯、劳动习惯和文明行为习惯。

四、经常与任课教师取得联系，了解学生的学习情况，协同对学生进行学习目的教育，激发学习兴趣，培养刻苦学习的意志，教会学习方法，

学好功课，并掌握学生的课业负担量。

五、关心学生的身体健康。教育学生坚持体育锻炼，注意保护视力，培养良好的卫生习惯。

六、指导班委会和少先队工作。培养团结友爱、积极向上的班集体。做好学生的个别工作。

七、指导学生参加劳动实践。关心学生的课余生活，支持并组织学生开展各种有益的课外活动。

八、搞好班级的经常性管理工作。对学生进行常规训练，做好学生的品德评定和学籍管理工作。

九、经常与家长保持联系，互通情况，取得家长的支持与配合，指导家长正确教育子女，注意争取社会力量教育学生。

第三章　班主任工作的原则和方法

十、面向全体学生，全面了解学生的思想品德、学习、健康、劳动和生活，对学生全面负责。

十一、正面教育，启发诱导。对学生要采取说服教育的方法，调动各种积极因素，充分发挥榜样的作用。力戒简单粗暴。严禁体罚和变相体罚学生。

十二、热爱、尊重学生，严格要求学生。要尊重学生的人格和自尊心，做学生的知心朋友，调动学生的主动性、积极性。要对学生进行严格的管理和教育，把培养学生正确的道德认识同行为训练结合起来。对有缺点错误的学生，要满腔热情地耐心帮助。

十三、从实际出发，根据小学生的心理特点、思想实际、个性差异以及社会、家庭的影响，提出不同的教育要求，有的放矢地施行教育。

十四、以身作则、言传身教。严格要求自己，增强道德修养，起表率作用。

十五、集体教育同个别教育相结合。要通过开展集体活动，建立正确的集体舆论，培养集体荣誉感、自豪感，形成良好的班风，充分发挥集体教育的作用，同时，要注意培养学生的良好个性品质。

第四章 班主任的任职条件和任免

十六、班主任由学校校长任免。学校校长要按条件选聘班主任。对于不履行班主任职责、玩忽职守,或因其他原因不适宜做班主任工作的,应免去其班主任职务。

十七、班主任的基本条件是:

1. 拥护党在社会主义初级阶段的基本路线,坚持四项基本原则;
2. 热爱学生,热爱教育事业,热心班主任工作;
3. 品行端正,能以身作则,为人师表;
4. 教育思想端正,有一定的教育科学知识和一定的教学能力;
5. 有一定的组织管理能力,和较强的责任心。

第五章 班主任的待遇和奖励

十八、班主任任职期间,享受班主任津贴。各地可根据财力实际情况,对国家原规定的津贴标准适当提高。民办教师享受与公办教师同等的班主任津贴。所需费用,可由乡人民政府列入教育事业费附加中计征,也可由各地通过其他方法筹措。

十九、建立班主任表彰制度。各地对在工作中做出显著成绩的优秀班主任,要进行表彰和奖励,并作为考核晋级的依据。国家教委对成绩优异有突出贡献的班主任授予荣誉称号。

第六章 班主任工作的领导与管理

二十、班主任工作由校长负责领导。学校要把班主任工作放在重要位置上,定期召开班主任会议,了解情况,听取意见,组织交流经验,研究、指导工作。学校领导要关心班主任的工作和学习,注意调整他们的工作负担。

二十一、班主任工作应有计划,有总结。学校校长要定期考查班主任工作,并记入业务档案。

二十二、教育行政部门应加强对班主任工作的管理和指导,有计划地开展培训,帮助学校组织班主任学习教育理论,交流工作经验,不断提高业务能力。

教育科研部门应开展对班主任工作的研究活动，使班主任在教育科学理论的指导下，遵循规律开展工作。

6. 中学班主任工作暂行规定

（〔1988〕教中字013号　1988年8月20日国家教育委员会发布）

第一章　班主任的地位和作用

第一条　班级是学校进行教育、教学工作的基本单位。班主任是班集体的组织者、教育者和指导者，是学校领导者实施教育、教学工作计划的得力助手。

班主任在学生全面健康的成长中，起着导师的作用；并负有协调本班各科的教育工作和沟通学校与家庭、社会教育之间联系的作用。

第二章　班主任的任务和职责

第二条　班主任的基本任务是按照德、智、体、美全面发展的要求，开展班级工作，全面教育、管理、指导学生，使他们成为有理想、有道德、有文化、有纪律、体魄健康的公民。

第三条　班主任的职责是：

（一）向学生进行思想政治教育和道德教育，保护学生身心健康，教育学生热爱社会主义祖国，逐步树立为人民服务的思想和为实现社会主义现代化而奋斗的志向，培养社会主义道德品质和良好的心理品质，遵守《中学生守则》和《中学生日常行为规范》（试行）。

（二）教育学生努力完成学习任务。会同各科教师教育、帮助学生明确学习目的，端正学习态度，掌握正确的学习方法，提高学习成绩。

（三）教育、指导学生参加学校规定的各种劳动，协助学校贯彻实施《体育卫生工作条例》，教育学生坚持体育锻炼，养成良好的劳动习惯、生活习惯和卫生习惯。

（四）关心学生课外生活。指导学生参加各种有益于身心健康的科技、文娱和社会活动。鼓励学生发展正当的兴趣和特长。

（五）进行班级的日常管理。建立班级常规，指导班委会和本班的团、队工作，培养学生干部，提高学生的自理能力，把班级建设成为奋发向上、团结友爱的集体。

（六）负责联系和组织科任教师商讨本班的教育工作，互通情况，协调各种活动和课业负担。

（七）做好本班学生思想品德评定和有关奖惩的工作。

（八）联系本班学生家长，争取家长和社会有关方面配合，共同做好学生教育工作。

第三章　班主任工作的原则和方法

第四条　调查研究、全面了解学生。要从学生特点和思想实际出发，进行工作和教育活动。讲求思想教育工作的科学性、针对性、实效性。

第五条　正面教育、积极引导。寓教育于活动和管理之中。要表扬先进，树立榜样，充分调动积极因素。对学生的思想认识问题，不要简单地批评压制，要循循善诱，以理服人。要引导学生进行自我教育，发扬学生的主动精神和创造精神。

第六条　热爱学生、尊重学生。对学生严格要求，耐心帮助，热情关怀。要努力做好后进学生的转化工作。工作中发扬民主作风。严禁体罚、变相体罚和侮辱学生人格。注意发挥集体的教育作用，在进行集体教育的同时注意培养学生良好的个性品质。

第七条　以身作则、言传身教。衣着整洁，仪表端庄。在思想、道德、文明行为等方面努力成为学生的表率。

第四章　班主任的条件和任免

第八条　班主任的条件：拥护党在社会主义初级阶段的基本路线，拥护四项基本原则；热爱教育事业、教育思想端正、工作责任心强；作风正派；有一定教学水平和组织管理能力。

第九条　对于不履行班主任职责、玩忽职守或其他原因，不适宜做班主任工作的，应撤销或免去其班主任职务。

第十条　班主任由校长任免。

第五章　班主任的待遇和奖励

第十一条　班主任任职期间一律享受班主任津贴（包括民办教师）。各地可根据实际情况，在国家拨发的班主任津贴基础上，适当增加津贴。

第十二条 建立班主任表彰制度。各地应根据实际情况对教育思想正确，班主任工作成绩显著的优秀班主任进行表彰奖励。国家教委对成绩突出，贡献卓著的优秀班主任予以表彰和奖励。

第六章 班主任工作的领导和管理

第十三条 校长和教导主任应加强对班主任工作的领导，定期召开班主任会议，了解情况，听取意见，指导工作。

第十四条 教育行政部门和学校应有计划地对班主任进行培训，组织班主任学习教育理论、交流工作经验，不断补充进行思想教育所需要的新知识，努力提高班主任队伍的思想水平和业务能力。对于连续担任班主任工作达一定年限的教师，应给予休整、总结、提高的机会。

第十五条 学校建立班主任工作档案，作为考核晋级、评定职务、评选先进的重要依据。

第七章 附则

第十六条 本规定自1988年9月1日起施行。

7. 教育部关于进一步加强中小学班主任工作的意见的通知（教基〔2006〕13号）

各省、自治区、直辖市教育厅（教委），新疆生产建设兵团教育局：

为深入贯彻落实《中共中央 国务院关于进一步加强和改进未成年人思想道德建设的若干意见》，充分发挥中小学班主任教师在学校教育工作中的骨干作用，促进学生德智体美全面发展，现就进一步加强中小学班主任工作提出如下意见。

一、充分认识加强中小学班主任工作的重要意义

中小学班主任是中小学教师队伍的重要组成部分，是班级工作的组织者、班集体建设的指导者、中小学生健康成长的引领者，是中小学思想道德教育的骨干，是沟通家长和社区的桥梁，是实施素质教育的重要力量。中小学班主任工作是学校教育中极其重要的育人工作，既是一门科学、也是一门艺术。在普遍要求全体教师都要努力承担育人工作的情况下，班主任的责任更重，要求更高。做班主任和授课一样都是中小学的主业，班主任队伍建设与任课教师队伍建设同等重要。加强中小学班主任工作，对于

贯彻党的教育方针，全面推进素质教育，把加强和改进未成年人思想道德建设的各项任务落在实处，具有十分重要的意义。

长期以来，各地教育行政部门和中小学校重视班主任队伍建设，发挥班主任独特的教育作用，积累了丰富的经验，形成了有效的工作机制。广大中小学班主任兢兢业业、教书育人、无私奉献，做了大量教育和管理工作，为促进中小学生的健康成长做出了重要贡献。但是必须看到，中小学班主任工作面临许多新问题、新挑战。经济社会的深刻变化、教育改革的不断深化、中小学生成长的新情况新特点，对中小学班主任工作提出了更高的要求，迫切需要制定更加有效的政策，保障和鼓励中小学教师愿意做班主任，努力做好班主任工作；迫切需要采取更加有力的措施，保障和鼓励班主任有更多的时间和精力了解学生、分析学生学习生活成长情况，以真挚的爱心和科学的方法教育、引导、帮助学生成长进步。

二、进一步明确中小学班主任的工作职责

中小学班主任与学生接触较多、沟通便利，影响深刻，肩负着育人的重要职责。

要做好中小学生的教育引导工作。认真落实学校德育工作的要求，积极主动地与其他任课教师一道，利用各种机会开展思想道德教育，引导学生明辨是非、善恶、美丑，从身边的小事做起，逐步树立社会主义荣辱观，确立远大志向、增强爱国情感、明确学习目的、端正生活态度，养成良好的行为习惯。

要做好班级的管理工作。加强班级的日常管理，维护班级良好的教学和生活秩序。坚持正面教育为主，对学生的点滴进步及时给予表扬鼓励，对有缺点错误的学生要晓之以理、动之以情，进行耐心诚恳的批评教育。做好学生的综合素质评价工作，科学公正地评价学生的操行，向学校提出奖惩建议。努力营造互助友爱、民主和谐、健康向上的集体氛围，形成有特色的充满活力的班级和团（队）文化。加强安全教育，增强学生的自护意识和能力。

要组织好班集体活动。指导班委会、少先队中队、团支部开展工作，担任好少先队中队辅导员，组织开展丰富多彩的团队活动；积极组织开展班集体的社会实践活动、课外兴趣小组、社团活动和各种文体活动，充分发挥学生的积极性和主动性，培养学生的组织纪律观念和集体荣誉感。

要关注每一位学生的全面发展。教育学生明确学习目的，端正学习态度，掌握正确学习方法，养成良好学习习惯，增强创新意识和学习能力。了解和熟悉每一位学生的特点和潜能，善于分析和把握每一位学生的思想、学习、身体、心理的发展状况，科学、综合地看待学生的全面发展，及时发现并妥善处理可能出现不良后果的问题。注意倾听学生的声音，关注他们的烦恼，满足他们的合理需求，有针对性地进行教育和引导，为每一位学生的全面发展创造公平的发展机会。

班主任是学校教育第一线的骨干力量，是学校教育工作最基层的组织者和协调者。履行好班主任的职责，必须树立正确的教育理念，遵循中小学生身心发展的规律，运用科学的教育方法，善于利用各种教育资源。班主任老师不仅应该努力协调好各任课教师，做好班级的管理和建设工作、学生的教育和引导工作，积极支持少先队、共青团、班委会开展班级活动，还应该成为沟通学校、家庭、社会的纽带，及时了解学生在家庭和社区的表现，引导家长和社区配合学校共同做好学生的教育工作。

三、认真做好中小学班主任的选聘和培训工作

做好班主任的选聘和培训，是加强班主任工作的基础。班主任岗位是具有较高素质和人格要求的重要专业性岗位，应由取得教师资格、思想道德素质好、业务水平高、身心健康、乐于奉献的教师担任。每个班必须配备班主任。中小学班主任一般应由学校从任课教师中选聘，聘期由学校确定。

中小学班主任要忠诚党的教育事业，热爱学生，善于做学生的思想工作，具有符合素质教育要求的教育观和较强的教育教学和组织能力，掌握教育学、心理学的基本知识和方法，熟悉相关法律法规；品德高尚，为人师表，具有团结协作精神和较强的人际沟通能力。

各级教育行政部门应将中小学班主任培训纳入教师全员培训计划，学校也应制订班主任培训计划，有组织地开展岗前和岗位培训，定期交流班主任工作经验，组织班主任进行社会考察，提高班主任的政治素质、业务素质、心理素质和工作及研究能力。教师教育机构要承担班主任的培训任务。教育硕士学位教育中应开设中小学班主任工作方面研修，并优先招收在职优秀班主任。班主任培训所需经费在教师培训专项经费中列支。

班主任教师应把班主任工作作为主业，敬业爱岗，不断提高工作水平，力求工作实效。广大中小学教师要把担任班主任工作作为教书育人应尽的

职责，积极主动承担这一光荣任务。

四、切实为中小学班主任工作提供保障

制订和完善促进班主任工作的政策措施，是加强班主任工作的基本保障。各地教育行政部门和中小学校要从基础教育全面贯彻落实树立科学发展观的战略高度，从全面推进素质教育的全局高度，落实"学校教育、育人为本，德智体美、德育为先"的要求，关心班主任教师的学习、工作和生活，促进他们的成长发展，充分发挥他们的作用。

要提高中小学班主任的社会地位和待遇。班主任工作是中小学教育中特殊重要的岗位，中小学校要在教师中营造以从事班主任工作为荣的氛围。要将班主任工作记入工作量，并提高班主任工作量的权重。各地要根据实际，努力改善班主任的待遇，完善津贴发放办法。要适当安排班主任的教学任务，使他们既能上好课又能做好班主任工作。

要完善班主任的奖励制度。各地教育行政部门和中小学校要将优秀班主任的表彰奖励纳入教师、教育工作者的表彰奖励体系之中，定期表彰优秀班主任。要树立一批班主任先进典型，宣传他们的先进事迹，充分肯定他们在学校教育中的贡献。中小学校应积极推荐优秀班主任加入党组织，优秀班主任应列入学校党政后备干部培养范围。在努力完善班主任奖励制度的同时，要加强对重视班主任工作学校的典型经验宣传，通过宣传和奖励，鼓励广大中小学校普遍重视和加强班主任队伍建设，充分发挥班主任在学校教育工作中的重要作用，使班主任工作成为广大学校教师踊跃担当的光荣而重要的岗位。

要加强班主任队伍的管理。学校领导要经常研究班主任工作，了解班主任的工作表现，规范班主任的行为。学校应建立班主任工作档案，定期考核班主任工作，考核结果作为班主任和教师聘任、奖励、职务晋升的重要依据。对不能履行班主任职责的，应调离班主任岗位。

要为班主任开展工作创造必要的条件。各地教育行政部门和中小学校应当为班主任开展工作提供支持，制定相关政策和制度，切实维护班主任教师的合法权益，减轻他们过重的精神压力和工作压力，保障他们的身心健康。要及时了解他们在工作和生活中遇到的困难和问题，为他们排忧解难。

高等院校应该在思想政治教育专业中招收有班主任工作经历的老师，

开设专门课程，为学生毕业以后从事班主任工作提供必要的理论和技能的训练。各级各类教育科研机构应该加强班主任工作的理论研究，列入重点科研课题，组织专家、提供经费、保障条件，积极探索班主任工作的规律，不断丰富新时期班主任工作的理念和思路。

各地教育行政部门可根据本意见，结合实际，会同有关部门制订加强中小学班主任工作的具体实施意见或细则。

中华人民共和国教育部
二〇〇六年六月四日

8. 教育部办公厅关于启动实施全国中小学班主任培训计划的通知

（教师厅〔2006〕3号）

各省、自治区、直辖市教育厅（教委），新疆生产建设兵团教育局：

为了贯彻落实《中共中央国务院关于进一步加强和改进未成年人思想道德建设的若干意见》，全面提高中小学班主任队伍的素质和能力，根据《教育部关于进一步加强中小学班主任工作的意见》的要求，我部决定启动实施中小学班主任培训计划。

加强中小学班主任培训，对于提高班主任队伍整体素质和班主任工作水平，对于充分发挥中小学班主任在贯彻党的教育方针，全面推进素质教育，加强和改进未成年人思想道德建设等方面的骨干作用具有重要的战略意义。希望各级教育行政部门高度重视，加强领导，精心组织，扎实工作，确保全国中小学班主任培训计划的顺利实施。

请各省级教育行政部门根据本通知及《全国中小学班主任培训计划》（见附件）的要求，结合当地实际，研究制定具体实施方案，于2006年10月10日之前报送我部师范教育司。

联系人：唐京伟、赵月；电话：010-66096310；地址：北京市西单大木仓胡同35号；邮政编码：100816；传真：010-66096546；电子信箱：zhaoy@moe.edu.cn。

附件：全国中小学班主任培训计划

教育部办公厅
二〇〇六年八月三十一日

附件：全国中小学班主任培训计划

为了贯彻落实《中共中央国务院关于进一步加强和改进未成年人思想道德建设的若干意见》，提高中小学班主任队伍的整体素质和能力，根据《教育部关于进一步加强中小学班主任工作的意见》的要求制定本计划。

一、宗旨和意义

中小学班主任是中小学教师队伍的重要组成部分，是班级工作的组织者、班集体建设的指导者、中小学生健康成长的引领者，是中小学思想道德教育的骨干，是沟通家长和社区的桥梁，是实施素质教育的重要力量。加强中小学班主任培训是新时期贯彻党的教育方针，加强和改进未成年人思想道德建设的迫切需要，是全面实施素质教育，全面提高教育质量的必然要求，是加强班主任队伍建设的重要举措。实施本计划旨在将中小学班主任培训纳入教师全员培训计划，建立中小学班主任培训制度，全面提高班主任履行工作职责的能力。实施全国中小学班主任培训计划，对于从整体上提高中小学班主任队伍的素质和班主任工作水平，促进基础教育的改革发展具有重要意义。

二、目标与任务

1. 从 2006 年 12 月起，建立中小学班主任岗位培训制度。今后凡担任中小学班主任的教师，在上岗前或上岗后半年时间内均需接受不少于 30 学时的专题培训。

2. 2006 年 12 月底之前已担任班主任工作，但未参加过班主任专题培训的教师，需在近年内采取多种方式进行补修。

三、培训原则

1. 针对性原则

针对小学、初中和高中不同阶段学生身心发展规律，根据不同学段班级管理工作的特点和要求，研究设计培训内容。培训工作采取短期集中培训与在职校本培训相结合，远程培训与面授辅导相结合等灵活多样的方式进行。

2. 实效性原则

坚持理论联系实际，从班主任实际工作和班主任的实际需要出发，面向中小学班级管理和学生管理的实践，针对现实问题设计与安排培训内容，重视经验交流，突出案例教学。

3. 创新性原则

积极创新中小学班主任培训内容、方式、方法、手段和机制，针对中小学教师在职学习的特点，充分发挥现代远程教育手段的作用，不断提高班主任培训工作的效率和质量。

四、培训内容

根据中小学班主任工作的实际需要，培训内容主要包括：班主任工作基本规范、学生心理健康教育指导、班级活动设计与组织、班级管理、未成年人思想道德教育、相关教育政策法规等相关专题。

五、培训管理

凡中小学教师参加县级以上教育行政部门认可的班主任工作专题培训，且培训成绩合格，记入教师继续教育学分，纳入中小学教师继续教育学分管理档案。

六、培训组织

1. 教育部负责对全国中小学班主任培训工作进行宏观指导、协调和质量监控，组织班主任骨干培训者国家级培训，指导并依托全国教师网联相关网络平台开展中小学班主任远程培训。成立"全国中小学班主任培训工作专家指导委员会"，促进班主任培训课程资源建设。

2. 省级教育行政部门组织并委托有关教师培训机构依据教育部有关文件要求，结合本地实际研究制定具体实施计划，组织骨干班主任省级培训，指导督促本省市（地）、县、校开展班主任培训。

3. 各市（地）教育行政部门组织并委托有关教师培训机构，负责本区域内骨干班主任培训，指导县（区）、校开展班主任培训工作。

4. 县级教育行政部门要制订本区域中小学班主任培训规划，并委托有关教师培训机构组织实施本区域内中小学班主任全员培训工作，进行本区域中小学班主任培训工作管理，建立班主任培训学分登记档案。

5. 中小学校要制定本校班主任培训计划，积极组织本校班主任参加各层次的培训活动，组织班主任开展校本研修，进行班主任培训学分登记等。

七、培训经费

要坚持以各级政府财政投入为主，多渠道筹措中小学班主任培训经费。设立中小学班主任培训专项经费。不得向教师个人收取培训经费。

9. 教育部关于印发《中小学班主任工作规定》的通知

教基一〔2009〕12号

各省、自治区、直辖市教育厅（教委），新疆生产建设兵团教育局：

为了进一步加强中小学班主任工作，发挥班主任在中小学教育中的重要作用，保障班主任的合法权益，全面推进素质教育，特制定《中小学班主任工作规定》，现印发给你们，请遵照执行。

教育部
二〇〇九年八月十二日

中小学班主任工作规定内容

第一章　总则

第一条　为进一步推进未成年人思想道德建设，加强中小学班主任工作，充分发挥班主任在教育学生中的重要作用，制定本规定。

第二条　班主任是中小学日常思想道德教育和学生管理工作的主要实施者，是中小学生健康成长的引领者，班主任要努力成为中小学生的人生导师。

班主任是中小学的重要岗位，从事班主任工作是中小学教师的重要职责。教师担任班主任期间应将班主任工作作为主业。

第三条　加强班主任队伍建设是坚持育人为本、德育为先的重要体现。政府有关部门和学校应为班主任开展工作创造有利条件，保障其享有的待遇与权利。

第二章　配备与选聘

第四条　中小学每个班级应当配备一名班主任。

第五条　班主任由学校从班级任课教师中选聘。聘期由学校确定，担任一个班级的班主任时间一般应连续1学年以上。

第六条　教师初次担任班主任应接受岗前培训，符合选聘条件后学校方可聘用。

第七条　选聘班主任应当在教师任职条件的基础上突出考查以下条件：

（一）作风正派，心理健康，为人师表；

（二）热爱学生，善于与学生、学生家长及其他任课教师沟通；

（三）爱岗敬业，具有较强的教育引导和组织管理能力。

第三章　职责与任务

第八条　全面了解班级内每一个学生，深入分析学生思想、心理、学习、生活状况。关心爱护全体学生，平等对待每一个学生，尊重学生人格。采取多种方式与学生沟通，有针对性地进行思想道德教育，促进学生德智体美全面发展。

第九条　认真做好班级的日常管理工作，维护班级良好秩序，培养学生的规则意识、责任意识和集体荣誉感，营造民主和谐、团结互助、健康向上的集体氛围。指导班委会和团队工作。

第十条　组织、指导开展班会、团队会（日）、文体娱乐、社会实践、春（秋）游等形式多样的班级活动，注重调动学生的积极性和主动性，并做好安全防护工作。

第十一条　组织做好学生的综合素质评价工作，指导学生认真记载成长记录，实事求是地评定学生操行，向学校提出奖惩建议。

第十二条　经常与任课教师和其他教职员工沟通，主动与学生家长、学生所在社区联系，努力形成教育合力。

第四章　待遇与权利

第十三条　学校在教育管理工作中应充分发挥班主任的骨干作用，注重听取班主任意见。

第十四条　班主任工作量按当地教师标准课时工作量的一半计入教师基本工作量。各地要合理安排班主任的课时工作量，确保班主任做好班级管理工作。

第十五条　班主任津贴纳入绩效工资管理。在绩效工资分配中要向班主任倾斜。对于班主任承担超课时工作量的，以超课时补贴发放班主任津贴。

第十六条　班主任在日常教育教学管理中，有采取适当方式对学生进行批评教育的权利。

第五章　培养与培训

第十七条　教育行政部门和学校应制订班主任培养培训规划，有组织地开展班主任岗位培训。

第十八条　教师教育机构应承担班主任培训任务，教育硕士专业学位教育中应设立中小学班主任工作培养方向。

第六章　考核与奖惩

第十九条　教育行政部门建立科学的班主任工作评价体系和奖惩制度。对长期从事班主任工作或在班主任岗位上做出突出贡献的教师定期予以表彰奖励。选拔学校管理干部应优先考虑长期从事班主任工作的优秀班主任。

第二十条　学校建立班主任工作档案，定期组织对班主任的考核工作。考核结果作为教师聘任、奖励和职务晋升的重要依据。对不能履行班主任职责的，应调离班主任岗位。

第七章　附则

第二十一条　各地可根据本规定，结合当地实际情况，制定中小学班主任工作的具体实施办法。

第二十二条　本规定自发布之日起施行。

10.2021年全国中小学班主任基本功展示交流活动方案

为落实立德树人根本任务，提升中小学班主任的专业能力和带班育人水平，特制定本方案。

一、活动目的

推动各地各中小学校加强班主任队伍专业化建设，发挥班主任在落实立德树人根本任务中的骨干作用，提高班集体建设、学生成长指导、家校协同等方面基本功，切实增强班主任的职业认同感、荣誉感、责任感。

二、展示交流内容

展示交流内容以弘扬师德师风、展现专业素养、彰显人格魅力为重点，分为育人故事、带班育人方略和主题班会三部分。

（一）育人故事

1. 内容要求

以爱岗敬业、价值观教育、班级管理、师生沟通、家校共育等为切入点讲述自身工作中的育人故事，结合新时期学生成长过程中的新情况、新变化，彰显班主任人格魅力，体现班主任的专业素养和教育情怀。

2. 材料要求

（1）育人故事文本。主题明确、情节完整、结构合理，以第一人称撰写，能够激励人心、引发共鸣。2000字左右。

（2）育人故事视频。视频应与文本主题一致，以讲故事形式呈现，画面和声音清晰，以第一人称流畅叙述。时长5~10分钟。

（二）带班育人方略

1. 内容要求

以学生思想品德教育为重点，通过班集体建设达成育人目标，梳理并总结班主任带班过程中的育人理念、思路和具体做法，做到成体系、有特色、有创新、有实效。

2. 材料要求

（1）带班育人方略文本。包括育人理念、班情分析、班级发展目标、实践做法、特色和成效等内容。理念遵循育人规律，目标符合学情、明确具体，实践做法体现系统性和针对性，特色突出、可操作性强。5000字左右。

（2）带班育人方略视频。围绕文本内容，以第一人称展示班级育人工作，将音视频素材等相关材料按照方略文本结构进行梳理，突出班级建设的育人特色。时长5~10分钟。

（三）主题班会

1. 内容要求

落实《新时代爱国主义教育实施纲要》《中小学德育工作指南》等文件要求，开展爱党爱国、中国特色社会主义和中国梦、国情和形势政策、中华优秀传统文化等方面教育，引导学生践行社会主义核心价值观，树立正确的理想信念，养成良好的思想品德和行为习惯。

2. 材料要求

（1）主题班会设计文本。主题鲜明（题目自拟）、目标明确、准备充分，内容紧扣主题，形式新颖、多样，注重学生体验感和参与度。文本结构至少包括：班会题目、背景分析、班会目标、班会准备、班会过程、班会后延伸教育活动设计、班会反思等。5000字左右（撰写格式参见模板）。

（2）主题班会实录视频。小学不超过40分钟，中学不超过45分钟。

三、展示交流教师要求

中小学校（不含中职学校）在岗在编班主任，累计担任班主任5年以上（含5年）。鼓励省级名（优秀）班主任、获得省级或区域内班主任基本功展示（比赛）荣誉的班主任等报名参与。

每省份推荐7人参与展示交流活动，其中小学3人、初中2人、高中2人。

四、材料报送

（一）总体材料。各省份根据基本功展示内容和分配名额等要求，将材料（班主任信息登记表、3份文本材料、3份视频）上传至国家教育资源公共服务平台"中小学班主任和思政课教学基本功专区"（https://www.eduyun.cn）。

（二）视频材料。视频图像清晰稳定、构图合理、声音清楚，主要教学环节有字幕提示。推荐使用高清制式，封装格式推荐使用MP4，分辨率在720×576或以上，数据小于500M，码流为0.5~1Mbps。视频应有片头，时长不超过5秒，内容包括题目、班主任工作单位和姓名。镜头中不得出现广告以及其他无关标识等内容。

（三）文本材料。文本格式统一为Word格式，文本数据量小于50M。

表2-1 班主任信息登记

姓名		性别		出生年月		
政治面貌		民族		学历		照片
从教年限		班主任工作年限				
身份证号			联系方式			
工作单位						
任教学科			专业技术职务			
展示学段		□小学低段 □小学中段 □小学高段 □初中 □高中				
班级学生数		人	班主任月津贴		元	

续表

个人简历	详细通讯地址	
	学习经历	
	工作经历	
何时何地受过何奖励		

表 2-2 主题班会参考模板

基本信息			
姓名		联系电话	
学段		学校	
主题班会题目、背景、目标、准备			
班会题目			
背景分析（从学情分析、主题解析两方面分析：主题解析侧重分析班会选题和主题间的关系）			
班会目标（从认知目标、情感目标、行为目标三方面分析，目标要具体）			
班会准备（从学生准备、教师准备等方面分析）			

续表

班会过程	
（每个环节的过程要具体展开，有生成材料）	
环节一： 设计意图：	
环节二： 设计意图：	
环节三： 设计意图：	
……	
班会后延伸教育活动	
班会反思	
简要事迹材料	样例： 姓名，性别，民族，**年**月生，政治面貌，**省**市**县（区、市）**学校教师，班主任工作育人事迹，曾获****等荣誉。 要求：字数400字以内。要求推荐人选将在班主任工作领域的育人突出事迹进行概括，提炼最鲜明事迹特征。列举已获得省部级（含）以上荣誉称号、奖励且不宜超过3项。

续表

班会过程	
所在学校推荐意见	（盖章） 年　月　日
学校上级主管部门推荐意见	（盖章） 年　月　日
省级教育行政部门推荐意见	（盖章） 年　月　日

参考文献

著作类

A.C. 马卡连柯：《塔上旗》，陆庚译，正风出版社，1955。

A.K. 谢尔托夫：《校长笔记》，柏嘉译，作家书屋，1953。

阿尔帕托夫：《中等学校课外工作》，南文明等译，正风出版社，1952。

阿良莫夫：《儿童年龄特征》，孙晔、余增寿、熊秉慈译，人民教育出版社，1954。

安·谢·马卡连柯：《论共产主义教育》，刘长松、杨慕之译，人民教育出版社，1954。

奥列克辛：《沙沙日记》，邱陵译，上海新亚书店，1953。

柏·阿·罗企嘉编《级主任的教育工作》，德厚、王明辉、维嘉、白匀由译，中华书局，1951。

别而米亚克：《你选择什么职业》，袭辉等译，工人出版社，1955。

别洛夫斯基撰《学校教导工作的领导》，刘付忱等译，人民教育出版社，1953。

波波夫：《学校管理与领导》，北京师范大学教育系学校教育教研室译，人民教育出版社，1953。

波良斯基：《教育实习》，王明辉译，人民教育出版社，1953。

陈桂生：《聚焦班主任——"班主任制"透视》，教育科学出版社，2012。

陈元晖等编《老解放区教育简史（一）》，教育科学出版社，1981。

董渭川：《中小学班主任工作》，新知识出版社，1956。

恩·伊·包德列夫编《班主任》，陈友松、李子卓、邰爽秋译，人民教育出版社，1956。

恩·依·包尔德列夫：《班主任培养学生共产主义道德精神的工作》，孙志昂译，山东人民出版社，1956。

福尔柯夫斯基、马立雪夫编《学校管理》第二分册，陈友松、李子卓、冯可大等译，人民教育出版社，1954。

福丽达·维格道洛娃：《女教师的笔记》，相鲁之、王懋坚译，正风出版社，1953。

G.R.阿尔纳乌托夫编《苏联学生的思想政治教育》，金诗伯、吴富恒、朱维基、郭力军译，新华书店，1949。

顾明远主编《教育大辞典（简编本）》，上海教育出版社，1999。

H.M.杜贺夫内伊：《班主任概论》，方德厚译，作家书屋，1952。

加拉斯尼阔夫：《怎样培养学生的实际活动》，张蓝田译，正风出版社，1954。

教育部师范教育司编《教师专业化的理论与实践》，人民教育出版社，2001。

凯洛夫：《教育学》，沈颖、南致善等译，人民教育出版社，1953。

夸美纽斯：《夸美纽斯教育论著选》，任宝祥等译，人民教育出版社，1990。

拉基诺撰《一个技术学校校长的笔记》，吴锋译，人民教育出版社，1953。

冷斯基：《儿童集体力量》，吴人译，五十年代出版社，1953。

M.普利列热耶娃：《同志们和你在一起》，杨寿钧译，作家书屋出版社，1953。

尼·尼·诺索夫：《马列耶夫在学校和家里》，孙广英译，中国青年出版社，1953。

璩鑫圭、唐良炎编《学制演变（中国近代教育史资料汇编）》，上海教育出版社，1991。

陕西师范大学教育研究所：《陕甘宁边区教育资料（教育方针政策部分下）》，教育科学出版社，1981。

陕西师范大学教育研究所：《陕甘宁边区教育资料（小学教育部分上）》，教育科学出版社，1981。

舍甫金、包德列夫等：《苏维埃学校中的共产主义教育》，王易今、高士彦、郭一民译，人民教育出版社，1954。

宋恩荣、章咸主编《中华民国教育法规选编（1912~1949）》，江苏教育出版社，1990。

《苏联普通教育法令选译》，中华人民共和国教育部翻译室、北京师范大学教育学教研室翻译室译，人民教育出版社，1956。

瓦·阿·苏霍姆林斯基：《让少年一代健康成长》，黄之瑞、张佩珍、姚亦飞译，教育科学出版社，1984。

吴康宁：《教育社会学》，人民教育出版社，1998。

西尼亚叶夫：《怎样进行集体主义教育》，林冬、孙以莩译，五十年代出版社，1954。

雅哥夫列夫：《论班主任和共青团及少先队辅导员协同工作的原则》，冯可大译，中国青年出版社，1954。

叶果洛夫、图契宁合编《学校中的共产主义道德教育》，南致善、孟克勤、何季英译，人民教育出版社，1953。

叶澜：《"新基础教育"论——关于中国学校变革的探究与认识》，教育科学出版社，2006。

伊·阿·片切尔尼柯娃：《少年们》，怡黎、松年译，中外出版社，1951。

伊·考·诺威阔夫：《学校教导工作的组织》，冯可大、刘彦等译，北京大众出版社，1954。

约翰·杜威：《民主主义与教育》，王承绪译，人民教育出版社，1990。

约翰·杜威：《明日之学校》，赵祥麟、任钟印、吴志宏译，人民教育出版社，2005。

约翰·杜威：《人的问题》，付统先、邱椿译，上海人民出版社，2006。

中国大百科全书总编辑委员会《教育》编辑委员会、中国大百科全书出版社编辑部编《中国大百科全书：教育》，中国大百科全书出版社，1985。

《中国教育大系·马克思主义与中国教育（下）》，湖北教育出版社，1994。

《中国教育年鉴》编辑部编《中国教育年鉴1949—1981》，中国大百科全书出版社，1984。

朱有瓛：《中国近代学制史料》（第三辑上册），华东师范大学出版社，1990。

论文类

班华：《师德与班主任专业发展》，《人民教育》2008 年第 11 期。

班华：《与班主任朋友谈班主任（十六）对班主任专业化的理解》，《班主任》2011 年第 11 期。

班华：《专业化：班主任持续发展的过程》，《人民教育》2004 年第 Z3 期。

包志梅：《资源整合：班主任专业化的外部支持系统》，《教育科学研究》2017 年第 10 期。

炳淼：《中学班主任问题》，《教育周报（桂林）》1933 年第 13 期。

陈成智：《海南省明年起将建立中小学班主任岗位培训制度 2008 年起逐步推行中小学班主任持证上岗》，《海南日报》2006 年 11 月 7 日。

陈娟：《跋涉于专业化之途——T 校班主任的叙事探究》，硕士学位论文，南京师范大学，2006。

陈小娅：《在全国中小学骨干班主任培训班开班典礼暨 2007 年万名中小学班主任远程培训计划启动仪式上的讲话》，《中小学教师培训》2007 年第 12 期。

陈意曼：《网络，班主任专业化培训的全新途径》，《人民教育》2004 年第 Z3 期。

陈佑光：《班主任专业化自主发展探析》，《教书育人》2014 年第 14 期。

谌涛：《首席班主任制：协同共治，助力班级管理减负增效》，《中小学管理》2022 年第 6 期。

池瑞辉、朱尹莹、章萍：《海曙区出新规重奖班主任》，《现代金报》2015 年 10 月 21 日。

董长茂：《湖北兴山一中推行首席班主任制》，《中小学教师培训》2008 年第 12 期。

董海军：《班干部双轨制：后进生转化教育的新方法》，《思想·理论·教育》2004 年第 11 期。

杜时忠：《"班主任制"走向何方?》，《教育学术月刊》2016 年第

11 期。

樊莹、马亭亭：《制度创新加"头雁"领航 优秀班主任越来越多》，《现代金报》2022 年 10 月 14 日。

范国睿、英政、汪一欣：《在自主自律中主动发展——上海市闵行中学学生民主管理实践与研究的阶段性报告》，《华东师范大学学报》（教育科学版）2001 年第 2 期。

冯建军：《班主任专业化初论》，《教师之友》2005 年第 8 期。

付辉：《中小学班主任制度变革的新进展与前瞻》，《教育学术月刊》2016 年第 11 期。

顾方文：《首席班主任制：农村中学班主任管理的创新》，硕士学位论文，山东师范大学，2006。

韩少华、余柏民：《导师制与班主任制的比较研究》，《班主任之友》2006 年第 5 期。

何涛：《今秋读高中好似上大学 不再设班主任 没有固定教室 学生自选导师 还增设选修课》，《青年探索》2004 年第 2 期。

胡洋：《改革开放以来我国中小学班主任制度研究》，硕士学位论文，东北师范大学，2013。

黄正平：《班主任基本功比赛：内容、特点与价值——以长三角地区中小学班主任基本功大赛为例》，《教育科学研究》2016 年第 9 期。

黄正平：《班主任专业化：应然取向和现实诉求——解读教育部〈关于进一步加强中小学班主任工作的意见〉》，《人民教育》2006 年第 19 期。

黄正平：《保障班主任合法权益的重要制度——学习〈中小学班主任工作规定〉的体会》，《人民教育》2009 年第 18 期。

黄正平：《能力建设：班主任专业化 De 关键》，《班主任之友》2006 年第 2 期。

姜慧敏、程晋宽：《政策变迁视阈下我国班主任角色的转变》，《江苏教育》2019 年第 95 期。

姜晓燕：《俄罗斯班主任制度的前世今生》，《中国德育》2010 年第 6 期。

《拷问小学班干部制度》，《人民之友》2012 年第 1 期。

柯政、李昶洁：《班干部身份对学习机会获得的影响——基于 4026 位初中生的倾向值匹配法研究》,《教育研究》2020 年第 5 期。

李家成:《对班主任工作专业标准研制的建议》,《班主任之友》(中学版)2016 年第 5 期。

李家成:《论中国班主任的教育意蕴及其实现——基于中国教育的特殊性与国际对话中的教育自信》,《教育科学研究》2015 年第 6 期。

李家成:《论中国"班主任制"的意蕴》,《教育学术月刊》2016 年第 11 期。

李伟胜:《"班主任制"的多种探索:深层因素与发展趋势》,《中小学管理》2012 年第 10 期。

李燕晖、解保:《中小学班主任专业化及其实现路径》,《教育文汇》2023 年第 4 期。

李自华:《融贯中西,因地制宜:对民国教育现代化的一点思考——以桂桥小学为例》,硕士学位论文,江西师范大学,2003。

梁根全:《创新机制 推动班主任专业化发展——班主任专业化建设机制创新的实践与探索》,《人民教育》2004 年第 Z3 期。

梁利:《我国中小学班主任专业化发展研究》,硕士学位论文,西南大学,2011。

刘堤仿:《班主任专业化自主发展行动研究》,《班主任之友》2006 年第 3 期。

刘莉、任强:《专业化:中小学班主任发展的必由之路——解读教育部〈中小学班主任工作规定〉》,《内蒙古师范大学学报》(教育科学版)2009 年第 10 期。

刘肖:《班级组改革:以"智慧集群"式管理破解班主任单兵作战困局——河南省第二实验中学探路班主任工作制度改革》,《中小学管理》2012 年第 10 期。

陆浣:《儿子在日本上小学之二 人人都是班干部》,《教学与管理》2007 年第 20 期。

马剑:《高中生全员导师制实践与创新》,《合肥师范学院学报》2014 年第 4 期。

《没有班主任班级设顾问——前门小学班级管理模式改革》,《北京教育》2000 年第 7 期。

潘吉祥：《"助理班主任"建设情况及几点思考》，《教学与管理》2002年第5期。

潘健：《实施职级评定制：班主任队伍建设的新思路》，《班主任》2004年第4期。

齐学红：《班主任制度与班主任教师的身份建构》，《班主任》2015年第10期。

齐学红、黄玲：《建构与重构：专业化视域下的班主任制度建设》，《教育科学研究》2019年第12期。

齐学红、钱铁锋：《建立班级教育小组制度——班级管理体制改革的尝试》，《班主任之友》（小学版）2008年第8期。

齐学红：《现实与可能：班主任专业化再审视》，《教育家》2023年第24期。

申玉宝：《小学班干部制度的发展进程与反思》，《当代教育科学》2012年第14期。

盛天和：《取消班主任之后——项政校长谈闵行中学的"学生民主管理模式"》，《上海教育科研》2005年第5期。

史为林：《教育人本化呼唤全员班主任制》，《班主任之友》2004年第1期。

《天津中小学班主任持证上岗岗位培养和见习制度同时实施》，《中小学教师培训》2008年第11期。

汪丞：《班主任制的最新进展》，《上海教育科研》2012年第9期。

汪丞：《中小学班主任管理制度改革的新进展》，《教学与管理》2012年第10期。

汪玲：《2013年成华区公办中小学班主任须持证上岗》，《成都商报》2011年12月13日。

王冠兴：《太原全面实施班主任职级认定》，《山西晚报》2010年1月24日。

王国良：《中国抗日军政大学第二分校毕业证书》，《收藏快报》2019年8月7日。

王立华：《"班主任+辅导员"的设置形式的利与弊——以临沂光耀实验学校2016级2班为例》，载《第七届中国班主任圆桌论坛文集》，2017。

王立华：《班主任岗位的现状与去向》，《教育时报》2014年1月29日。

王立华：《班主任工作作为主业探析》，《班主任之友》（中学版）2010年第1期。

王立华：《班主任素养结构界定的问题与突破路径（下）》，《河南教育》（基教版）2019年第10期。

王立华：《班主任专业化的困境与实践路径》，《人民教育》2008年第6期。

王立华、李增兰：《我国中小学班主任工作的历史考察与当代发展》，《当代教育科学》2007年第Z2期。

王立硕：《小学设立异性双班主任制的探讨》，《教学与管理》（小学版）2016年第2期。

王鸣迪：《取消班主任的做法要慎行》，《中国教育报》2004年6月29日。

王培峰：《班主任的尴尬使命》，《上海教育科研》2007年第11期。

王守勤、李守文：《"全员班主任制"对实施德育工作的优势》，《山东教育科研》1995年第11期。

王鑫：《提高班主任津贴刍议》，《河北教育》（综合版）2009年第11期。

王鑫：《提高班主任津贴刍议》，《中央教科所课程教学研究中心》2009年第11期。

王一凡：《中小学班主任持证上岗制的实践与反思》，《湖北教育（教育教学）》2011年第7期。

王征：《重点中学实行"AB班主任制"的实践探究》，《上海教育科研》2005年第12期。

吴康宁：《班级中的工具性角色、表意性角色及其引导》，《教育评论》1991年第5期。

谢娟：《中小学班主任教师的专业性研究》，硕士学位论文，云南师范大学，2019。

杨辉武：《"学生助理班主任"班导模式》，《中国科教创新导刊》2008年第14期。

杨佳：《俄罗斯班主任制探析》，《当代教育论坛》2012年第5期。

杨志成：《以班主任职级制为载体实施班主任专业化发展》，《北京教育》（普教版）2005年第Z1期。

姚篮：《中小学班主任专业化发展的必要性和对策》，《教学与管理》2014年第22期。

叶澜：《新世纪教师专业素养初探》，《教育研究与实验》1998年第1期。

尹言艇：《全员导师制育人策略初探——以胶南市泊里镇中心中学为例》，《基础教育研究》2012年第17期。

余德文、邱珍：《论中职学校专职班主任制》，《职业技术月刊》2005年第9期。

余永福、程赞华：《多任轮流连带班主任制班级管理》，《教书育人》2001年第9期。

原亮：《美国的中小学班级管理》，《教学与管理》（中学版）2005年第11期。

曾杰华、刘良华：《担任班干部与学生学业成绩的相关性的调查》，《当代教育与文化》2011年第4期。

张红：《班主任政策隐喻：从"管理者"到"教育者"》，《中国德育》2015年第13期。

张家龙、王振娟：《中小学班主任专业化发展现状及改进策略》，《基础教育论坛》2021年第7期。

张蕾：《教师的专业化：基于农村教育中小学班主任发展探究》，《现代职业教育》2020年第9期。

张敏：《参观日本小学随感》，《比较教育研究》2002年第6期。

张胜辉：《"双班主任制"：搭档互补提升班主任职业效能感》，《中小学管理》2019年第9期。

张向前、钦国强：《"把德育做到学生的心里去"——浙江省长兴市德育导师的工作方法与策略》，《思想理论教育》2007年第4期。

张秀辉：《班主任队伍专业化发展实践与探索》，《教育科学论》2016年第12期。

兆丰年：《加强班主任专业化建设　促进班主任专业发展——天津市贯彻〈教育部关于进一步加强中小学班主任工作的意见〉工作情况一览》，

《天津教育》2007年第2期。

赵洪湖：《班级实施"小干部轮换制"的思考》，《江苏教育》（教育管理版）2015年第6期。

赵静：《论"班主任制"》，硕士学位论文，华东师范大学，2008。

郑连荣、门相海：《实施全员班主任制 提高学校育人水平》，《中小学管理》2005年第7期。

周焕南、李庆凯、王小玲：《新时期班主任专业化成长的创新与突破——以宝安区班主任专业化发展为例》，《中小学班主任》2021年第11期。

周济：《把班主任队伍建设放在更加重要的地位——周济部长在2008年全国万名班主任培训开班典礼上的讲话》，《班主任之友》（中学版）2009年第1期。

网站资料

《上海市教育委员会关于进一步加强上海市中小学班主任队伍建设的若干意见》，http://xpxx.xhedu.sh.cn/cms/app/info/doc/index.php/25993，最后访问日期：2023年7月18日。

《上海市教育委员会关于开展上海市中小学班主任带头人工作室学员招收及培训工作的通知》，http://www.110.com/fagui/law_372696.html，最后访问日期：2012年4月6日。

《武汉市中小学"功勋"班主任工作室管理办法》，http://www.whjy.net/ggzl/101005.shtml，最后访问日期：2012年4月6日。

后　记

　　我国有一支阵容庞大的班主任队伍。随着班主任专业化理念逐步得到认可，探讨班主任专业化的论文大批涌现，而探讨班主任制发展历程的成果则相对薄弱得多。多年来，笔者一直有写作一本系统探讨班主任制的著作的愿望，以期填补目前学术界的研究空白。但由于资料收集困难，加上本书的写作体例历经多次调整，本书构思成形及最终成书时间一再延后。2020年3月，本书的初步框架由汪丞拟定，写作队伍也随之组建。作者们克服疫情封控、工作变动等困扰，经过仔细地推敲、打磨，于2021年3月完成本书初稿。2021年8月，在进一步修订的基础上，本书完成第二稿。2023年9月，二校完成，并开启三校。2023年12月，本书得以出版。三年多的写作时光里，我们更多地运用了"触摸历史"的研究方法，希望能尽量还原班主任制的历史本来面貌。书名由最初的《中国班主任发展简史》变为《中小学班主任制的发展变迁》。

　　本书作者，有高校研究者，有中小学班主任，不管身份如何，归根结底，都怀着一份对班主任的热爱。王立华老师是山东省名班主任，是对班主任工作颇有研究且产出较多的一线班主任。王立华老师加入本书的写作，使本书既保持一定的理论深度，又具有相当的实践品行，为本书的完成做出了重要的贡献。

　　本书由汪丞负责策划和构思，并负责全书的校对和审订工作，王立华参与序言、第一章、第二章、第四章等部分章节的写作，陈欣负责资料的收集以及附录二的整理，其余部分由汪丞完成。

　　本书在写作过程中，得到了熊华生教授的大力支持和帮助。本书最终完成，还要感谢社会科学文献出版社宋淑洁老师、陈凤玲老师，正是她们辛勤、高效的工作，才使本书以这种面貌呈现在读者面前。本书还参引了诸多学者的研究成果，在此一并表示感谢，并都尽力在书中一一做了注释，但由于注释较多，写作历程较长，疏漏之处恐难以避免，如有疏漏，在此深表歉意。当然，由于时间紧，写作水平有限，书中还有诸多不太完善之处，请诸位大方之家批评指正。

本书出版得到湖北省社科基金、中南民族大学铸牢中华民族共同体意识研究基地资助。

2023 年 10 月 3 日于湖北团风县家乡老宅

图书在版编目(CIP)数据

中小学班主任制的发展变迁/汪丞,王立华,陈欣著. -- 北京:社会科学文献出版社,2023.12
ISBN 978-7-5228-2488-8

Ⅰ.①中… Ⅱ.①汪… ②王… ③陈… Ⅲ.①中小学-班主任工作-研究 Ⅳ.①G635.16

中国国家版本馆 CIP 数据核字(2023)第 170282 号

中小学班主任制的发展变迁

著　　者 / 汪　丞　王立华　陈　欣

出 版 人 / 冀祥德
组稿编辑 / 陈凤玲
责任编辑 / 宋淑洁
文稿编辑 / 王　敏
责任印制 / 王京美

出　　版 / 社会科学文献出版社·经济与管理分社(010)59367226
　　　　　　地址:北京市北三环中路甲29号院华龙大厦　邮编:100029
　　　　　　网址:www.ssap.com.cn

发　　行 / 社会科学文献出版社(010)59367028
印　　装 / 三河市东方印刷有限公司

规　　格 / 开　本:787mm×1092mm　1/16
　　　　　　印　张:17　字　数:277千字

版　　次 / 2023年12月第1版　2023年12月第1次印刷
书　　号 / ISBN 978-7-5228-2488-8
定　　价 / 99.00元

读者服务电话:4008918866

版权所有 翻印必究